Maria Beyer

BrainLand

Arbeiten Sie multidimensional...

mit diesem Buch, als Ihrem Lesebuch; Ihrer persönlichen BrainLand-Ausgabe - dem L-Buch - und mit Ihrem BrainLand

immer!

Entdecken

SIE

IHR

BrainLand

jetzt!

Maria Beyer

BrainLand

Mind Mapping in Aktion

Herausgegeben von
Klaus Marwitz

Junfermann Verlag
Paderborn

© Junfermannsche Verlagsbuchhandlung, Paderborn 1993
2. Auflage 1994
Cover-Gestaltung: Inga Koch

Satz: pepperMind-Team, Kiel
Druck: PDC - Paderborner Druck Centrum

CIP-Titelaufnahme der Deutschen Bibliothek
Beyer, Maria:
BrainLand: Mind Mapping in Aktion/
Maria Beyer. Hrsg. von Klaus Marwitz.-
Paderborn: Junfermann, 1993
ISBN 3-87387-101-7

ISBN 3-87387-101-7

Inhaltsverzeichnis

BrainLand-Aussichten

Das Big-Picture im Detail für:

Kartei: Patienten, Kunden, Schüler, Kochrezpte, ...

Redeskript: Festrede, Vortrag, Vorlesung, Vorstellung, Bewerbungsgespräch, ...

Tagebuch: Urlaub, Geheimnisse, Baby, „Amselbrut", Entwicklungsstudien, ...

Unterricht: Spracherwerb, Wortschatzarbeit, Aufsatzgliederung, Stoffsammlung, Faktenaufstellung, Formelentwicklung, ...

Planung: Urlaub, Party, Jubiläum, Firmenfeier, Besorgungen, Büroerledigungen, Zukünfte, Szenarien, Einladungen, ...

What to do: täglich, Haushalt, Stadt, Büro, ...

Zeitplanung: jährlich, monatlich, täglich, stündlich, ...

Kritiken: Hörmedien, Printmedien, darstellende oder bildende Kunst, Einstellungsgespräche, Projektentwicklung, ...

Briefwechsel: Kartengrüße, Liebesbriefe, Informationsaustausch, Einladung, ...

Verlaufsplanungen: Drehbuch, Konzepte, ...

Textkürzungen: Buch, Theaterstück, Telefonat, Hörspiel, Artikel, Vortrag, Seminar, ...

Textplanungen: Manuskript, Artikel, Anzeigen, Seminar, Unterricht, ...

Prüfungsvorbereitungen: schriftlich und mündlich, ...

Profile: Firma, Unternehmen, Geschäft, Leitbildentwicklung und Darstellung, ...

Entspannungen: intentionsfrei oder gebunden, ...

Kreuzworträtsel

Voranmerkung

Eine ungewöhnliche Dramaturgie durchzieht „BrainLand". Als Autorin bin ich zugleich Akteurin meines BrainLand und Zuhörerin von Brain Man, aber ich bin ebenfalls die Autorin dieses Buches. Ich gebe an Sie, liebe Leserin und Sie, lieber Leser, meine Erfahrungen als langjährige Trainerin von Mind Mapping* weiter, ebenso wie die während des Scheibens von Brain Man „vermittelten" Erkenntnisse. Ich trainiere die unter seiner Aufsicht angebotenen Mind Mapping-Aufgaben und biete ein Buch im Buch an. Es ist verwirrend logisch und berechenbar sprunghaft zugleich; wie das Denken à la Mind Mapping. Am Ende gratuliert Brain Man mir zu diesem Werk, was ich an Sie, den Leser oder die Leserin weitergebe, denn Sie haben sich parallel zum Lesen Ihr eigenes Buch mitgeschaffen! Denn: gemäß der Aufforderung von Autorin und Brain Man, wird die Leserin und der Leser veranlaßt, selbst beim Lesen das eigene, persönliche BrainLand-Buch (L-Buch) anzulegen. Realitätsebenen wechseln ständig zwischen Außenzeit, Buchzeit oder BrainLand-Zeit.

Die Plaudereien über das Denken, geistige Evolution und die kommenden Möglichkeiten, die wir künftig erfüllen müssen, sind bewußt ausführlich an den Anfang gesetzt und bewirken unter Umständen eine Ungeduld bezüglich eines erwarteten Mind Map-Trainings. Da aber das Mind Mapping nach Kenntnis der wenigen einfachen Regeln oder Besonderheiten sehr leicht zu handhaben ist, sah ich mich veranlaßt, die Meta-Strukturen des Denkens und des Mind Mappings ausführlich zu beleuchten, zu hinterfragen oder infragezustellen. Die Gespräche mit Brain Man bieten die Chance zu großer Auf-Merksamkeit gegenüber der Thematik, die sich in einem ungewohnten Rahmen darstellt. Zugleich haben Sie ausreichend Gelegenheit, Ihr eigenes Wissen und bisherige Erfahrungen in der praktischen Arbeit miteinfließen zu lassen. Das Buch wird im Laufe Ihrer »Tour de Brain« mehr und mehr zum Strategien-Skript, das Sie, liebe Leserin und auch Sie, lieber Leser, in Eigenentwicklung weiterspinnen und konzipieren (können). Ich verstehe mich insofern „nur" als Impulsbereitstellerin für Ihr BrainLand und Ihre Kreativität! Das, was Brain Man für mich war oder immer noch ist.

Ich kam zu dem Entschluß, ein Mind Mapping-Buch so zu konzipieren, da ich den Eindruck gewann, daß nur zu oft Mind Mapping als witzige Technik für „mal zwischendurch" aufgefaßt wird. Seinerzeit, als es vor fast zwanzig Jahren von „Tony" Buzan entwickelt wurde, basierten die Erklärungen auf dem Erkenntnismodell der damalig aktuellen Hemisphären-Forschung. Mind Mapping war wie zugeschnitten auf diese Sichtweise, wie das Gehirn arbeitet.

---

*Mind Map™ ist das eingetragene Warenzeichen von Tony Buzan, England. Bei allen weiteren Nennungen innerhalb des Buches wird bei diesem Begriff auf das Warenzeichensymbol verzichtet.

Voranmerkung

Heute ist das Mind Mapping immer noch eine hochaktuelle und wirksame Methode. Für eine Multiplizität von Gedanken und Denkprozessen, wie Gerd Gerken die heute notwendigen Erfordernisse an das Denken in noch feststehenden Bezügen und Kategorien nennt, ist das Mind Map in nahezu unerreichter Weise ein Instrumentarium zum Mind & Brain Styling. Im Mind Mapping ist das erfüllbar, was die neue Brain-Kultur braucht: Ausdrucksmittel und -formen, in denen die vielen parallelen, sprunghaften, aber auch paradoxen Prozesse und Ergebnisse eines Prozeßaugenblickes „eingefroren" oder portraitiert werden. So ist lediglich das, was zunehmend an Relevanz verliert im Zusammenhang mit dem Mind Mapping, die seit damals unveränderte, einführende Methodenbegründung. Hier zeigt sich, daß die heutige Zeit keinen Wert mehr auf die Kontinuität der einen Richtigkeit legt! Der kompetente Umgang mit Multidimensionalitäten oder Mehrdeutigkeiten kann zum Beispiel über unternehmerischen Erfolg oder Mißerfolg entscheiden. Mind Mapping gibt auch dafür eine optimale Trainingsfläche. Verinnerlichtes Mind Map-Denken trägt genau dem Rechnung.

Ich gehe in dem vorliegenden Buch dennoch mit auf den Buzan'schen Ur-Ansatz ein. Zum einen, aus tiefstem Respekt heraus für seine kreative Erfindung, aber auch zum anderen, weil sein Ansatz durch neue Forschung in viele Richtungen ergänzt werden kann. Interessanterweise hat das Mind Mapping im Ergebnis als Arbeits-, Denk- und Kreativitätsinstrument einen sehr zeitgemäßen und sogar äußerst zukunftsträchtigen Stellenwert. Die Darstellungsmöglichkeit von Multi-Existenzen durch Mind Mapping, die viele Betrachtungsweisen von BrainLand und Brain-Kultur zuläßt, ist eine treffende und faszinierende Metapher für Prozesse, die gerade von der Chaos- und Trendforschung beschrieben werden. „Das Mind Map ist tot, es lebe das Mind Map!" ließe sich da hoffnungsfroh rufen.

Ich gehe ausführlich auf die Meta-Erscheinungen außerhalb der „Mind Map-Musteranwendungen" ein, weil ich glaube, daß es durchaus gute pure Anwenderbücher zum Thema »Mind Mapping« gibt. Insofern muß nicht ein weiteres, simples (im Sinne von eingegrenztem) Lehrbuch darüber geschreibzeichnet werden. Ich bin überzeugt, daß die notwendige Akzeptanz von Mind Mapping gegeben ist, wenn die Meta-Ebenen des chaotischen Gehirns berücksichtigt und aufgezeigt werden. Dann wird Mind Mapping zu einem natürlichen Allgemeingut, das uns als Anwenderin und als Benutzer in die Lage versetzt, interne und externe Prozesse zu dokumentieren. Mind Mapping als Portrait und „Fertilizer" des situativen und chaotischen Denkens!

Kiel, während jenes heißen Sommers 1992

BrainLand-Legende

BrainLand	das Gehirn. Vordergründig beschränkt auf die beiden Hemisphären des Neo-Kortex (sog. linke & rechte Hirnhälften). Desweiteren die tieferliegenden Bereiche des Stammhirns und des lymbischen Systems.
Hirnies	metaphorisch: die Gedanken, Nervenzellen - chemo-elektrisch gesteuert -, die gerade in den betreffenden Arealen aktiv sind. Kleine „Chaoten", die das „Hirnen" ermöglichen.
Hirnen	auch denken, erweitert zu einem Gesamtbegriff für das Speichern, Ablegen, Zuordnen, Finden und Koordinieren von Gedanken.
Minds	nach Robert Ornstein, MultiMind: es sind untergeordnete Denkinstanzen, die für jeweilige Gedankenprozesse oder Denkarbeiten verantwortlich sind.
Links-Hirnies	Teile des Denkprozesses, die mit den sogenannten linkshirnigen Prozessen beschäftigt sind.
Rechts-Hirnies	entsprechend für die rechte Hirnhälfte
Holantrophen	ausgehend von der Interpretation, daß alle Nervenzellen die Arbeitsweisen aller Areale beherrschen und durchführen. Die gedanklichen Impulse sind an keinen festen Platz gebunden sondern zirkulieren holistisch.
Corpus Callosum, Creativer Corridor, Concentration & Creativity	Nervenstrang, der beide Hirnhälften verbindet und für Übertragung der chemo-elektrischen Impulse und somit für eine ganzheitliche Inanspruchnahme aller Hirnareale sorgt.

BrainLand-Legende

Brain Man
„Just call me Brian!"

Koordinations-Mind des bewußten und unbewußten Denkens. Der Dolmetscher, Reiseführer oder Spielleiter für BrainLand. Er ist in diesem Kontext zufällig männlicher Natur. Es obliegt jeder Leserin und jedem Leser, sich selbst für das persönliche BrainLand eine geeignete Rollenbesetzung durch eine „SIE" oder einen „IHN" auszudenken, bzw. diese durch das Unterbewußtsein geschickt zu bekommen. Es kann genauso gut eine BRAIN-TEAM-Repräsentation sein.

Lymben

verantwortliche Instanzen, die Prozesse im lymbischen Teil des Gehirns erfüllen. Sie bewachen gerne das Tor zum Unbewußten und den verborgenen Gefühlen und Schätzen. Hier ist die Zentrale der ältesten Verhalten, wie Triebe, Gefühle und der einfachsten Reaktionsmuster, wie instinktives Schreck- und Fluchtverhalten. Ihnen ist der Geruch lieb; Gedanken passieren besser mit Gerüchen kombiniert. Sie stimulieren das Sexualverhalten. Hier entstehen auch Urteilsschemata und Vorurteilsprogramme

Stamm-Hirnies

Sie sind die Stimmungsmacher und regeln das Überleben. Sie regeln die Körperfunktionen und wachen auf die Einhaltung sämtlicher, uns notwendigen Vorgänge, die uns am Leben erhalten. Hormonregulierung, Stoffwechsel, Temperatur oder Schlafryhtmus werden von den Stamm-Hirnies überwacht und koordiniert. Sie geben sich als unsere „Revierhüter" im täglichen Leben aus.

Psych-Hirnies

die Hirnies, die sich mit dem Teil von BrainLand befassen, in dem das psychische Verhalten entsteht, beeinflußt und gesteuert wird. Psych-Hirnies sind „scharf" auf häufige Glückszustände und produzieren dann ihrerseits freigiebig Mengen von körpereigenen Doping- und Immunstoffen.

X

»Tour de Brain«

Tourenhinweise

Jede BrainLand-Touristin und jeder BrainLand-Tourist ist aufgerufen, sich ein groß- und querformatiges Arbeitsbuch zuzulegen und gleich von Anfang an dieses speziell dafür bereitgestellte Le(e)(h)rbuch in Eigenregie zu füllen; zu füllen mit Mind Maps, Notiz-Skizzen, Zeichnungen, Bildern, Literaturverweisen, Bemerkungen oder egal womit sonst. Dieses „sonst" werden in dem einen Fall eigene Ideen sein, die beim Lesen durch BrainLand entstanden, die sich konkretisiert haben oder weiterbearbeitet werden möchten. Im anderen Fall wird das „sonst" darin bestehen, daß die verschiedenen Druck-Mind Maps der Buch-Reise nachgearbeitet werden, um im Vergleich mit den eigenen daraus zu lernen, oder auch nicht.

Das Marschgepäck für die Tour de Brain besteht aus vielen farbigen Finelinern, Buntstiften, einer guten, entspannten Neugier und viel Abenteuerlust.

Fangen Sie nun eher an als Sie sonst anfangen würden ... und währenddessen sind Sie inmitten Ihres

BrainLand!

Der Ort des Denkens und Handelns

Es ist in der Tat ein ganz besonderes Territorium: in diesem Land gibt es viele Schätze und Ressourcen! Oft wird es auch das »Land der unbegrenzten Fähigkeiten« genannt.

So kam es und ist immer noch so, daß diesem Land ein Mythos anhaftet. Den Namen verkünden die Einwohner mit großem Stolz: BrainLand. Sie selbst sind die Brainländer oder Hirnies, als die sie gerne von Nicht-Brainländern betitelt werden; Links-Hirnies oder Rechts-Hirnies oder Holantrophen, wenn man es nach der neuesten Erkenntnis der BrainLand-Forschung meint.

So beginnt die Autorin diesen metaphorisch gestalteten Brain-Guide. Es ist ein heißer und sonniger Frühsommernachmittag - in einer Woche ist die Mitsommernacht - und das Texten und Formulieren dieses Buches schleppt sich dahin ... („Ich bin Gefangene meines eigenen BrainLands!"). Das Juni-Horoskop orakelt ein kreatives Tief, aber ein sozialkontaktreiches Hoch; was kann ich da bloß tun? Die Zeit eilt davon und ich bin erst bei Seite 1! Tagträumen, Hinabtauchen in die Gefilde des Denkens und der Kreativität, dort herumwandern oder warten, bzw. experimentieren mit Beschwörungsformeln, auf daß die Gedankenblitze endlich kommen mögen, die Ideen wort-sprachlich sprudeln und papiermanifest werden.

Die Sonne und meine Lust, sich ihren angenehm warmen Streicheleinheiten hinzugeben und anzuvertrauen, erleichtern eine Stimmung für eine Phantasiereise. Und richtig: ich habe sozusagen das richtige »password« für BrainLand gewählt. Nicht meine Appelle und Bitten an die Vernunft um Bereitstellung von Kreativität sind es, sondern der Schritt, mich per Phantasie und Entspanntheit den »landestypischen« Arbeits- und Vorgehensweisen meines Denkapparates anzupassen, bzw. sie anzunehmen. Das also ist der Schlüssel zu einem besseren und schnelleren Denken!

Erlernte, angeeignete und ungünstige Kommunikationsformen mit dem Gehirn oder dem BrainLand, wie z.B. die aus der Schulzeit oder des Kulturkreises, haben fahrlässig nicht alle Kontakte und Möglichkeiten nutzen oder beherrschen lassen. Ich lernte an BrainLand vorbei! Es ist zugegebenermaßen - historisch - zu entschuldigen, denn damals, quasi seit der Zeit der ersten Klosterschulen, konnte man nicht wissen, was das Gehirn lerntechnisch benötigt. Doch heutzutage forscht die Neuro-Pädagogik seit mindestens 30 Jahren ganz nah am Ort des Denkens und Handelns! Bleibt aber immer noch die Ignoranz der Bildungsverantwortlichen den aktuellen Erkenntnissen gegenüber. Wie »vogelig« doch dieses Verhalten ist. Zu welcher Zeit-, Kapazitätenverschwendung und -verleugnung dies führte und führen kann! In diesem, jetzigen Lebens- und Lernabschnitt beanspruche ich für mein mittlerweile erweitertes und effektives Denk-Handeln das Exklusivrecht! Ich kümmere mich hiermit selbst um die Kapazitätenausnutzung von BrainLand! Also, mit diesem Tag, in der Sonne liegend, nehme ich mir für mich fest vor, künftig - ab sofort - stets die BrainLand-eigenen Zugangsrituale zu nutzen und anzunehmen. Das heißt, ich stelle per mentaler Zielfindungen oder innerer Prozeßvorstellungen, in guter Entspannung, kurz oder lang, einen Rapport zu BrainLand und meiner inneren Landkarte her.

And here we are, oder besser, here befinde ich mich inmitten des eben genannten Areals. Immer klarer bilden sich Einzelheiten heraus, Farben, Formen und Strukturen, die landschaftliche Züge tragen. Ich blicke quasi aus der Vogelperspektive auf mein BrainLand. Es sieht faszinierend aus; voller unterschiedlich gestalteter Regionen und Eigenarten. Je näher ich »heranzoome«, desto genauer erkenne ich Details des Sichtbaren.

BrainLand weist eine Zweiteilung auf. Die beiden Bereiche sind durch einen Korridorstreifen Corpus Callosum (oder Creativer Corridor, bzw. concentration & creativity) verbunden, und sämtlicher regionaler und kultureller Austausch vollzieht sich anscheinend über oder durch diesen Übergang. Gedanken jeglicher Art stellen sich mir dar als Wesen; als Minds, wie in der Literatur des Robert Ornstein verbreitet, oder als kleine Brainländer - wie ich sie in diesem Zusammenhang empfinde. Brainländer verschiedenster Couleur und Ausstattung bewegen sich hier sowie im gesamten BrainLand. Eine rege beiderseitige Geschäftigkeit ist erkennbar: wie in einer »pulsierenden« Großstadt. Es scheint eine recht konträre Flächen-

2

nutzung und Planung zu geben. Von mir aus gesehen auf der linken Hälfte ist das Terrain sehr ordentlich, präzise und geradlinig gestaltet. Hier herrscht, und so habe ich den Eindruck je mehr ich mich nähere, eine mono-tone und farbarme Aufteilung in sowohl der visuellen Gestaltung als auch in dem, was ich hören kann. Die Wege sind linear angelegt, es gibt keine verzierenden oder schmückenden Elemente. In mir entsteht der Verdacht, daß hier absolute Zeitorientierung und -zuwendung herrscht. Die lineare und überschaubare Strukturiertheit hat folgende Bewandtnis: die linken Brainländer verfügen über ein mangelhaftes Orts- und Raumgedächtnis. Insofern sind ihre Routen und Wege mit Zahlen benannt, ähnlich denen von New York. Mit diesem System des Raumarrangements kommen sie angemessen zurecht. Zeitmessern durch Ziffernangaben wird ein deutlicher Platz zugeteilt und die Luft ist erfüllt von Durchsagen mit fragmentarischem Charakter. So sind Fakten-Sätze zu hören, reduziert auf wenige Worte oder Ziffern, und die Aufzählung von Ordnungszahlen. Das erkennbare Verhalten der hiesigen Brainländer entspricht ihrer Umgebung. Die Links-Hirnies sind eifrig murmelnd dabei, die Ordnung in ihrem Landesteil zuverlässig aufrechtzuerhalten. Pünktlichkeit ist ihre Zier. Alles, was mit Terminarbeit zusammenhängt, erledigen sie am liebsten und mit Bravour. Von ihnen aus würde es nie zu »un-ordentlichem« oder un-regelhaftem Tun kommen. Sie sind von ihrer Aufgabenteilung her für Genauigkeit, detaillierte Planungen und ihre Einhaltung verantwortlich. Dieser Berufung geben Sie sich völlig rational, emotionsfrei und pflichtbewußt hin. Die Erfüllung ihrer verordneten Pflichten nehmen sie sehr genau und ohne Abweichungen hin, was bedeutet, daß sie für gefühlsbetonte Phasen und Anlässe weder Interesse noch Zeit haben. Sie sind bewußt konservativ und es tut ihrer heimlichen Eitelkeit wohl zu wissen, daß ohne sie das BrainLand nicht funktionstüchtig und leistungsstark wäre. Als Bestätigung dazu ziehen sie fortwährend den Vergleich zu ihren Nachbarn, den Rechts-Hirnies. Sehr gequält nehmen sie - gezwungenermaßen - die als Chaos empfundene Lebensart der Nachbarn wahr. Es geschieht regelmäßig, daß sie in Kontakt zu dieser Region kommen. Spätestens beim Passieren des Corpus Callosum trifft sie das bunte, fröhliche und unübersichtlich scheinende Treiben.

Es ist für die Links-Hirnies ein regelrechter Kulturstreß, doch sie sind weise genug zu erkennen, daß sie und die Nachbarn alle in gegenseitiger Aufgabenteilung für das Bestehen des BrainLands und der darunter gelegenen Gebiete sorgen. Sie wissen ebenfalls, daß sie nie mit ihren Nachbarn tauschen möchten. Die territoriale Symbiose ist also völlig in Ordnung, man braucht sich, man achtet sich und man kann nur mit sich und durch sich gemeinsam bestehen. Ein optimales Team auf kleinster Fläche! Der einzige Krisenpunkt ist der offene Streit um die Machtverhältnisse im BrainLand. Externe Aufgabenprofile und Bedingungen bringen den Links-Hirnies im allgemeinen eine leichte, bzw. manchmal eindeutige

3

Überaktivität, die dann oft dazu führt, daß das Verkehrs- und Informationssystem der linken BrainLand-Hemisphäre zusammenbricht. Die Links-Hirnies geben sich aus der genannten Bevorzugung als sehr qualifiziert und wichtig. Mit ihrer Konzentrationsfähigkeit und -ausdauer ist es jedoch nicht sehr gut bestellt. Schnell kommt es zu kurzfristigen Überforderungen, und die Links-Hirnies erliegen zu oft ihrem Ehrgeiz nach lückenloser Perfektion. Dieser wesentliche Punkt ist zugleich ihr wunder. Wie gerne würden sie unfehlbar und ohne Schwachstellen sein: auf Kommando stets einsatzbereit. Doch, wie zum Trotze, bauen sich gerade dann unüberwindbare innere, regionale Blockaden auf, die mit Sicherheit verhindern, daß der linksinterne Datenschatz optimal genutzt werden kann. Die Rechts-Hirnies spotten in diesen Fällen mit Bemerkungen, daß ihre Nachbarn viel zu viel nachdächten und alles zu ernst nähmen oder kritisch prüften. Sie sollten doch zum Beispiel in langfristigen Projekten denken, nicht immer nur in schrittweisem Vorgehen. Darin sähen sie, die rechten Brainländer, einen Beweis dieser Streßanfälligkeit und Gehetztheit. Man sollte doch einmal zu ihnen über den Zaun schauen. Hierher, wo munteres und stets überraschendes Treiben herrscht. Improvisation dank Kreativität sei doch alles!

Der rechte Teil des BrainLand ist das ergänzende Gegenteil des linken. Sogar die landschaftlichen Ausgestaltungen sind formen- und kontrastreicher. So gut wie keinerlei geordnete Wegverläufe sind zu erkennen. Das gesamte Areal ist von unterschiedlicher Bebauungsart. Die phantasievolle Aufteilung der Fläche läßt vermuten, daß die Rechts-Hirnies über ein sehr gutes Raumgeschick verfügen. Dieses Völkchen versteht es vorbildlich, sich mit Kreativität und Experimentierfreude alten, gegenwärtigen oder künftigen Bedingungen und Erfordernissen anzupassen. Eine bunte Farbigkeit herrscht vor. Es gibt kaum wiederholte Formen oder Strukturen, und unterschiedliche Klänge und Melodien sind vernehmbar. Es wird auch viel gesungen, sich dazu bewegt oder spielerisch und künstlerisch dazu improvisiert. Die Luft ist erfüllt von vielerlei Sinnesangeboten. Fast möchte man meinen, daß es sich um einen Vorgarten eines Paradieses handelt. Einkommende Datenmengen werden nach Sinnesmerkmalen sortiert und bearbeitet, wobei auch die Rechts-Hirnies selbst ein ausgeprägtes Sinnesleben haben.

Und auch sie erfüllen ihre Seite der Berufung ausgezeichnet. Ihre Stärke ist das schnelle Erfassen von Problemen und Kreieren von Lösungen. Nur verspielen sie sich dabei manchmal, bzw. sind ihre Ergebnisse öfters so unübersichtlich gestaltet, daß die Nachbarn eine Übernahme zwecks Weiter- und Mitarbeit ablehnen (müssen). Dort kommt man nicht mit dieser Art von Kreativität zurecht. Keinerlei Systematik! Weder in Reihenfolge noch in Gedankenhierarchie! Die Rechts-Hirnies haben nun einmal eine andere und konträre Arbeits- und Sortierweise. Sie be-

steht darin, daß in Sinneseindrücken und Mustern gedacht wird und daß hier eine andere Zeitigkeit herrscht. Weder Kurzzeit noch eine chronologische Subjektivität ist bekannt. Dafür sind nun einmal die linken Nachbarn die Spezialisten. Hier im rechten Teil von BrainLand liegen andere Prioritäten: das Bemerken und Berücksichtigen von Übersicht, langfristigen und global zu planenden Projekten. Die Rechts-Hirnies verfügen über eine bemerkenswerte Fähigkeit des räumlichen Denkens. Für das Leben im rechten BrainLand bedeutet das, daß ihre Hoch- und Tiefbau-Projekte von einer einzigartigen und verwirrenden Phantasie sind. Es bedarf keines Plansystems für die Bewohner. Man merkt sich, erinnert sich oder geht intuitiv »à la trial and error« vor!

Die Hauptbeschäftigung der Rechts-Hirnies liegt in einer äußerst geschickten Logistik: Informationen - einkommende oder hinausgehende - werden in Assoziationsfeldern verarbeitet, verstaut oder gesammelt. Datenmaterial wird auf ein komprimiertes Maß abgespeckt (lean), reduziert und bei Aufruf oder Verwendung wieder mit Füllwörtern versehen. Auf diese Weise sind Rechts-Hirnies in der Lage, in ihrem Teil von BrainLand das Langzeitarchiv zu verwalten. Aus Groß mach Klein und umgekehrt! Die Rechts-Hirnies ziehen ihre Energie aus dem Beobachten, Abwandern oder Erfinden von Ornamenten und Figuren. Das Leben in räumlichen Bildern erfüllt sie mit Verzückung! Es macht ihnen großen Spaß und sie sind uner-

4

müdlich bei der Erledigung ihres »Staatsauftrages«. Das, was ihnen aber erhebliche Mehrarbeit bereitet, bzw. zu starken Zeit- und Erfolgsverlusten führt, ist das unökonomische nachbarliche Vorgehen und Bearbeiten, denn jene haben noch sehr altmodische Ansichten über das BrainLand-Kulturgut des Denkens und Handelns. Leider gehen die Nachbarn überhaupt nicht auf zeitgemäße Strategie-Erfordernisse ein. Der Vorwurf der Ignoranz und Arroganz wird also regelmäßig laut und die rechten Brainländer wünschen sich, Aufklärung in Sachen BrainLand-Ökonomie gemeinsam über sich und die Nachbarn zu erhalten. Ihr Traum wäre ein Erkennen, Anerkennen und Nutzen der typischen territorialen Ressourcen. Ein Win-Win für alle. Doch wie soll man sich verständigen und verabreden? Wie anfangen? Womit beginnen? Wer wird das Joint-(ad-)Venture leiten? Fragen über Fragen ...

Während ich über die neuen Gedanken nachsinne - in der Sonne und an der frischen Luft liegend - da bildet sich aus der Gesamtansicht des BrainLand eine Figur, Gestalt oder Person; wie immer ich sie bezeichnen könnte. Sein Äußeres ist für meinen Geschmack unbeschreiblich schön und geheimnisvoll. Ein Mannsbild ganz nach meiner Phantasie... Die Bewegungen, seine Gestik wirken auf mich. Hinzu kommt seine angenehme Stimme, durch die ich mich wohlig angesprochen fühle. Welch ein attraktiver Typ! Er singt ein munteres Liedchen und ich nehme ihn immer deutlicher vor meinem inneren Auge wahr:

5

„Hallo! Ich bin Brain Man, dein Brain Man! Ich kenne dich schon ewig - ein Leben lang. Ich bin sozusagen der Chefdirigent deines BrainLand-Orchesters, der Koordinator zum Beispiel der Links-Hirnies, der Rechts-Hirnies, der Stamm-Hirnies und der Lymben. Also all der verantwortlichen Minds und Gedanken deines Denkens, Handelns, Verhaltens, Speicherns, Erinnerns und Kreierens; deines bewußten und unbewußten Seins. Ich bin ja so froh, daß wir uns treffen und daß ich dir etwas über uns erzählen kann. Es ist nur von Vorteil, wenn man Eigenarten, Besonderheiten und Programmstrukturen der Territorien kennt, in denen man sich gerne wie zu Hause fühlen möchte. Genauso, wie du dich als Reisende ausführlich über Land und Leute erkundigst, die Sitten und Gebräuche verstehen und genießen und eventuell auch die Sprache beherrschen, zumindest aber verstehen möchtest. Der Aufenthalt ist dann von einer tiefen Intensität geprägt und die Möglichkeit kultureller Mißverständnisse verringert sich. Kurz gesagt, du machst mehr aus dem Aufenthalt. Du bist weniger »verloren«, denn du nutzt ja deine Informationen. Ist das plausibel?

Gut! Denn sonst müßte ich dir von den Touristen berichten, die als die ewigen Nörgler gefürchtet sind. Es liegt in deren Anspruch, den sie an einen Aufenthalt in einem anderen Territorium hegen. Sie erwarten, daß sich das Land und die Bewohner an ihre Erwartungen und Vorstellungen anpassen. Sie transportieren ihren »Way of Life« mit sich und leben ihn überall auf diese eine Art und Weise. Sie sind wenig bereit, die Umstände - wie man so schön sagt - anzunehmen, bzw. Andersartigkeit zu akzeptieren. Ihr Beharrungsvermögen an eingefahrenen Grundsätzen ist erheblich. Die Welt hat ihren Vorstellungen zu entsprechen. In bezug auf den Umgang mit ihren jeweiligen BrainLands beachten sie nicht das Job-Sharing ihrer Links- und Rechts-Hirnies. Sie übergehen sogar mich in meiner Aufsichtsfunktion und sind der festen Überzeugung, daß sie allein wüßten, wie z.B. die Denkarbeit mit welchen Hilfsmitteln zu verlaufen habe. Auf diese Art und Weise ignorieren sie unsere ortsüblichen Fähigkeiten, was natürlich auf eine Verschwendung von vorhandenen Künsten und Fertigkeiten hinausläuft, bzw. zu nicht zu erbringenden Ergebnissen, weil das Anspruchsprofil an BrainLand nicht so gestellt werden kann. Und das geht nun schon hunderte von Jahren mit unzähligen Generationen! Diese BrainLand-Touristen oder überwiegend linkshirndenkenden Menschen stoßen rasch an ihre Grenzen in bezug auf einen möglichen, voll leistungsfähigen Umgang mit ihren Kapazitäten. Insofern sind sie ein genaues Ebenbild der Links-Hirnies von BrainLand. Sie sind dann stets vorzüglich in der Lage, ihre Defizite durch sprachliche Gewandtheit, die von ihren linken »Spezies« geschickt wird, zu vertuschen. Sie lenken gerne mit intellektuellen oder linearen Äußerungen ab.

Bei mehr rechtshirndenkenden Menschen ist eine sprachliche Brillanz nicht in dem Umfang anzutreffen, denn

6

beim Sprechen haben sie ihre plastisch und überreich gestalteten Bilder »vor sich«. Ihre Verbalität kann gar nicht so schnell jene Bilder beschreiben. Also sind deren Äußerungen oftmals sprunghaft und lückenreich. Sie sind insofern ein Ebenbild ihrer Rechts-Hirnies von BrainLand. Es verwundert sie sogar, wenn man ihnen inhaltlich nicht folgen kann, wobei sie einfach übersehen, daß andere Menschen vielleicht die betreffenden inneren Vorstellungen nicht bilden. Im Grunde bedeutet es nichts weiter, als daß die Brainländer optimal arbeiten können - was sie ja wollen - wenn ihre Kultur bekannt ist und anerkannt wird. Denn dann sind sie auch in der Lage, volle Leistung zu erbringen.“

Beistimmendes Nicken meinerseits! Recht hat er! Brain Man fährt fort: „Die bisherigen Erklärungen habe ich bewußt stark vereinfacht. Ich möchte eine Tendenz aufzeigen, bzw. Umgangsmuster aufdecken, denen wir so oft begegnen. Dabei ist es nicht nur schade, sondern auch eine absolute Verschwendung und Verkennung des hirnigen Stärkepotentials! Bei richtigem Umgang mit BrainLand kommt es zu enormen Steigerungen des geistigen Outcomes, der Leistung oder der Ausschüttung; wie immer man es nennen mag. Ich möchte weiter betonen, daß das, was ich dir hier erkläre, nur ein Erklärungsmodell für die Außergewöhnlichkeit von BrainLand ist. Würde ich dir jetzt bereits erklären, daß es eigentlich keine echte, standesbedingte Trennung des BrainLand gibt, sondern daß alle Brainländer alles beherrschen und daß es inzwischen weitergehende kulturgeschichtliche Beobachtungen gibt, dann könntest du eventuell ohne die notwendige Hingabe an die folgenden Übungen gehen. Aber ich verspreche dir: es ist wichtig, mit diesem Modell von BrainLand zu beginnen.

Warum? Weil mit ihm die Erkundung und das Entdecken von BrainLand begann. Damals erst fanden sich Forscher und Entdecker, die nach verläßlichen Wegen suchten, den Zugang zu uns zu finden. Sie entwickelten dann auch geeignete Strategien, unser Dasein zu charakterisieren, bzw. uns ein Schemata zu verpassen. Nun, das war seinerzeit die zeitgemäße Lösung und der Stand der Erkenntnisse. Die Expeditionsausrüstung entsprach auch nicht dem heutigen Standard. Und doch war man froh, zu einer Standortbestimmung gekommen zu sein.

Ein Forscher der damaligen Zeit dachte weiter und hatte den Ehrgeiz, ein auf diese BrainLand-Anthropologie abgestimmtes Arbeits- und Denkkonzept zu erarbeiten. Es war der Engländer Tony Buzan. Er war derjenige, der eine Zugangstechnik entwickelte. Er gab dafür den Namen »Mind Mapping™«. Das bis dahin Besondere, Neue, Einzigartige oder der USP dieser Methode bestand, bzw. besteht immer noch darin, daß die Stärken der Links- und Rechts-Hirnies geforderd und berücksichtigt werden. In aller Konsequenz wird dabei aus <u>allen</u> unterschiedlichen Quellen, bzw. Ressourcen des BrainLand geschöpft. Das Zugangssystem »Mind Mapping« ist von allerhöchster

Wichtigkeit und darf nicht unterschätzt werden. Zum einen, weil damit der bis dahin relativ unbekannte »Kontinent BrainLand« zum Gegenstand der Lernpsychologie wurde, und zum anderen, weil durch das Mind Mapping ein erstmaliges, gezieltes Aufschließen unseres Territoriums gelang.

In der Zwischenzeit wurde im Zuge der Weiterforschung erkannt, daß die Brainländer weiterentwickelter sind sowie weitaus beweglicher, als einst angenommen. Sie verharren nicht, wie die Hemisphärenforscher von ihnen behaupten, in ihrer Hälfte, bzw. agieren nicht nur nach der entsprechenden kulturellen Ausrichtung. Ihr Wesen ist weitaus komplexer und reisefreudiger. Du wirst zu geeigneter Zeit mehr davon erfahren. Ich erwähnte das vorsichtshalber nur, falls du bereits von neueren Studien gehört hast. Es ist nach wie vor so, daß sämtliche wissenschaftlichen oder philosophischen Interpretationen, Mutmaßungen oder Beschreibungen unserer Wirkungsabläufe »irgendwie« stimmen und nebeneinander bestehen können. Insofern ist die Beurteilung des Schaffens nach der Hemisphärenideologie berechtigt und immer noch »in« - vielleicht nicht mehr »mega-in«, aber aktuell genug, um als Basis genommen zu werden für das Zugangssystem »Mind Mapping«. Dieses ist im Laufe der Jahre weiterentwickelt worden oder mit anderen brainlandfreundlichen Methoden Allianzen eingegangen.

You see, things are in progress ... Gut, und bitte wieder zurück zu den Links- und Rechts-Hirnies. Ich werde dir jetzt zeigen, wie du dir zu BrainLand und seinen Dienstleistungen Zutritt verschaffen kannst.

Das bedeutet für uns beide, daß du Schritt für Schritt vertraut wirst mit Methoden oder Hilfsmitteln, die Brücken schlagen zu den unterschiedlichen Arealen und Kulturkreisen von BrainLand. Du teilst mir bitte jeweils mit, welche Lösungen, Vorgehensweisen oder Anwendungen du von mir wünschst, benötigst oder schon immer beherrschen wolltest. Ich denke, das ist ein spannendes Abenteuer für uns beide.

Schau her! Ich fasse noch einmal schriftlich die wichtigsten Merkmale der gängigen Job-Sharing-Strategie auf Brainländisch zusammen. Und zwar so, daß links- und rechtshirniges Denken und Handeln daran beteiligt sind. Eine Voraussetzung ist bereits die Lage des Papiers: ich lege dieses Blatt quer. Nicht nur, daß ich eine andere graphische Raumaufteilung erreiche, die den Rechts-Hirnies behagt, sondern ich enthebe dich auf diese Weise dem traditionellen, leider total linkshirnig orientierten Schreibzwang, das Papier im Hochformat mit Zeilen zu bedecken. Kein Hochformat - kein automatisches, nur linkshirniges Liniendenken. Es ist ein Trick, mit dem Gedankenblockaden verhindert werden. Querformat bedeutet Bildqualität - das Denken mit auch rechtshirnigen Anteilen. Wohin blickst du sofort auf ein hochformatig gestelltes Papier? Nach links oben! Genau! Sofort setzt daraufhin ein Verhaltensreiz bei dir an, der die Links-Hirnies aufruft zu ihren

8

linearen Denkweisen. Bei dem Hochkantformat ist eine Zeilendimensionalität unvermeidbar. Liegt das Blatt quer, dann blickst du automatisch in die Mitte. Dein Auge wandert das Format ab, und wären Motive oder Farben darauf. Niemals würde ein zeilenartiges Abscannen erfolgen. Das Auge springt über das Blatt. Ein Zeilenautomatismus stellt sich nicht ein. Auf dem querformatigen Blatt tummeln sich zuerst deine rechtshirnigen, dann aber bald deine kreativen Denk- und Arbeitsmöglichkeiten des gesamten BrainLand, so to speak. Als wäre bei den Links- und Rechts-Hirnies plötzlich Tag der offenen Tür.

Schau her, siehst du, wie ich vorgehe? Ich fasse das Gesagte durch Schlüsselwörter zusammen. Die Rechts-Hirnies helfen mit geeigneten Vorgaben. Um die Arbeitsstärken der Links-Hirnies zu fordern, schreibe ich die einzelnen Worte auf Linien, die angeordnet werden um ein Zentrum. Das Zentrum stellt den hierarchischen Kern dar. In diesem Beispiel wiedergegeben durch das Symbol von BrainLand. BrainLand ist die oberste Ebene, quasi wie die Überschrift der Übersicht. Ja, und indem ich der linken und rechten Blattseite die Spezialitäten des linken und rechten BrainLand graphisch zuordne, stelle ich gewissermaßen eine inhalts- und formlogische Notationslösung dar.

Dem Schlüsselwort als Einzelwort wird gegenüber der Niederschrift von Gedanken in Satzform der Vorzug gegeben. Die rechten Brainländer sorgen intern in jedem Fall da-

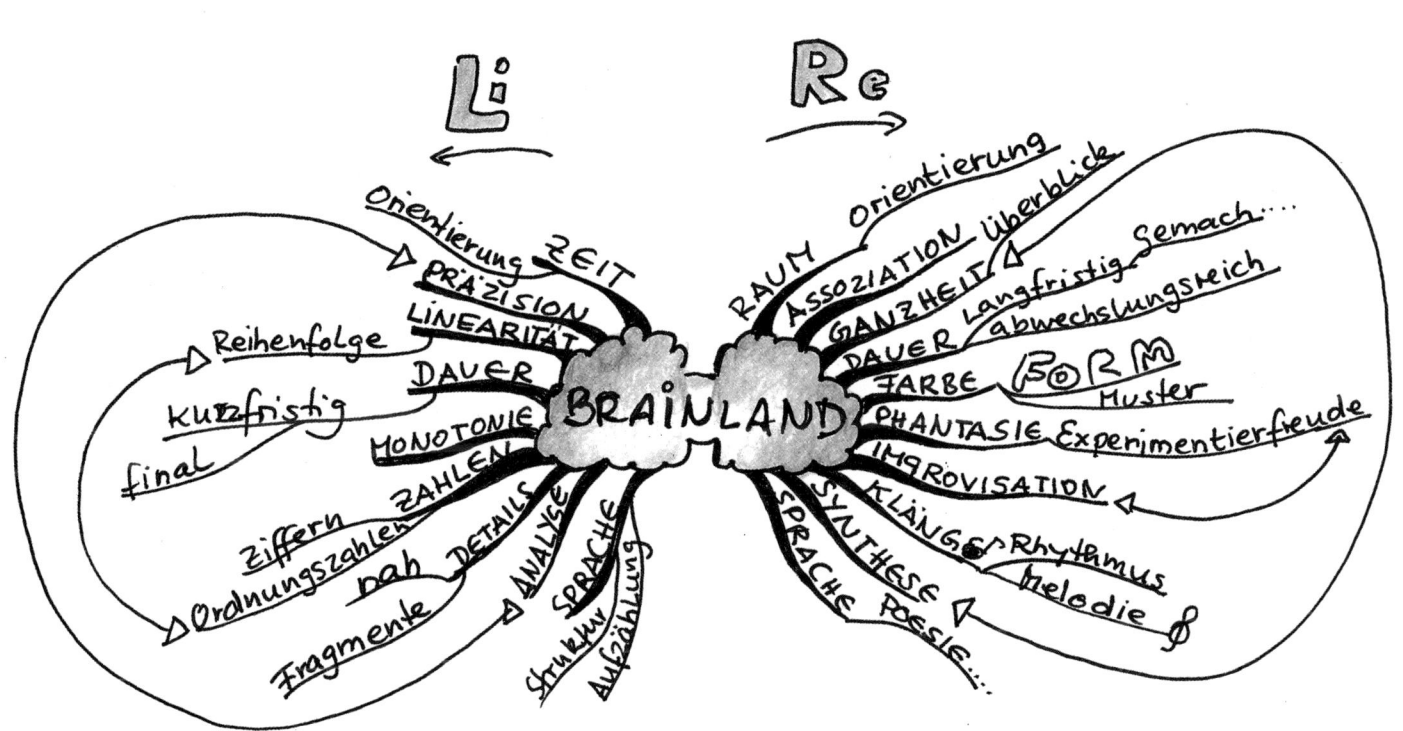

Li

Re

BRAINLAND

Orientierung ZEIT RAUM Orientierung
PRÄZISION ASSOZIATION Überblick
LINEARITÄT GANZHEIT gemach....
Reihenfolge DAUER Langfristig abwechslungsreich
kurzfristig FARBE FORM Muster
final MONOTONIE PHANTASIE Experimentierfreude
ZAHLEN IMPROVISATION
Ziffern KLÄNGE Rhythmus
Ordnungszahlen DETAILS SYNTHESE melodie
nah ANALYSE SPRACHE Poesie....
Fragmente SPRACHE
Struktur
Aufzählung

9

für, daß jedes Schlüsselwort mit einem unbewußten oder undurchsichtigen Assoziationsfeld umgeben oder versehen wird. Als Reduktionskünstler vermögen sie geschickt mit den täglichen Mengen an Neu- und Altdaten umzugehen. Deshalb bitte stets daran denken, daß es in Ordnung ist, knappe und assoziationsfähige Worte zu verwenden, wenn du komplexe Inhalte notierst oder »mindmappst«.

So, was ist noch zu erwähnen? Du kannst erkennen, daß von den vom Zentrum ausgehenden Begriffen, Worten oder Schlüsselworten weitere Unterbegriffe abgehen. Sie sind inhaltlich den vorherigen untergeordnet, passen sozusagen im sauberen und hierarchischen Denken als Unterpunkt darunter. Sie sind ein Detail des vorherigen Wortinhaltes. Es obliegt der jeweiligen Auslegung und Aufgabenstellung, wie die Worte, Begriffe oder Schlüsselworte gefunden und notiert werden. Im Laufe der neuen Zusammenarbeit mit BrainLand wirst du erleben, daß die Links-Hirnies stets für dich die »richtigen« Wortkonstrukte zur Verfügung stellen: als einen Schlüssel. Im weiteren Verfahren werden von den Rechts-Hirnies Assoziationen wie Verpackungen herumgelegt. Sie sind ja die »logistischen« Verpackungsstrategen und -künstler!

Und noch etwas: denk bitte an die Angewohnheit der Links-Hirnies, sich in wohlgeordneter und übersichtlicher Umgebung wohlzufühlen. Gib ihnen die Chance dazu, indem du in deinen graphischen Aufzeichnungen für eine gegliederte, sauber leserliche Darstellung sorgst. Zeichne die

10

Linien nie zu lang. Gerade so lang sind die Linien, wie das Wort darauf Platz benötigt. Du verschwendest sonst kostbare Fläche und verärgerst die Links-Hirnies, die sehr sparsam sind im Einsatz von Mitteln. Jede Provokation oder Nichtbeachtung der brainländischen Aktivitäten führt zu beleidigten Arbeitsniederlegungen. Sie sind zwar minimaler Natur, können aber, wenn sie addiert werden, zu erheblichen Ergebnisverlusten führen.

Also: um das zu vermeiden, solltest du einfach »mindmappig« vorgehen. Das bedeutet auch, daß die Linien immer perfekt aneinander schließen. Keine Lücken, kein Wirrwarr, denn damit wird bei den Links-Hirnies eine Beziehungslosigkeit zu den Inhalten ausgelöst! Und das wollen wir alle auf keinen Fall! Sie erkennen nur Fakten und Zusammenhänge, wenn diese auch miteinander verbunden sind.

Die Links-Hirnies benötigen einfache, aber sichere Leitlinien zum Ver- und Bearbeiten. Da sie sehr dicht - quasi kurzsichtig - und direkt mit Dingen umgehen, Präzisionsarbeit leisten, erkennen sie eher als die Rechts-Hirnies Lücken und Unsauberkeiten im System. Rechts-Hirnies sehen schon einmal - weit- und übersichtig - über Ungenauigkeiten hinweg. Für sie ist die Ästhetik der Gesamtheit wichtiger. Sie arbeiten mit größerem Abstand und am liebsten in Bildersprache. Sie ist vorzugsweise ihr Medium. Hier kommt es nicht so sehr auf die absolute Detailgenauigkeit an. Künstlerische Freiheit, you see ... Den Rechts-Hirnies kannst du mit Farben und Formenreichtum imponieren und ihre Mitarbeit anspornen. Unterschiedliche Buchstabenarten, Bildkürzel oder graphische Symbole sind ihr größtes Glück und stimulieren ihre Arbeitsleidenschaft. Weiche und runde Linienführung versetzen sie in Begeisterung. Darum nur zu: Gib den Brainländern, was sie benötigen, und sie werden dir mit ihrer vollen Leistung entgegenkommen.

Das ist die Effektivitätsformel von BrainLand! Für die Links-Hirnies ist ein sauberes Schriftbild von großer Wichtigkeit. Schreibschrift ist schon zu rechtshirnig ornamental. Abweichungen bei diesen Schriftzeichen sind üblich und unvermeidlich. Also widme den Links-Hirnies Blockbuchstaben, und mache sie noch glücklicher, wenn du die Wörter der ersten Hierarchie - die, die vom Zentrum ausgehen - also die Überschriftswörter, in großen Blockbuchstaben schreibst.

Du erreichst damit, daß sich diese Wörter stilvoll von den übrigen abheben. Es ist so, als hättest du früher in einer Textbearbeitung eine Überschrift gewählt. Du verstehst?

Wenn du die Darstellung - das Basis-Mind Map - hier siehst, dann erinnerst du dich ganz schnell an meine vorherigen Ausführungen. Dieses Mind Map ist die gedankliche Abbildung all dessen. Es ist jedoch noch sehr sogenannt »linkshirnseitig«. Nur Wörter und Linien! Ich habe nun folgende Aufgabe für dich: entwickle bitte für die Worte dieses Mind Maps auf den ersten Seiten deines L-Buches bildliche Darstellungen. Bild & Wort zusammen ergeben für spätere Erinnerungsvorgänge, das Memorieren, mehr Suchfläche im unendlichen großen BrainLand. Und: du zollst damit den Rechts-Hirnies Tribut, bereitest ihnen große Freude, was sie dazu bewegt, dir allumfassende und kreative Gedankenprodukte zu liefern. Benutze auch Farben!"

11

Der Ort des Denkens & Handelns

← *und hier die Bildkürzel*

ZEIT

Orientierung

PRÄZISION

Perfektion

LINEARITÄT

Reihenfolge

DAUER

kurzfristig

langsam

MONOTONIE

ZAHLEN

Ziffern

Ordnungszahlen

DETAILS

Fragmente

Aufzählung

ANALYSE

SPRACHE

Struktur

Grammatik

und hier die Bildkürzel ➜

RAUM

Orientierung

ASSOZIATION

GANZHEIT

DAUER

langfristig

abwechslungsreich

FARBEN

Form

Muster

PHANTASIE

Experimentierfreude

IMPROVISATION

KLÄNGE

Rhythmus

Melodie

SYNTHESE

SPRACHE

Poesie

„Vielleicht wolltest du dich anfänglich vor dieser Aufgabe drücken, doch wie ich deinen Ehrgeiz einschätze, läßt du keine Gelegenheit aus, dazuzulernen, bzw. deine Fähigkeiten weiterauszubilden. Recht so! Das Zeichnen oder bildliche Darstellen von Worten ist heutzutage relativ ungebräuchlich, und deshalb ist künstlerische Eleganz in manchen Fällen noch nicht gleich da. Doch auch hier: das Vertrauen zu den rechten Brainländern wird wachsen und mit ihm die Gelenkigkeit des Zeichnens.

Ich schlage dir vor, daß du dir ab sofort ein Worttraining vornimmst. Wann immer du im Fernsehen, Radio oder in Schriftmedien Texte aufnimmst, wirst du von einigen Minuten oder Zeilen Oberbegriffe, bzw. Schlüsselwörter bilden. Du liest zum Beispiel einen Artikel und schaffst dir anschließend oder parallel dazu ein Konzentrat aus wenigen aussagekräftigen Schlüsselwörtern. Diese Wörter werden dir später das Erinnern erleichtern. Und umgekehrt wirst du Universalwörter, die vielen anderen Begriffen, Wortfeldern oder Assoziationen »Unterschlupfmöglichkeiten« bieten, zum Anlaß für eine Mind Map-Ausdehnung nehmen. So ist das Wort »GLÜCK« sehr geeignet dafür. Was steht alles für und unter diesem Begriff? Zwei Aufgaben hast du also für die kommenden Tage: einmal »aus viel mach ein« und zum anderen »aus ein mach viel«. Ein gedankendynamischer Prozeß setzt ein, der im ersten Fall Konvergenz bedeutet und im anderen Divergenz. Beide Richtungen mußt du vorwärts und rückwärts

14

beherrschen! Und damit du schnell wirst in der Wortfindung, bzw. in der Koordination der Brainländer, wirst du Gehörtes und Gelesenes auf diese Weise bearbeiten. Du hast somit vier Trainingsangebote. Später wirst du auf deinem Platz im Leben und/oder im Beruf weder nur mit Printmedien noch ausschließlich mit Audiomedien zu tun haben. Du liest viel, du mußt präzise und zeitökonomisch vorgehen und du hörst Berichten zu, die du in der vorgetragenen Dauer und Qualität zu Extrakten komprimieren möchtest. Du hast mit dem Mind Mapping zudem einen Schlüssel für dein persönliches Zeit-Management an der Hand. Statt Ordner unter dem Arm die Faktensammlung im Kopf! Na, ist das was!

Du wirst von ganz alleine großen Gefallen daran finden, vorgefundene Piktogramme, Bildsymbole oder Bilder in Worte umzusetzen, bzw. umgekehrt Worte oder ausführlichere Textgebilde in Bildaussagen zu übertragen. Nimm dir die nächsten Tage zum bewußten Wahrnehmen und Üben vor. Du wirst vielleicht erstaunt sein, wieviel unnützes Füll- und Aufbauschwortmaterial die Informationskerne umgeben. Du wirst dir vielleicht vorstellen, was in vielen Fällen eingespart werden könnte, würde mehr mindmappig archiviert, geplant und bearbeitet werden. Ich wünsche dir nun viel Spaß und viele neue BrainLand-Begegnungen in den kommenden Tagen. Wir werden uns dann wieder treffen, wenn die neuen Denk- und Sprachstrategien »sitzen«. Bis dann ... See you!"

Mind Mapping-Werkstatt

„Willkommen zurück im BrainLand. Es soll sein, daß du so bald als möglich das multidimensionale Ordnungsdenken beherrscht. Das heißt von Makro- zu Mikrobegriffen, von Unterpunkten zu übergeordneten Bereichen; sei es von gehörten oder von gelesenen Inhalten. Sei es bei eigener oder bei Fremd-Kreativität!

Nimm dir jetzt bitte eine neue Seite im L-Buch vor. Du hast sicherlich einen feinen Filzstift in der Nähe. Also bitte fasse ihn mit deiner Nicht-Schreibhand. Es kann sein, daß es die linke sein wird, wenn du ansonsten den Stift mit der rechten Hand führst. Befühle den Filzschreiber, wie er jetzt in dieser Hand liegt. Mache dich vertraut mit dem Gefühl, denn du wirst die folgenden Mind Maps mit dieser, deiner Nicht-Schreibhand ausführen! Okay? Eventuell ist die Gelenkigkeit noch nicht in dem Maße vorhanden. Aus Trägheit benutzen die meisten Menschen nur eine Schreibhand. Dabei habt ihr zwei Hände zur Verfügung, und nichts in der Welt spricht dagegen, mit beiden Händen gleichermaßen geschickt zu sein. Vergangene Erziehungs- und Kulturgewohnheiten haben für dich, als Erwachsene, keinerlei Grundlage mehr! Hast du schon gewußt, daß das linke BrainLand verläßlich die Bewegungen der rechten Körperhälfte steuert. Umgekehrt ist es das rechte BrainLand. Nun, wenn du bewußt Kontakt zu einem Teil aufnehmen möchtest, dann benutzt du z.B. gezielt deinen entsprechenden anderseitigen Fuß oder deine jeweilige gegenüberliegende Hand. Da in eurer Kultur die

15

meisten Menschen professionelle Rechtshänder sind, ist der Schluß zulässig, daß ihr vorzugsweise typisch linkshirnig ausgerichtet seid. Ist es so? Deshalb hier von mir einige Trainingsangebote, wie du auch deine andere Hand stärken kannst in ihrer Feinkoordination. Der »andere« Fuß soll natürlich auch gefordert werden. Wenn du das nächste Mal ißt, dann führe bitte das Besteck anders. Putze dir ebenfalls mit links die Zähne, bzw. mit rechts. Beginne das Treppensteigen häufig mit dem anderen Fuß. Oder wenn du Tennis spielst: dann lerne unverzüglich, auch mit der anderen Hand gezielt den Schläger zu bedienen.

Es gibt viele Beispiele deiner neuen Händigkeit im Alltag. Dir wird es ab jetzt sehr bewußt werden. Wichtig ist, daß dir dabei deutlich wird, daß du auf diese Art aus jenen uralten und bereits eingegrabenen Verlaufs- und Verhaltensbahnen aussteigst. Du legst dir buchstäblich neue Wege. Dein neuronales System wird dabei immens stimuliert! Und schon wieder hast du nebenbei einen weiteren Trick erfahren, wie du dein BrainLand zu größeren Aktivitäten anregen kannst. Notiere dir die Tricks auf Extraseiten. Was hältst du davon, dein L-Buch umzudrehen, und die letzten Seiten als erste Seiten zu benutzen: für die Hinweise, die zwischendurch einmal schnell notiert werden. So arbeitest du von zwei Richtungen auf die L-Buch-Mitte zu. Und du trainierst später automatisch das Lesen »auf dem Kopf«. Fang schnell an: es sollten bereits einige Nennungen vorhanden sein!

Und jetzt kann die neue Aufgabe beginnen. Zurück zum ersten Anfang deines L-Buches. Der Stift ist in der neuen Hand und du zeichnest in die Blattmitte - nicht zu groß - eine Sonne. Einen Kreis, um den etwa zehn kurze Strahlen sortiert sind. Hast du? Laß dir ruhig Zeit und verwende Sorgfalt auf die Beobachtung deines Körpergefühls, als du mit dieser ungewohnten Hand arbeitest. Vergegenwärtige dir jetzt einmal, welche BrainLand-Aktivitäten bis hierher angeregt werden.

Bist du auch darauf gekommen? Kreis und Linien haben Symbolkraft, die einerseits dem analytischen Vorgehen der Links-Hirnies entgegenkommen, wobei die Rechts-Hirnies auch sehr viel mit dem Bild anfangen können. Sie interpretieren es mit Sonne und halten sofort Mengen von dazugehörigen Assoziationsfeldern deiner Sinneswahrnehmungen bereit. Das Symbol, das für Sonne steht, ist quasi der Schlüsselreiz, mit dem verdichtete Erfahrungen, Erinnerungen oder Komplexitäten geöffnet werden. Die Links-Hirnies formulieren: sich treffende Linie mit Kreisverlauf. Exakt vom Kreisrand nach außen hin sind zehn Striche gezeichnet von bestimmter Länge und Krümmung. Du siehst, bis hierher hast du beide Brainländer gleichmäßig animiert.

Gut, in den Kreis schreibst du das Wort »SOMMER« hinein. Es liegt an dir, wie du die Buchstaben setzt, auch in welchen Farben. Hast du? Und weiter: auf die Linien, bzw. Strahlen schreibst du bitte jeweils ein prägnantes Schlüssel-

16

wort, das für dich persönlich zu »SOMMER« gehört. Zehn Wörter, die unter diesen Oberbegriff passen, die ihn näher spezifizieren. Laß die Wörter ungefiltert kommen. Das ist die rechtshirnige Komponente. Linkshirnig ist, wenn du bei jedem Wort analysierst, ob es auch wirklich etwas mit Sommer zu tun hat, bzw., ob da Verbindungen bestehen. Der linkshirnige Anteil ist dann gegeben, wenn du bitte auf die Sauberkeit und Deutlichkeit der Schrift und Linien achtest. Beginne jetzt gleich! Ach ja, du wirst für die Wörter auch kleine Bildsymbole zeichnen.

Ich fasse noch einmal zusammen: Du hast das Zeichen einer Sonne, von dem zehn Linien - wie Strahlen - ausgehen. Diese Linien sind genau an den Kreis gezeichnet. Im Kreis steht das Wort »SOMMER« und du schreibst gleich auf jede Linie ein Schlüsselwort, das für dich in einer Beziehung zu »SOMMER« steht. Pro Linie nur ein Wort - sauber in Großbuchstaben! Ergänzend dazu zeichnest du neben die Wörter kleine bildnerische Entsprechungen. Zum Beispiel eine blaue Welle für Seeurlaub. Auf denn ..."

Mir gefällt die Idee sehr; es beginnt mir großen Spaß zu machen, auf diese Art zu denken und zu notieren. Und vor allen Dingen macht es einen logischen Eindruck auf mich. Klar, daß ich mir von dieser Methode eine wesentliche Erhöhung meiner Effektivität erhoffe. Und so sieht das Ergebnis aus:

„Sehr gut für den Anfang! Es ist unwichtig, daß die neue Händigkeit noch mehr Zeit benötigt. Halte einen Augenblick ein und überlege doch einmal, wie du zu dieser Wortauswahl gekommen bist. Was hat dich geleitet? Waren die zehn Begriffe spontan da?"

Nun, wenn ich jetzt genau darüber nachdenke, so sind mir die ersten Wörter sofort eingefallen. Es waren »URLAUB«, »ENTSPANNEN«, »AKTIVITÄTEN«, »ENGLAND« und »PAUSEN«. Ich entdecke sogar eine Prioritätenfolge. Sollte mein Unterbewußtsein mir gerade vor der herbeigesehnten Sommerzeit diese Bereiche gezielt zugespielt haben? Mmh, sicherlich!

Nun gut, nach dem ersten Schwung von Zubringerwörtern hatte ich eine kleine Nachdenkpause, in der ich bewußt und auch etwas gequält nach den übrigen fünf Schlüsselwörtern gesucht habe. Inhaltlich sind sie für mich nicht so sehr verbindlich und von geringerer Wichtigkeit. Ich wäre viel lieber bei den ersten Begriffen verweilt. Was paßt alles noch unter »URLAUB«? Was nicht? Und was darüber? Auf jeden Fall der »SOMMER«. Darunter würden allerdings auch die »AKTIVITÄTEN« fallen, der »SPASS«, das »ENTSPANNEN« und die »PAUSEN«. Doch dann bezögen sich diese nur auf den »URLAUB«. Ich kann aber, egal wo und wann, in der gesamten Sommerzeit Aktivitäten haben, Spaß oder Pausen, auf einer Wiese oder bei Musik entspannen. Ich hätte mich in diesen zu erwartenden Freizeitmöglichkeiten auf »URLAUB« be-

18

schränkt; ihnen keine reale Anwendungschance - hier, bereits im Vorwege - eingeräumt. Nein, diese Bereiche passen zwar auch unter Urlaub, schließen aber ein weiteres Eigen- und Erleben an anderer Stelle und zu anderer Zeit nicht aus. Sie bieten ebenfalls weitreichende Unterpunkte, Bedingungen, die zum Erreichen des von mir gewünschten Zustandes notwendig sind.

Nun gewinne ich Klarheit und ich erahne schon jetzt, welch umfassendes Denkinstrumentarium ich kennengelernt habe. Ich vermag auf einen Blick sehr differenziert die Qualität der Antworten, die Prioritäten oder die übergeordneten Zieldefinitionen zu erkennen. Das, was im ersten Moment auf dem Blatt als sehr verspielt und simpel aussieht, ist in der Tat mehr: eine Auflistung, nein Aufstellung (!) von Daten, verschlossen oder komprimiert durch Schlüsselwörter, die aus beiden Hälften meines BrainLand stammen. Ich erinnere mich an Brain Mans Worte: Linien, Blockbuchstaben und Wortwahl nach dem Hierarchieprinzip sind linkshemisphärisch. Rechtshemisphärisch ist die Farbwahl, die Raumlage der Linien, sind die Bildmotive.

Würde ich jetzt auf mein BrainLand blicken, so könnte ich sicherlich einen regen Informationsaustausch der Brainländer bemerken. So haben sich bereits zehn Ansammlungen von Links- und Rechts-Hirnies gebildet. Sie warten - heftig untereinander diskutierend - darauf, mir mehr zu den zehn Unterbegriffen von »SOMMER« beizusteuern. Sätze,

Wörter, Sinneswahrnehmungen aus meiner Erinnerung erscheinen in meinem Bewußtsein. Einige Hirniegruppen dominieren in ihren Beiträgen und ich kann gar nicht so schnell „mitkommen" oder die entstehenden, inneren Filmfragmente betrachten, wie ich es am liebsten möchte. Meine Güte, welch eine Menge an Gedankengut!

Brain Man nickt beistimmend. Er setzt fort: „Dein Gefühl ist richtig. Dieser erste »Wortring« um das Zentrum herum ist längst nicht alles oder schon das Ende. Du hast richtig gedacht: unter diesen zehn Begriffen liegen weitere, unzählige Gedanken- oder Zielkomplexe. Wie auf einer Warteschleife positioniert, treten sie codiert als Schlüsselbegriffe auf. Die rechten Brainländer sind sehr geschickt im Verstauen und Sortieren von kompakten Datengebilden. Sie richten quasi Ordner ein, geben dem Ordner eine pfiffige Überschrift und archivieren kommende Daten entsprechend neu ein oder legen sie dazu. Sie haben außerdem auch die Möglichkeit - wie auch dein Computer - nach Namen, Zeiten, Größen, Eigenarten oder anderen Qualitätsvorgaben umzusortieren, je nachdem, unter welchem Aspekt du die Daten einsehen willst. Man kann es auch die »Gestalt« nennen, in der die Daten, Erinnerungen oder Informationen gebündelt sind.

Also: Schlüsselwörter sind im Kern freigelegte Sammelbegriffe und werden beim Aufrufen mit den dazugehörigen Erlebnissen, Fakten, usw. ummantelt oder verpackt. Wörter, Grammatik und Sprache im allgemeinen sind der Füllstoff.

19

Und du merkst: ein Wort reicht aus, um verhältnismäßig viele neue Gedanken »hochzuholen«. Aber es ist nicht nur ein Wort, das Erinnerungen wachruft oder Gedankenabläufe in Gang setzt. So weißt du, daß alles, was du um dich herum wahrnimmst, bewußt oder unbewußt, aus Sinneswahrnehmungen besteht. Alle Daten sind Sinnesreize! Entweder von dir gelesen - visuell - oder gehört, dann auditiv. Das, was du spürst und empfindest, geht über die kinästhetische Schiene in dein BrainLand ein, und die Wahrnehmung über Geruch - olfaktorisch - und über Geschmack - gustatorisch.

Es sind die Sinneswahrnehmungen, die als Gedankenvorfabrikate zu den Brainländern gelangen. Dieser Fakt löst bei vielen Menschen regelrecht größtes Erstaunen aus, denken sie doch, daß Gedanken ein »hohes Gut an Abstraktion und Intelligenz« seien. Kürzlich soll dieses sogar ein Lehrer gesagt haben. Seine Verwirrung hielt daraufhin lange an, sage ich dir!

Die einkommenden Sinneshalb- oder Vorfabrikate werden dann in den Gedächtniszentren höchstkompliziert umgewandelt zu neuronalen Daten, die sich zu und mit anderen, je nach Einsatz und Abfrage formieren. Und so nehmen sie die Körperlichkeit der Brainländer an. Jedes Hirnie weiß auch genau, welche Sinneskomponenten es beinhaltet. So bleibt ewig bekannt, in welchen Situationen es quasi »geboren« wurde. In welchem Umfeld, zu welcher Zeit, bei welcher Stimmung oder zu welchem Anlaß. Je mehr Sinneseindrücke du aufnimmst, um so mehr Anhaltspunkte bietest du für deren passende Ablage in den Archiven von BrainLand und für spätere Erinnerbarkeit und Auffindung. Insofern sind die Menschen, die sehr sinnesoffen in der Welt leben, unvergleichlich besser im Umgang mit BrainLand. Sie verfügen über ein extrem gutes Gedächtnis, schnelle Erinnerungsgabe und können hochqualitative und rasche Kreativitätsprozesse durchführen. Ach ja, achte einmal auf das vorhin von mir genannte Wort: »Anhaltspunkt«. Je mehr Assoziationen, sinnhafte Beigaben oder mitrealisierte Umfelddaten zu einer Information erlebt werden, desto mehr Ansatz- oder Anhaltspunkte sind für ein Speichern und schnelles Abrufen gegeben. Wie kleine Kontaktärmchen, die sich anfassen und zu Informationsansammlungen zusammenklammern. Geht das als Erklärung? Mehr kannst du erfahren, wenn du dir Literatur darüber besorgst. Schlendere doch einmal die Bibliothek von BrainLand ab. Es ist die Litera-Tour!

Doch wieder zurück zu den Schlüsselwörtern, die eine linearisierte und digitalisierte Ergänzung zu den bio-physischen Abläufen der Sinne sind. Also Wortausdruck für Sinneseindruck. Es ist sogar so, daß die Brainländer bei dieser Art der Zusammenarbeit recht ausgelassen und übermütig werden und dir, für dich zu diesem Zeitpunkt vielleicht scheinbar unsinnige Nebendaten mitliefern.

Daten, die ohne einen erkennbaren Zusammenhang zu deinem Thema stehen oder die sogar davon ablenken. Laß die Brainländer gewähren. So manches Material erweist sich

später als doch nützlich! Die Brainländer haben, da sie auch in deinem Unterbewußtsein existieren, besseren Überblick als du zu diesem Zeitpunkt. Erkenne und nimm den »BrainLand-Support« stets an; die Support Line, das Mind Mapping, ist immer für dich frei!

Willst du weitermachen mit deinem Map? Schau noch einmal auf das Blatt und erinnere dich: welcher Bereich war denn dein erster? Ist es auch zugleich der wichtigste? Oder bemerkst du bereits in diesem Moment, daß du an alle zehn etwas anfügen möchtest - wie ein Schmetterling, der da so von Blüte zu Blüte gauckelt? Ich sage dir: alles ist richtig. Lerne, deinem BrainLand zu vertrauen, bzw. DIR! Schließe nicht deine Gedankenschleusen. Es ist dein Map, deine augenblickliche und subjektive Abbildung deines Territoriums von BrainLand. Bedenke das immer, und du wirst feststellen, wie spendabel die Brainländer dir gegenüber sind mit ihren Dienstleistungen! Benutze auch ruhig noch die »andere« Hand dabei."

Yes, Sir! Ich will weitermappen! Wo sind die Stifte?! Hätte ich ein größeres Blatt Papier, so würde ich weiter und weiterschreiben, zeichnen, träumen und entwickeln. Dem Gedankenfluß scheint kein Ende gesetzt zu sein. Hinter jeder Gedanken-Nennung versteckt sich ein neues Mind Map. Ich behaupte sogar, daß jedes einzelne Wort ein weiteres Mind Map für sich bilden kann. Es hängt sich dabei jeweils - wie bei einem Mobile - an einen Zweig, dreht sich vielleicht um die eigene Achse, und so weiter und so fort. Aus jedem

20

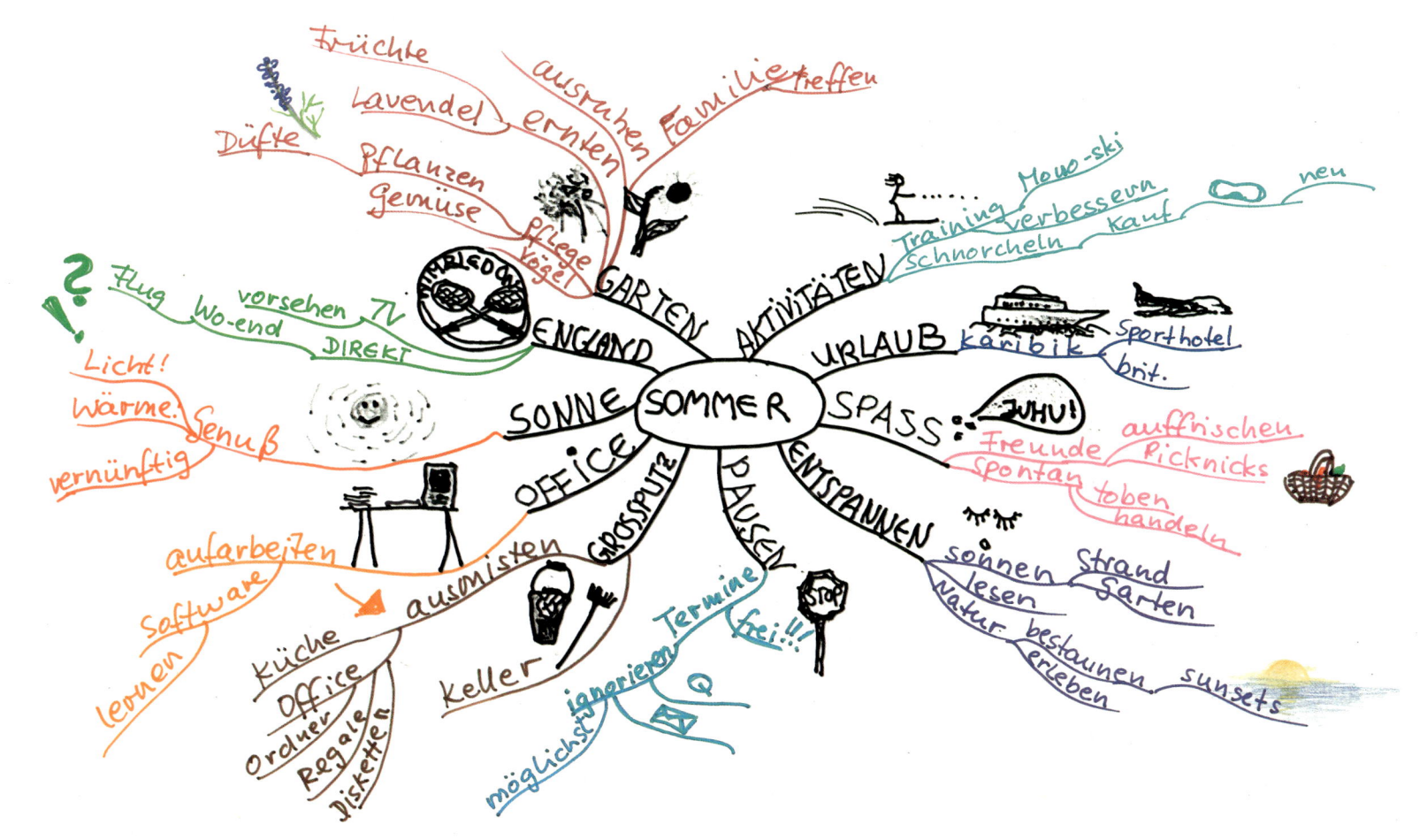

SOMMER

GARTEN
Früchte
Lavendel · ernten · ausruhen · Familie treffen
Düfte
Pflanzen
Gemüse
Pflege · Vögel

AKTIVITÄTEN
Mono-ski
Training · verbessern · Kauf · neu
Schnorcheln

URLAUB
Karibik · Sporthotel
brit.

ENGLAND
Flug · Wo-end · vorsehen · TV
DIREKT

SONNE
Licht!
Wärme. Genuß
vernünftig

SPASS
JUHU!
auffrischen
Freunde · Picknicks
spontan · toben · handeln

OFFICE
aufarbeiten
Software
lernen
ausmisten · GROSSPUTZ
Küche
Office
Ordner
Regale
Disketten
Keller

ENTSPANNEN
sonnen · Strand
lesen · Garten
Natur · bestaunen · sunsets
erleben

PAUSEN
Termine · frei!!! · STOP
möglichst · ignorieren

21

neuen Mikro-Mind Map entstehen wieder neue und neue und neue und ...

Mir wird schwindlig, während ich mir dies vorstelle. Es ist, als würde ich mit hoher Geschwindigkeit durch Zeit und Raum des BrainLand-Kosmos beamen.

Viele Gedankenfelder oder Schlüsselwörter begegnen sich, formieren sich zu neuen Komplexen zusammmen, lösen sich auf, bündeln sich zu neuen, eigenen Mind Maps oder gehen als unwichtige und vorläufig letztrangige Endglieder irgendwo unter. Und es ist das erste Mal, daß ich diesen Einblick gewinne in das unendliche, wunderbare Chaos »Brain-Land«!

Wie immer ich meine Betrachtungsweise vom Funktionieren der internen Denkvorgänge ändere, in dem gleichen Umfang bildet sich eine neue Darstellung. Einmal ist es das märchenartige Zweiland mit den typischen Landstrichen und den eifrigen Bewohnern, oder es ist, wie soeben phantasiert, ein sich zusammenziehendes und ausdehnendes Gedankenmobile - oder eine Unruhe, wie man diese kinetischen Raumgebilde nennt. Und das wichtige daran ist, daß jede Betrachtungsweise gültig scheint und eine beweisbare, wissenschaftliche Einordnung zuläßt!

22

Der Sommertag neigt sich dem Abend zu. Ich räkel mich entspannt auf der Relaxliege und weigere mich mit Absicht, die „reale" Außenwelt hier wahrzunehmen - oder etwas doch - um abwechselnd über mein ebenfalls reales, inneres BrainLand zu staunen, in einem Mind Map-Fraktal zu wandeln und dabei die Außengeräusche des Amselpaares miteinzubauen, das irgendwo zeternd vor einer Katze warnt. Es ist kühler geworden.

BrainLand-Forum

Ein neuer Tag für ein »Meer« an neuen oder anderen BrainLand-Kulturerscheinungen. Die bisherige Mind Map-Übung hat mein Denken über das Denken spürbar entstrukturiert, entleert, bzw. umorganisiert. Meine bis dahin zur Routine gewordenen Programme oder Nachdenk-Riten haben einen neuen Kick in Richtung Orientierungsoffenheit erhalten. Einfach so. Ich schmunzele bei der Feststellung, am liebsten wieder Kontakt zu Brain Man zu haben. Ich bin, um auf den Hinweis auf meine begegnungsreiche Juni-Phase zurückzukommen, gelassen und neugierig auf das, was mir an interessanten Denkansätzen beim heutigen Rendez-vous angeboten wird. Ich bin in der richtigen Stimmung dafür!

Brain Man genießt meine Wißbegier und Freude über BrainLand-Plaudereien. „Bitte schau einmal! Dieses fernöstliche Schriftzeichen ist irgendwie ein Mind Map!" Wie? Was? Also wirklich! Die erste Reaktion verläuft zu meiner Schande wenig reflektiert. Doch stop, die These hat etwas: asiatische Schriftzeichen sind eine Ansammlung von Faktenbeschreibungen. Man sagt, keine zwei Menschen finden eine identische Interpretation eines Schriftzeichens. Jeder von ihnen deutet Nuancen, die zudem auch situativ abweichen können, in das Bild. Das Schriftzeichen hat Symbolcharakter, es steht für etwas, es beschreibt und kann erst auf einer kommunikativen Basis - Konsensprozeß - zu einem Konsensprodukt entwickelt werden. Unter diesem Aspekt habe ich östliche Kommunikation noch nie betrachtet.

Brain Man ergänzt: „Einst hatte ein Mensch eine Idee, die ihn sehr gefangennahm und begeisterte. Diese Idee wollte er zu späterer Zeit weiterbearbeiten. Vielleicht war es draußen dunkel, vielleicht wurde er abgelenkt durch anderes, auf jeden Fall bedurfte es einer Pause. Doch was nun? Er mußte die Idee irgendwie ablegen, dingfest machen oder etwas nehmen, was ihn daran erinnern mußte, an die Idee zu denken. Da bemerkte er erstmalig in diesem Zusammenhang den Faktor »Zeit«. Er empfand, daß die Zeit, die ihn in dem Augenblick umgab und die ihm zur Verfügung stand, drängte und stark manipulierte. Es entstand in ihm unter diesem aktuellen Anlaß das erste Mal eine bewußte Zeitlast. Bis dahin lebte er in einem 1:1-Verhältnis zu Umwelt und zu sich. Zeitebenen der Vergangenheit, Gegenwart oder Zukunft waren plötzlich von erheblicher Bedeutung! Und wer weiß, vielleicht entstand in dem Zusammenhang die bildnerische Notwendigkeit von Zeitdarstellbarkeit. Doch zurück zu seiner Idee und der Abbildung.

Es kam nämlich noch etwas dazu: das Konservieren eines Gedankengutes für das Jetzt und die automatisch entstandene Altzeit-Vergangenheit. Die Konservierung sollte von besonderer Qualität sein und außerdem den Mitmenschen aussagereiche, aber zugleich auch verbindliche Informationen ermöglichen. Also Spezifität und Unspezifität in einem Ausdruck. Diesem Menschen von einst sagt man heute kausal-linear nach, daß er eitel der Nachwelt eine Idee hinterlassen wollte.

23

Es könnte auch sein, daß dieser Mensch bemerkte, daß er seine Erfahrungen, sein Wissen oder diese Idee lange genug in sich angesammelt hatte und als Folge dessen in ihm ein Informationsüberdruß entstand. Er hatte genug von Wissensanhäufung und -besitz. Er empfand es als Last oder als präsentes Indiz für sein Verharren im Zeitempfinden der Vergangenheit. Wissen bedeutete für ihn Altzeitkultur. Und vielleicht wollte er hin zur Zukunft, vorgewandt zu unbekannten Dingen, leer sein für Neues. Also tat der Mensch in einer direkt nachvollziehbaren Konsequenz folgendes: er mußte sein Wissen entleeren; quasi Platz machen für die neuen Daten. Daß eine Nachwelt daraus Vorteile ziehen könnte, war für ihn sekundär.

Gehen wir einmal davon aus, daß zu jener Zeit der Umgang mit dem Gehirn und dem zeitlichen Empfinden noch nicht so fein entwickelt war wie heute. Dann reagierte dieser Mensch damals ganz systemorientiert für die Belange seiner evolutionären Entwicklung. Indem er Wissen entleerte, es in Schriftform abgab - oder wie man es heutzutage bereits formuliert mit »Entlernen« - sicherte er sein eigenes geistiges Fortkommen. Er hinterließ seine BrainLand-Kultur nebenbei seinen Mitmenschen, schuf sich aber zugleich auch Dokumente dieser Gedanken und konnte bei Bedarf an ihnen weiterdenken.

Es ist perfekte Evolution des Denkens! Insofern sind den Trainings und Techniken, die sich Gehirn-Jogging oder Mnemotechniken nennen, nicht der große Stellenwert ein-

24

zuräumen, der ihnen mit großer Hochachtung gewährt wird. Man beschäftigt sich dort damit, altes und bekanntes Faktenmaterial immer wieder auf eine für die Gegenwart und Zukunft unnütze Brillanz aufzureihen, zu repetieren und deklariert es als höchste Denkleistung! Mumpitz ist das!

Evolution ist nur durch das Vergessen oder Abgeben möglich; das Aufbauen auf einmal erfolgten Erscheinungen. Sobald ein Gedanke Gestalt angenommen hat in Form von Gedachtem, Gesprochenem oder Notiertem, ist er bereits manifest und zur Vergangenheit geworden. So ist das Entstehen von Schriftkultur auch zu sehen: als der Ausdruck von Entleeren, bzw. Entlernen! In der Urform hat die Schriftsprache Symbolcharakter. Das Symbol ist dargestellt durch ein Zeichen: in »erzählenden« Wandzeichnungen oder auf Inschrifttafeln. Geistige Entwicklungsgeschichte konnte beginnen ...

Heutzutage scheinen die Menschen in zwei Lager aufgeteilt zu sein. Zum einen gehören die, die zeitgemäß mit neuen Mittlermedien umgehen - wie du, Gnädigste - und zum anderen die, welche in einer Art von »r-evolutionärer« Verhaltensstabilität leben. Sie verharren in Denksystemen, die eindeutig eine rekursive Richtung aufweisen, bzw. bewirken. Ich zähle dazu ganz bewußt die Brain-Techniker, die ihre Selbstbestätigung darin suchen, Kolumnen von Daten zu erlernen, abzurufen und zu präsentieren. Eure mitmenschliche Umwelt reagiert auf diese Shows mit tiefem Respekt und großer Ehrfurcht. Auch in der

Schule wird den Schulkindern die Fähigkeit zum Repetitionswissen als ein oberstes Lernziel hingestellt. Wer sich diesem Denksport nicht aussetzen mag oder die Trainingsvorschriften nicht beherrscht, muß damit rechnen, per IQ-Dekret zu dumm dafür zu sein. Es sind prinzipiell alle Gedächtnis- oder Arbeitsmethoden, die die biochemischen, elektrischen und chaotischen Verläufe im Gehirn wider besseren Wissens durch Forschungsergebnisse, zum Beispiel der pädagogischen Neuro-Psychologie, nicht berücksichtigen eine pure Zeitverschwendung! Statt dessen fahren die meisten Pädagogen die alten Trainingsstrecken immer wieder ab und verändern lediglich die Daten darauf.

Doch ich merke, wie wir jetzt in eine Diskussion über die Definition von Intelligenz abdriften. Zurück zu dem Menschen von einst und meiner Evolutionsumschreibung. Steigen wir ein bei den besonderen Vorteilen und der Einzigartigkeit des Mind Mapping. Du hast vorhin selbst Verbindungen zu fernöstlichen Schriftzeichen entdeckt. Ein Mind Map ist eine ähnliche, chiffrierte Gedankenentscheidung zu einem Thema. Die Methode ist quasi ein Transponder, Interface oder Mittlermedium zwischen der symbolträchtigen Sprache des BrainLand oder der Multi-Minds und der real existierenden, bodenständigen und vereinbarten Kultursprechsprache. In einem Mind Map findest du sogar Datenbündel aus deinem Unterbewußtsein, die einige Menschen vielleicht die »spirituellen Elemente« nennen. Es liegt an dir, ob du mit den Sendungen des Unterbewußtseins orakeln magst oder nicht. Nebenbei gefragt: wie gefällt dir der Begriff »Mind Portrait« für Mind Mapping? Das Wort »Map« gibt sich den Anschein, daß es eine recht objektive Beschreibung oder Darstellung eines Bereiches ist, welche es nun wirklich nicht ist und nie sein kann! Es ist zwar im Sprachgebrauch bekannt, daß die Karte nicht gleich das Territorium sei, doch in dem Wort »Map« schwingt eine Art »Verbindlichkeit« mit. Mit dem Wort «Portrait« ist in sich ausgedrückt, daß Gedanken interpretatorisch wiedergegeben oder zusammengestellt sind. Es handelt sich um einen Ausschnitt oder ein Moment-Bild eines Gesamtkomplexes. Ein Portraitist ist ein freierer Künstler seiner subjektiven Vorstellung als ein Kartograph. Dieser hat sich an vorgegebene Messungen und Dimensionen zu halten. Die Abbildung eines Portraits unterliegt immer subjektiven und stimmungsabhängigen Entscheidungen. Und genauso ist es beim Mind Mapping.

Jeder Mind Mapper, bzw. jede Mind Mapperin kreiert ein Map oder Portrait der augenblicklichen Eingebung nach; oder entsprechend den Zielsetzungen und Aufgabenstellungen. Der interne Zustand der Person beeinflußt natürlich die Wortfindung, Flächengestaltung oder eine Konkretisierung. So, wie keine zwei Menschen ein Portrait eines Menschen identisch sehen und bildnerisch interpretieren, so ist es mit der Individualität des Mind Maps zu sehen. Selbst ein Mind Map zu einem Thema wird von ein und derselben Person zu unterschiedlichen Zeiten unter-

25

schiedlich ausgeführt. Jedes Map ist ein Unikat! Na, wie findest du die Deutung von Makro- oder Neo-Schriftzeichen, die da Mind Maps heißen?"

Ergänzend erinnere ich, daß festverankerte Schriftzeichen oder Piktogramme durch Normierung und Simplifizierung entstanden sind. Eine bizarre Idee: Vielleicht wird es später einmal, wenn das Mind Mapping ein verbreitetes Kommunikationsmedium ist, auch feststehende Mind Map-Graphikzeichen geben für bestimmte Gedanken, die von allgemeiner Relevanz sind. Vielleicht wird eines Tages in Schulen ein Mind Map-Index gelehrt, nach dem bestimmte Aussagen durch eine verbindliche Mind Map-Struktur dargestellt sind. Aber stop! Das wäre genau eine Rückwendung hin zum katalogisierten Denken. Es wäre kein Mindmappen mehr; keine subjektive Momentaufnahme des »Hirnens«.

Unsere Kultur könnte ohne weiteres eine neue oder vielmehr weitere graphische Parallel-Schriftform verkraften. In der Kommunikation mit sich selbst, in der Ideenklärung oder auf Ideensuche darf man noch »vogelfrei« gestalten. In der schriftlichen Kommunikation mit anderen finden dann wieder die vereinbarten Texterklärungen Bedeutung. Selbstverständlich muß ein verbindliches Schriftsystem existieren. Darum bitte keine kompensatorischen Lösungen! Aber eine »Ergänzungsschrift«, um dem Trend nach Individualisierung im persönlichen und parallelen Erleben der vielen Realitäten einen Ausdruck zu verlei-

hen? Why not! Phantastische Denkanstöße hat mir Brain Man in den Kopf gesetzt! Warum nicht einmal jenseits der bereits bestehenden Strukturen visionieren?

Mir kommen Beispiele der Chaostheorien und Fraktalerkenntnisse in den Sinn: sind dann Mind Maps nicht »geglättete« Fraktale der intrakulturellen oder intralinguistischen Denke der Mind Mapperin oder des Mind Mappers? Augenblicklich erinnere ich die Phantasie, die ich hatte: das überdimensionale Mind Map-Mobile, das ins Unendliche nach außen und zugleich nach innen wächst, sich ausdehnt oder bündelt. Die quasi pulsierende Beweglichkeit von nichtstofflichen Gedanken und deren stofflichen Fixationen im Mind Map. Das hat gewissen fraktalen Charakter!

Wie würden denn Japaner mit Mind Mapping umgehen? Sie, denen man eine andere Denkorganisation nachsagt, haben vielleicht gar keinen Bedarf dafür. Für uns ist Mind Mapping das Werkzeug, um relativ ganzhirnig die vielen Ressourcen von BrainLand zu nutzen. Für uns ist es wichtig, alle Arbeits- und Verwaltungszentren einzuschalten, auf daß unsere Denkergebnisse schneller und umfassender ausfallen. Für unsere Kulturgeschichte ist es also von allerwichtigster Bedeutung, Defizite auszugleichen, die aus einem Mangel an balancierter Inanspruchnahme der BrainLand-Dienstleistungen herrühren. Deshalb brachte erst das Kulturerbe der westlich denkenden Menschen eine Technik wie das Mind Mapping hervor; es wurde dadurch erst notwendig und sinnvoll!

26

Würde ein japanischer Mensch ein Mind Map als ein großes Schriftzeichen ansehen? Für ihn könnte sogar eine Art »Kultur-Streß« hervorrufen werden. Wieso? Nun, wenn zum Beispiel über lange Zeit Angewohnheiten verinnerlicht werden - sie sind zum Allgemeingut geworden - dann gehen sämtliche Gehirne eines Kulturkreises oder BrainLands diese Richtung mit. Interne Organisationen führen dann zu typischen Ausrichtungen, die durch entsprechende Mittlermedien oder Mittlerinstrumentarien ihren angemessenen Ausdruck finden. Nur mit allergrößtem Energieaufwand könnten Brainländer anderer Kulturbereiche die anderen »Benutzersysteme« integrieren, bzw. übernehmen.

Das erklärt sodann, warum fernöstliche Lebenseinstellungen oder Business-Strukturen bei uns keinen rechten Fuß fassen können. Es entsteht immer dann der besagte Kultur-Streß, wenn ganz verwegen extrakulturelle Besonderheiten den eigenen intrakulturellen Bezugssystemen aufgedrückt werden. Dieser Ansatz des Pfropfens oder Aufdrängens ist nicht nur ungünstig, sondern auch unnötig. Eine Erweiterung der eigenen Ressourcen, sprich Kapazitäten ist angemessen! Erweiterung statt Übernahme. Und wie komme ich darauf? Über den Kultur-Streß. Beim Mind Mapping scheint die Gefahr der artifiziellen Implantation in Denkvorgänge nicht gegeben zu sein. Mind Mapping bedient sich direkt und subversiv-logisch aller Möglichkeiten, die BrainLand bietet. Und es verzichtet auf den Anspruch einer absoluten Richtigkeit. Es un-

27

terstützt sogar den Trend nach notwendiger Individualisierung im Denken und Handeln. Dadurch, daß ein Mind Map einen vorzüglichen Kommunikationsgegenstand darstellt, kann es sicherlich hervorragend in Teams zur Ideenentwicklung nach dem Konsens-Modell eingesetzt werden. Anfangs werden individuelle Maps erdacht, die dann später in der Gruppe erweitert und besprochen werden können. Diese Gedanken werde ich unbedingt in entsprechender Situation weiterspinnen!

„Du solltest jetzt eine Pause einlegen und etwas mappen. Wie wäre es mit einem sogenannten »Kreativ-Map«, in das du alle deine Gedanken einfließen lassen kannst, die dir zu dem folgenden Thema entstehen. Gib dir dieses Mal eine bestimmte Zeitdauer dafür. Die besten und griffigsten Ideen sind innerhalb von sechs Minuten abgerufen. Wir nennen diese Phase »Kreativität ersten Grades«. Du merkst selbst, daß du nach einer gewissen Zeit keine Impulse mehr bekommst. Deshalb kannst du in Zukunft ruhig nach dem ersten Schwall von Ideen aufhören, auf weitere zu warten. Du verminderst damit das Aufkommen einer Denkblockade. Widme dich dann den vorhandenen Mind Map-Eintragungen oder übersetze Gedanken in die Bildersprache. Die Ansprechpartner sind in dem Fall die Rechts-Hirnies. Stell dir dabei bitte vor, daß du auf diese Weise einer temporären Überlastung der Links-Hirnies entgegenwirken kannst. Während du partiell aus dem rechten Brainland schöpfst, können sich die Links-Hirnies erholen oder neu organisieren. Du bist dann schnell und unversehens wieder zurück im ganz-brainländischen Denken. Also, keep cool, wenn der Gedankenfluß versiegt. Mach statt dessen etwas anderes. Das kann soweit gehen, daß du dann besser die Arbeit bewußt unterbrichst, umherwanderst oder denkförderliche Musik hörst. Führ ein Telefonat oder mach Bewegungsübungen. Sie gehören ebenfalls ins Ablenkungsspektrum für besseres Denken.

So, genug davon an diese Stelle. Fang einfach einmal an mit dem Kreativ-Mapping. Lege dir eine neue Seite in deinem L-Buch an und plane etwas Zeit ein, zum Beispiel sechs Minuten. Dein Thema lautet »BLAU«. Mappe bitte alles, was dir zum Thema »BLAU« einfällt. Die Zeit läuft ...

Na, wie geht es dir jetzt? Du hast gar nicht gemerkt, als die sechs Minuten vorbei waren. Und wie viel Gedankenstoff du zu Papier gebracht hast! Unglaublich. Laß mal sehen."

Brain Man kennt meine Assoziationsfelder, die sich in den Schlüsselbegriffen verbergen. Ihn erfreut die von mir gefundene Vielfalt an unterschiedlichen Bereichen. Mir selbst ging es sehr gut bei der »Arbeit«. Selten empfand ich meine Hand als so langsam gegenüber meiner Gedankenschnelligkeit. Wie gut, daß ich diese Gedanken nicht in Satzform mit all den überflüssigen Füllwörtern schreiben mußte. In einem Zeilen-Text von zum Beispiel einhundert Wörtern sind durchschnittlich nur neun Wörter

von wirklichem Informations-Gehalt. Der Rest ist Verpackung.

Damit definiere ich einen weiteren, erheblichen Vorteil des Mind Mapping: Gedanken werden präzise auf den Punkt gebracht, was eine starke Übersicht und Zeitersparnis bewirkt. Und wieder ein Bezug zum Alltag: Reduktionismus als Antwort auf die immer mehr zunehmende Last der Informationsfülle! I like it! Wie mögen die Mind Map-Ergebnisse bei anderen Themen aussehen, wie zum Beispiel bei »GELB« oder »WEISS«?

Bestimmt bieten sich Mind Maps gut als BrainLand-Training für »zwischendurch« an. In Zeiten der Langeweile, der Gedankenblockaden oder wenn man sich etwas entspannend ablenken möchte: Thema in die Mitte, schreiben oder zeichnen, und schon ist es ein kreatives »Relax-Map«!

Es ist gut vorstellbar, daß ein Relax Map ersetzende Anwendungsbereiche darstellt: statt Mandala ein Map, gebildet aus augenblicklichen Eingebungen zu einem meditativen Thema. Statt Aufputschdrink oder -dragee ein »Success Map« des letzten tollen beruflichen oder privaten Erfolgs. Und in Augenblicken der schlechten Laune flugs hingesetzt und ein »Memory Map« eines herrlichen Urlaubserlebnisses oder einer zärtlichen Begegnung erstellt. Whow, wie das die gegenwärtige Stimmung beeinflußt. Und ich trau mir jetzt schon genug zu, um voll einzusteigen!

28

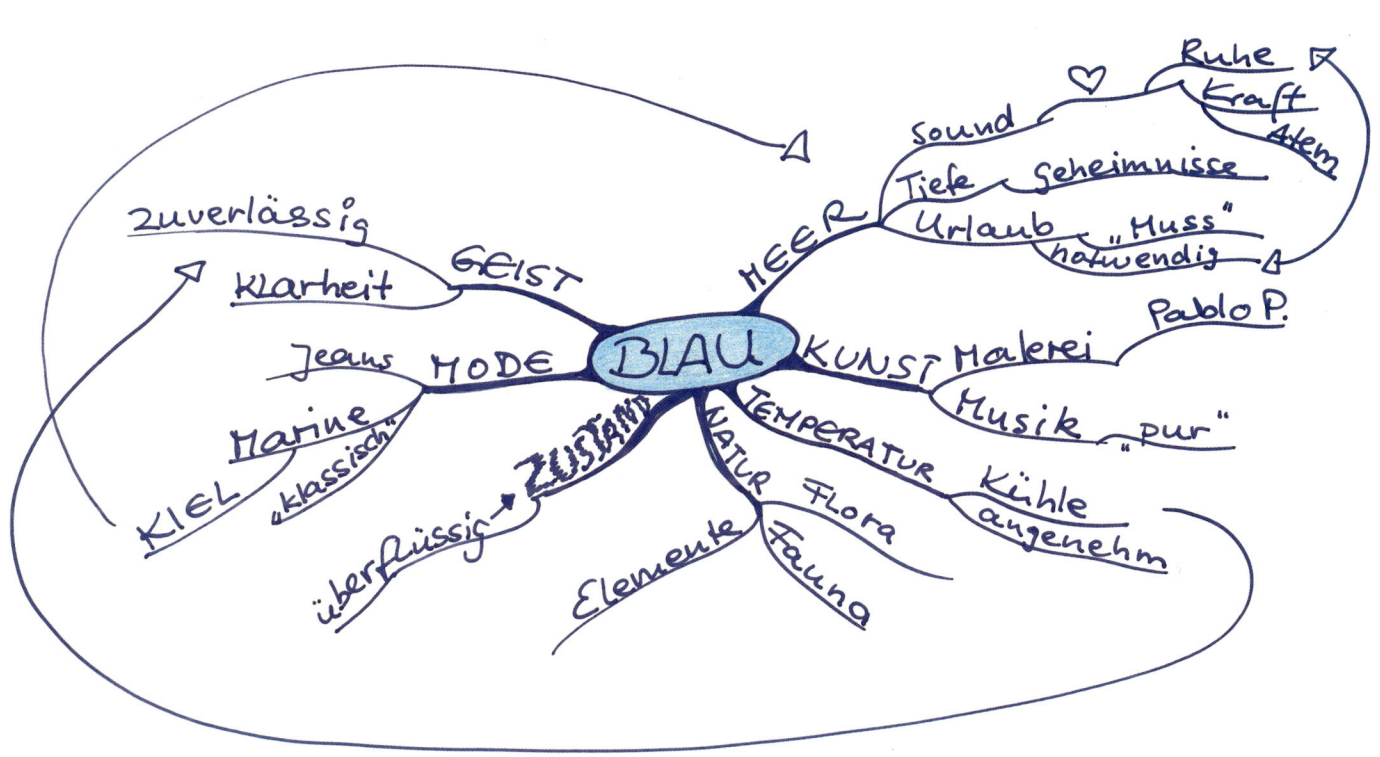

BLAU

GEIST — Klarheit — zuverlässig

MODE — Jeans
KIEL — Marine — „klassisch"

ZUSTAND — überflüssig

MEER — sound
MEER — Tiefe — Geheimnisse
MEER — Urlaub — „Muss" — notwendig
Ruhe
Kraft — Atem

KUNST — Malerei — Pablo P.
KUNST — Musik — „pur"

TEMPERATUR — Kühle — angenehm

NATUR — Flora
NATUR — Fauna
Elemente

„Du bist ja regelrecht aufgekratzt, sprudelst nur so von Kreativität. Diese Gedankenanstöße wollte ich dir später geben, doch wenn du selbst auf Hintergründe, Möglichkeiten oder Gefahren kommst, um so besser. Ich sehe, du bist in der Lage, das Mind Mapping auch auf der Meta-Ebene zu schätzen.

Ich bin froh darüber, denn nur zu oft wird das Mind Mapping zu einer Bild-Linien-Spielerei verhunzt, mit deren Hilfe man zwar zu nennenswerter Ideenvielfalt gelangt, wobei man annehmen kann, daß die Philosophie dahinter weder bekannt ist, noch vermittelt wurde. Gute Mind Map-Ergebnisse sind dann meist das Resultat eines günstigen Zufalls oder sie entsprangen dem Wohlwollen der Brainländer. Diese Mind Maps sind beim genauen Hinsehen auch nicht kongruent mindmappig. Ihnen fehlt die penible Sauberkeit einer sprachlichen, inhaltlichen Hierarchieeinhaltung und die der Gestaltung. Im Prinzip herrscht dort eine zufällige und manchmal sogar künstlich nachgestellte Unordnung.

Es soll sogar vorgekommen sein, daß Mind Mapping als Alibi genommen wurde, um »Kraut und Rüben-Denken« auf diese Weise entschuldigt abzubilden. Und weil die Ergebnisse noch recht gut sind, aber irgendwie dann doch keine tieferreichende, gedanken-evolutionäre Wirkung haben, schwenken diese »Mind Map-Novizen« wieder zurück zu ihren althergebrachten Denkmethoden. Da ihre BrainLand-Kenntnisse und die des Mind Mappings meist re-

lativ oberflächlich sind und sie nicht die tiefen Erfahrungen gewannen, können sie auch keine Beziehung zu ihrem BrainLand entwickeln, bzw. eine Kultur pflegen. Ich vergleiche es gerne mit: »Europa in 5 Tagen, inclusive Besuch von 9 Hauptstädten!« Dieser Tourismus erfüllt nur den Anspruch des großen Überblicks. Aber ist ein Interesse geweckt, wurden authentische Eindrücke gewonnen, dann wird sie oder er sich eventuell intensiver mit dem einen oder anderen Terrain beschäftigen; oder auch nicht. Und ist nur per Kurztrip oder Pocket-Guide ein Territorium erlebt, dann ist die Möglichkeit, daß eine Passion entsteht oder angelegt wird, sehr gering.

Und noch etwas, warum ich dir am Anfang ausführlich von der übergeordneten »BrainLand-Anthropologie« erzähle: nimm es bitte als eine Art Standortbestimmung. Es kam schon mehrfach durch, daß Mind Mapping das ultimative BrainLand-Übertragungssystem ist.

Durch Mind Mapping werden eine Vielzahl von Erinnerungs- und Denkstrukturen dargestellt, bzw. darstellbar gemacht. Erinnere dich bitte, daß ich von dem Symbolcharakter von Schriftzeichen sprach. Sogenannt nichtstoffliche Gedanken erhalten mit ihnen ihren Ausdruck. Mind Mapping entspricht im Umfang der Schnelligkeit deiner Gedanken, indem du mit prägnanten Schlüsselwörtern »um dich schmeißt«. Mind Mapping bietet dem BrainLand-Benutzer an, chaotischen Eingebungen folgend, die Ideen in offenen Zeichenstrukturen zu Papier zu bringen. Das regt

30

das divergente, nach außen strebende Denken enorm an. Du wirst ergebnisgenauer und zielfreudiger denkhandeln. Wenn du also dein BrainLand erobern und durchwandern willst, dann mußt du sein Leitsystem beherrschen! Ich bin dein Guide durch BrainLand und ich mache dich aufmerksam auf bedeutende Gebiete, Eigenarten oder zeige dir; wie du beliebige Kontakte zu den Brainländern schließen kannst. Also sieh die theoretischen Exkurse und Hinterfragungen am Anfang als Aufwärmphase an, damit du später mit wenigen Erklärungen die noch kommenden Spezialareale von BrainLand optimal nutzen kannst. Okay?

Ich erwähne das dir gegenüber, weil du vielleicht später einmal Menschen begegnest, die deine Begeisterung über deine BrainLand-Crew und ihre Kultiviertheit abtun, da sie nicht wissen oder glauben, daß sie über eine solche verfügen. Das mag vielleicht der Grund für ihre Zweifel sein. Es liegt dann an dir und deiner verfügbaren Zeit, ob und wieviel du von deinem Wissen preisgibst, abgibst, dich entleerst. Schreib doch das Buch darüber! Gib das wieder, was wir miteinander erleben und was du dabei an neuen Ideen entwickelst.

Und vor allem, erläutere, was der einzigartige Strategiengewinn - USP - des Mind Mappings und der noch angegliederten Techniken ist. Wenn du es schaffst, ausreichende Vor-Informationen um das Thema herum zu geben, dann wird sich die Leserschaft ganz alleine der Tragweite für das persönliche Umgehen damit bewußt. Biete darüber hinaus

31

die Gelegenheit zum Selbststudium an. Fordere die künftigen Leserinnen und Leser!

Kalkuliere voll mit ein, daß sich die Menschen künftig mehr und mehr in ihre privaten Sphären zurückziehen werden. Die Wohnungen werden zunehmend zu autarken Burgen - my home is my castle - von denen aus per High-Tech-Medien der Kontakt zur Außenwelt vorgenommen wird. Fortbildung und persönliche Vervollkommnung könnte somit eine Verlagerung erfahren in Richtung Klausur-Studium in den eigenen vier Wänden. Du weißt auch, daß der hiesige Mensch für geistige Weiterbildung nicht gerne in die Öffentlichkeit geht. Es sei, er wird geschickt, und dann erhalten möglichst »geschlossene« oder interne Veranstaltungen den Vorzug. Wissensaufbau ist fast eine Intimangelegenheit und recht tabuisiert. Quellen eines Wissens- und Informationsvorsprungs werden gehütet wie ein Geheimnis. »Man ist halt so schlau von Haus aus...!« Mit einem Mind Map-Guide als »Home-Brainer« kannst du gut diesen Trend aufgreifen und unterstützen."

Ähnliche Beobachtungen habe ich auch schon gemacht. Lern- und Arbeitstechnik-Seminare, zum Beispiel in Großbritannien oder den Vereinigten Staaten, laufen dort anders ab als hier bei uns in Mitteleuropa. Dort tritt das Publikum sehr gerne in öffentlichen Wettstreiten auf, um superlative Denkergebnisse oder Bekenntnisse über Zuwachs an Hirn und Erfolg zu demonstrieren, ... oder auch nicht! Haltungen dieser Färbung sind uns recht fremd. Das mitteleuropäische Denken hat stark verwurzelte kultur-historische Lernmuster und -systeme. An diesen wird festgehalten und man ist wenig bereit, »richtige« und zeitgerechte gehirngemäße Aus-Bildung zu forcieren und als einen andauernden Prozeß aufzufassen. Sollte Bildung als Mittel der persönlichen Abgrenzungsmöglichkeit, zumindest unbewußt, angesehen sein? Diese Frage hat zumindest genügend Potential für weiteres Nachdenken darüber.

Dann ist es auch klar, warum Teamgeist und Teamentwicklung nur mühsam erreichbar sind. Das muß sich doch mit Hilfe von Mind Mapping in den Griff bekommen lassen! Vom »Ich« zum »Ich im Team«. Ein großartiger Gedanke. Hier muß Brain Man einiges an Anregungen bereithalten oder mit mir durchgehen. Team-Entwicklung dank, bzw. durch Mind Map wird einen wichtigen und künftigen Platz in unmittelbarer Zukunft einnehmen!

32

BrainLand-Map

„Bevor wir jetzt wirklich in den Anwendungsbereich einsteigen, erlaube mir vorher einige wichtige Hinweise zu den Bezirken von BrainLand. Von der Zweihälftenregelung oder Bi-Lateralität weißt du schon. Die Besonderheiten der zwei BrainLand-Kulturen sind dir mittlerweile vertraut, so daß wir zu weiteren Spezialitäten kommen können. Durch Corpus Callosum tauschen die Brainländer ihre Informationen und Dienstleistungen aus. Es gibt Zeiten, in denen der Austausch kaum oder nur sehr gering vor sich geht: nämlich dann, wenn in BrainLand Streß herrscht oder wenn es Spannungen gibt. Sicherheitshalber werden dann die Übergänge geschlossen - um es bildlich zu umschreiben - und der Pendelverkehr kommt zum Erliegen.

Nun weißt du, daß BrainLand die beste Denk-Infrastruktur der Welt hat, wenn es dort insgesamt friedlich und gelassen zugeht. Dann ist es das Land der unbegrenzten Fähigkeiten. Herrscht aber in Teilen von BrainLand eine Blockade, dann leiden alle beteiligten Partnerbezirke mit. Bei euch sagt man dann: »Es will und will nichts im Kopf passieren!«, oder: »Ich kann mich einfach nicht konzentrieren!«, bzw. »Ich wußte es doch noch vorhin, verdammt!« So oder ähnlich wird dann geflucht, was automatisch den Druck auf die Brainländer noch erhöht, bzw. die Spannungen vergrößert!

Streß kann nicht durch Streßverhalten entschärft werden. Auf der Problemebene können die Probleme nie gelöst werden! Es ergibt sich vielmehr ein Zyklus ohne Ende: Streß

33

durch Streß, und so weiter. Okay, wie kommt man da heraus? Etwas hast du schon praktiziert und es hatte Erfolg, als du neulich tagträumtest und sehr entspannt warst.

Deine BrainLand-Daten konnten Corpus Callosum ungehindert passieren, was für dich bedeutete, daß du sozusagen geöffnete Gedankenschleusen vorfandest. Erinnerst du dich? Es war neulich, als du nicht wußtest, wie du dieses Buch beginnen solltest. Du warst glücklicherweise in einer entspannten Stimmung, gabst dich der Umgebung hin und fandest plötzlich Zugang zu mir, bzw. zu uns. Tagträumen ist ein probates Mittel um Sperren zu überwinden. Damals warst du ganz in der Rolle einer »Perceiverin«, was so viel bedeutet, daß du dich dieser Umgebung eingelassen hast. Du gabst dich ihr hin, obwohl du unter Zeit- und Schreibdruck standest. Diese Haltung hat unter anderem bewirkt, daß du dich in solch einer Ablenkung entspanntest. Und: die anfängliche Sendestille oder Sendepause deiner Zielgedanken verflüchtigte sich; die Sperre hob sich auf.

Gedankenblockaden sind ein Signal der Brainländer für dich, daß du zeitweise ungünstig arbeitest. Entweder zu dauerhaft oder du forderst nur »monokulturelle« Informationen ab. Die Nachbar-Hirnies werden nicht angesprochen und es kommt zu dem typischen mono-lateralen Überforderungssyndrom, welches für dich ganz schlicht eine Denkblockade darstellt. Blockaden ihrerseits lösen Panikstimmung in BrainLand aus, was du natürlich direkt zu spüren bekommst. Panik verkrampft, spannt an und voilà ist ein Mini-Zusammenbruch der Infrastruktur von BrainLand und dir da. Wenn nicht nur geistig, so ist manchmal auch körperlich eine Spannung zu erleben. Schweißausbruch, Kopfschmerzen oder eine miese Stimmung sind mögliche Ausdrucksformen. Dabei solltest du diese »Zeichen« als Hinweise nutzen, dein Denk- oder Arbeitsverhalten sofort zu ändern und zu erweitern!

Welche Energien werden aber abverlangt, um rasche Reparatur in BrainLand zu bewirken! Den schnellsten Erfolg erzielst du mit einer Ablenkung von der jeweiligen Denkarbeit durch Entspannung in Form von Tagträumen oder Spazierengehen. Durch kleine Aktivpausen, in denen du bewußt etwas anderes machst. Auf den Punkt gebracht: sei dir klar, welche Areale oder Bezirke du von BrainLand höchstwahrscheinlich zu einseitig genutzt hast. Es werden in den meisten Fällen die Links-Hirnies sein, die überfordert wurden. Also schaffst du Ablenkungen mit den Rechts-Hirnies, damit sich die »erledigten« Nachbarn in der Zwischenzeit etwas regenerieren können. BrainLand ist ein sich selbstorganisierender Organismus. Du hast dann weiter nichts damit zu tun, außer, daß du entsprechende Verhaltensangebote einräumst. Du mußt auch gar nicht das chaotische Vorgehen der Brainländer verstehen; es reicht das Wissen darüber. Denke bitte daran, daß das, was du vielleicht mit Chaos und Unordnung interpretierst, in Wirklichkeit ein multidimensionales Gefüge von

34

Abläufen, Koordinationen und Programmen ist. Du brauchst nur die Muster zu kennen, wie du größtmöglichen Nutzen erzielen kannst durch angemessene Verhaltensentsprechungen. Nun, und die lernst ja du gerade.

Du weißt, welche Aktivitäten den jeweiligen Hirnies zugesprochen werden. Indem du z.B. angenehme Musik hörst, einige Minuten umhergehst - möglichst auch an der frischen Luft - werden Reize an die Rechts-Hirnies weitergegeben. Du nimmst viele, sich verändernde Sinneswahrnehmungen auf, du bewegst dich räumlich und gewinnst dabei bereits ganz unauffällig Randgruppen der Links-Hirnies zurück in die bi-lateralen Prozesse. Sich bewegen heißt, das gesamte BrainLand zu fordern. Die Links-Hirnies werden animiert, ihre Analysekenntnisse freizulegen. Eine Analyse, betreffend einer Aussage über die Position in Raum und Zeit. Den Rechts-Hirnies ist dabei nur die reine Lust an der Bewegung wichtig. Ich möchte nicht zu sehr in die Tiefe gehen, dafür gibt es in der Bibliothek eine Vielzahl von Literatur. Nimm meine Erklärungen einfach als Hinweis an, wie du akute Denkschwellen, Blockaden oder Engpässe beseitigen kannst. Nebenbei: ist dir schon einmal aufgefallen, daß du beim Autofahren auf Langstrecken eine vorzügliche, ganzhirnige Denkfähigkeit hast? Eine gefährlich gute sogar? Durch die Raum- und Zeitkoordination, die Geschwindigkeit und die vorbeiziehende Umgebung kommt es zu ständigen, dir unbewußten Anpassungsangleichungen von dir zu der Umwelt. Die Brainländer werden dabei in großem Ausmaße stimuliert, auf Hochtouren zu laufen. Sie stellen dir dabei - aus Dankbarkeit - ihre sämtlichen Kompetenzen zur Verfügung. Das Ergebnis sind gute Gedanken, plötzliche Lösungen oder Erkenntnisse. Doch sobald diese in ein Diktiergerät reproduziert werden sollen, gibt es Formulierungsschwierigkeiten. Die Brillanz geht verloren und eigentlich ist die Mundmechanik viel zu langsam. Kennst du das?"

Natürlich! Welch eine Frage! Ich werde das nächste Mal in solch einer Situation anhalten und ein Mind Map von den Gedanken anlegen. Per Map sind die sprunghaft kommenden Ideen nahezu verlustfrei festzuhalten. Optimal wäre es, meinem Beifahrer meine Gedankenergüsse zu erzählen, wir könnten gemeinsam darüber sprechen und er mappt die Essenzen dann auf. Gute Aussichten sind das!

„Zurück zu der Ausdehnung, Beschaffenheit oder Geographie von BrainLand. Es ist wie ein sich bewegendes, pulsierendes Terrain und Volumen. Es hat verbindliche Zentren für wiederkehrende und neuzuentwickelnde Vorgänge und Steuerungen, wobei andererseits bekanntermaßen alles überall erledigt werden kann! Eine Einordnung nach klassischer Sichtweise oder nach traditionellen Erkenntnissen ist nicht möglich. BrainLand lebt situativ reagierend nach einer Art »Fuzzy Logic-Prinzip« und hat sich längst von den Thesen eines ewigwährenden, gültigen Strukturlandes mit Planbewirtschaftung à la Hemisphärenmodell oder ähnlichem »Festprinzip« emanzipiert. Wenn

du mehr über Fuzzy Logic und Chaosforschung wissen möchtest, dann suche dir Literatur und gönne dir einige Zeit der Wissensbereicherung. Trotz alledem denke ich, daß du getrost dieses simplifizierte Bild von BrainLand übernimmst, kennenlernst und du später - irgendwann - bei Bedarf eine Litera-Tour unternimmst unter sachkundiger Führung der jeweiligen Mind & Brain-Expertenteams.

Ist es gut so? Ich mache dich dann mit einer Auswahl von »BrainLand-Hochburgen« bekannt. Wir werden dort später auf unserer »Tour de Brain« ausführlich einkehren und die jeweiligen Angebote studieren, trainieren oder ausprobieren.

Bereite bitte eine neue Seite im L-Buch vor und mappe dir einen persönlichen Lageplan von BrainLand. Notiere auch die Spezialitäten mit! Weißt du wie? In die Mitte des Blattes zeichnest du ein Symbol von BrainLand. Von jedem Bereich, über den ich berichten werde, legst du einen Arbeitshauptast an. An diesen setzt du dann Schlüsselwörter, die für meine Ausführungen stehen. Ich werde langsam sprechen, so daß du genügend Zeit hast, passende Kernwörter zu finden. Du hast am Ende eine BrainLand-Karte, die dir einen übersichtlichen Überblick des Angebotes bietet. Doch stop, nein, es ist nur ein Ausschnitt dessen, denn das Real-Angebot ist unbegrenzt! Wir werden nur einige, wichtige Aspekte eingrenzen können. Doch die werden dir erheblichen Qualitätszuwachs an Denkstrategien bringen. Du wirst bitte vorsichtshalber

35

ausreichend Platz lassen für spätere Eintragungen. Das »BrainLand-Map« hat somit zwei Trainingsaspekte: zum einem lernst du Gehörtes zu protokoll-mappen, und zum anderen gewinnst du für dich ein modifiziertes Inhaltsverzeichnis in Map-Art, welches du jederzeit ausbauen kannst.

Fangen wir mit dem Braining Center an, als dem besonderen Lernort: es gibt hier Abteilungen für Lernstoffaufbereitung, Planung und Durchführung von Neu-Sprachenerwerb, aktives Verwalten und Archivieren von Fakten oder Wissen, reformierte Schnellese-Tips, ein Seminar für Sprach- und Kommunikationskunst sowie Moderatorik. Hier kannst du sehr ausführlich erfahren, wie du insbesonders berufliche Vorteile mit dem Hauptarbeitsmittel Mind Map erzielst. Du wirst vielleicht erstmalig erleben, daß es einen direkten Zusammenhang gibt zwischen Entlernen und Mind Mapping. Wir hatten uns vor einiger Zeit ausführlich über das Neukonzept des Entlernens im Sinne für eine Evolution der Denkmöglichkeiten unterhalten. Wenn du schon heute mit diesem Ansatz im »Hinterstübchen« vorgehst, dann wirst du mühefrei die neuentdeckten Erfahrungen mit BrainLand besser verstehen und direkt umsetzen können. Ich meine damit, daß allgemein ein rigoroses Umdenken eingesetzt hat, wie nach den heutigen Erkenntnissen Lernen, Denken und Behalten geschieht. »Neue Brainerinnen und Brainer braucht das Land«, um es salopp auszudrücken. Und du bist dabei, ganz vorne zu sein am Erkenntnisprozeß! Da du, wie ich dich kenne, diese

»Clous« an dein Lesepublikum weitergibst, wird es dann dort den »Vorsprung durch Wissen« geben. Nutzt diese Informationen wirklich und intensiv!

In der Beauty Farm für Ego-Zentrierung und Persönlichkeitskongruenz kannst du dich genußvoll um »Mind & Brain Care« kümmern. Du erlernst Relax-Training als Grundlage für optimalisiertes »Brainen«, erfährst einen Kurplan für ein sicheres Gedächtnis und Mentalstrategien für deine Zukunft. Hier erfährst du vielleicht eine Neubewertung deiner Ressourcen. Du wirst auch Bekanntschaft machen mit den Lymben und Stamm-Hirnies von BrainLand. Sie leben in tieferen Regionen - unterirdisch - und sind aus der BrainLand-Frühzeit. Auch sie erfüllen ihre Aufgaben und möchten entsprechend typengemäß anerkannt, akzeptiert und gefordert werden.

36

Im Sinnes-Center geht es um Wahrnehmungsprioritäten, ein Training deiner Sinnes-Intelligenz und das Nutzbarmachen von Gedächtnisarbeit im Verbund mit interner und externer Sinnesverarbeitung. Es wird dir dort besonders gefallen. Das Outcome wird sein, daß du besser Daten speichern und erinnern wirst. Zudem erreichst du eine qualitative Erhöhung deiner Beobachtungsgabe.

Eine Litera-Tour durch die Tourist-BraInformation darf natürlich nicht fehlen. Hier sind Medien katalogisiert, die die Besonderheiten von BrainLand zum Thema haben. Also Li-

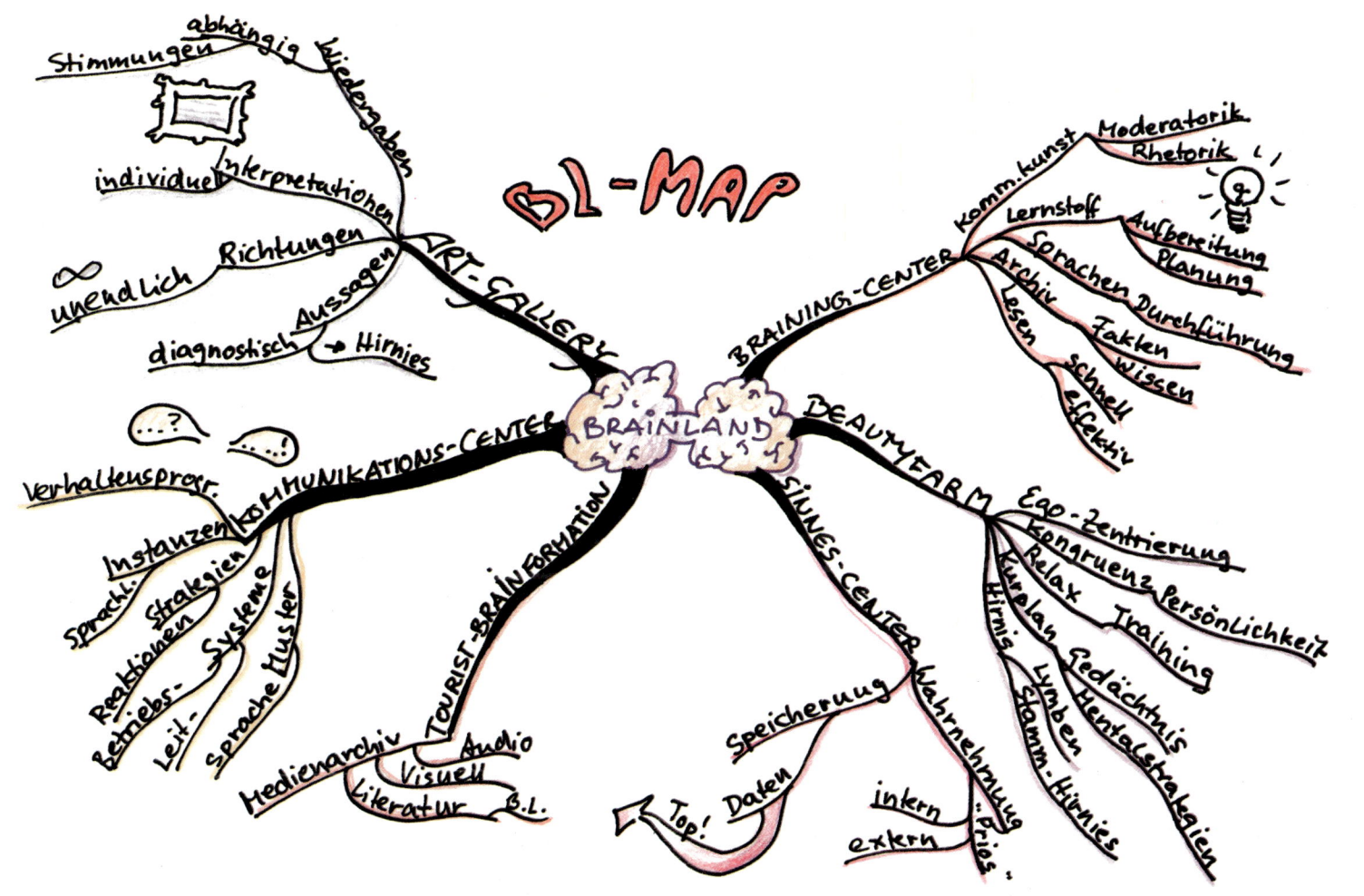

BL-MAP

37

teratur, Audio-, Video- oder Bildmaterial für dein weiteres Vertiefen über die BrainLand-Kultur. Nebenan ist gleich das Kommunikations-Center angegliedert. Du erfährst dort etwas über Betriebs- und Leitsysteme unterschiedlicher Bauart, über Instanzen in diesem Territorium, zuverlässige Angleichungsstrategien mit anderen Besuchern oder die Freude an der Entdeckung und Einordnung von Andersartigkeit. Es gibt ein Training, durch das du besser in der Lage sein wirst, Muster aus Verhaltensprogrammen oder der Sprache zu erkennen. Es ist daraufhin leichter, die geeigneten Reaktionsstrategien daraus zu entwickeln. Glaube mir, das starre und vorkalkulierte Regelkatalog-Unwesen ist passé. Du solltest vielmehr lernen, typische Erscheinungen und Muster aus chaotischen, bzw. unvorhersehbaren Prozessen zu erkennen. Du lernst somit die Sprache der Natur: dein intermentales, globales Wissen. Es steht in der Kommunikation an erster Stelle, aber auch in allen anderen Bereichen des natürlichen Lebens. Dieses Kapitel ist dermaßen umfangreich, daß es nicht explizit oder gesondert thematisiert wird. Du erfährst während der gesamten Reise eine Menge darüber, und wenn du wachsam bist, dann bekommst du die Stellen mit. Auch hier wieder der Tip, dich an entsprechende Literatur zu halten, die in der Tourist-BraInformation aufgeführt ist.

Du wirst im Laufe deiner Erfahrungen und Lehrzeit mit Mind Mapping auch Werke anderer BrainLand-Künstler und Interpreten erleben. Du siehst dabei Mind Maps unterschiedlicher Thematik und Ausführungen. Betrachtest du diese Exponate genau, so kannst du eine Menge daraus lernen. Lernen insofern, als daß du siehst, wie andere Künstler und Interpreten, Mapperinnen und Mapper ihre Ideen und Aussagen darstellen.

Du wirst unter anderem zu dem Ergebnis kommen, daß sogar der Mind Map-Stil ein Ausdruck der internen Verfassung des jeweiligen BrainLand ist. »Zeige mir dein Mind Map und ich sage dir, wie du denkst!« Sei jetzt schon neugierig darauf! Sehr linearisierte, geradlinige Maps deuten auf einen relativ streng linkshirnigen Mapper hin. Wir sagen dann: »Hey, vergiß das Lineal im Kopf!« Nirgendwo in der Natur gibt es absolut gerade Linien. Die gerade Linienführung, ausgeführt von der Hand, übertragen von Arm und Schulterblattmuskulatur, hat direkte Auswirkungen auf die Auswahl des BrainLand-Distriktes. Du erinnerst dich, daß ich sagte, daß ihr Menschen kreuz-lateral angelegt seid. Wenn mit der rechten Hand starre, akurate, mathematisch anmutende Maps entstehen, so trieft dieses Vorgehen vor Linkshirnigkeit! Es gibt entsprechende Therapierichtungen, die erkannt haben, daß körperliche Bewegungen Auswirkungen auf das Hirn und das Denken haben. Wenn du »weiche« und schwingende Bewegungen ausführst, und das können auch oder nur Linien auf dem Papier sein, dann evozierst du einen balancierten Kontakt zum gesamten BrainLand! Deine Ideen werden von anderer Qualität sein, als wenn du nur betont präzis linierst.

38

Es ist in solchen Fällen günstig, reale Bewegungsübungen mit den Armen und Füßen zu machen, indem du diese kreisen läßt oder die beliebte Pendelübung machst. Was, du kennst sie nicht? Soll ich sie dir zeigen? Versprich mir, daß du sie sofort mit-, bzw. gleich nachmachst. Mache diese Übung so oft als möglich. Je mehr du in deiner Auslenkung schwankst, um so unausgeglichener oder gestreßter bist du! Das beeinhaltet das Wort »un-ausgeglichen« auch. Bist du so weit?

Gut, stell dich bitte fest hin. Verlagere bewußt dein Gewicht auf die Füße, die da ganzflächig und fest ungefähr in Schulterbreite auf dem Boden stehen. Rück dich etwas zurecht, schüttel dich, solange, bist du glaubst, daß du eine gerade und entkrampfte Position eingenommen hast. So, die kleine Zentrierungsübung kann beginnen: schließe dazu besser die Augen, gehe gedanklich in dich, vielleicht auf und ab durch alle Körperteile und stelle dir dann vor, daß durch dich hindurch ein Lot gehen würde. Hast du es? Schwanke leicht nach links und rechts, bis du das subjektive Gefühl hast: »Ja, hier ist meine Mitte, würde ich das Lot vom Scheitel bis zu den Fersen führen.« Verbleibe etwas in dieser Stellung. Du bist dabei, dein Gleichgewicht im Raum und in dir einzupendeln.

Pendel dich jetzt bitte ein wenig nach vorne und hinten und zurück. Solange, bis du auch dann empfindest, daß erneut eine senkrechte Linie durch dich durchfällt. Es darf dauern, denn du sollst dich zentrieren, deine Mitte finden

39

und sie mental nachvollziehen! Bist du soweit? Dann bleibe in der zentrierten Haltung, spüre deine ausgelotete und freifließende Energie, die dich überall erreicht. Atme dabei tief und bewußt ein und es wird so sein, daß dabei deine Arme, wie von alleine, seitwärts auftreiben, sich über deinem Kopf treffen, wo du sie dann einige Augenblicke stehenläßt. Einatmen und Armbewegen sind ein Akt! Strecke dich dabei kräftig nach oben, so, als würdest du nach tiefroten und köstlich reifen Kirschen schnappen. Laß deinen Atem dann langsam heraus, die Arme fallen nach unten und du schüttelst dich aus. Kick etwas mit den Füßen, wenn du magst. Du bist jetzt ganzhirnig balanciert und ready for work!

In BrainLand ist soeben schöpferische Frische eingekehrt, was sich sofort in deiner nachfolgenden Denkarbeit bemerkbar machen wird.

Du kannst diese Übung übrigens so oft machen wie du willst. Besonders im beruflichen Alltag sind Phasen wie diese sehr nützlich. Der Schlackenstoffabtransport wird gefördert. Verbleiben Schlacken zu lange im Lymphsystem, dann bemerkst du es als Verspannungsgefühl. Doch jetzt ist dein Drainagesystem angeregt, diese Produkte abfließen zu lassen. Deshalb der Tip: vor Konferenzen oder Meetings einfach die Übung an einem ruhigen Ort durchführen. Wenn im Team harmonische und effektive Arbeitsprozesse ablaufen sollen, dann ist es wirksam, in der Gruppe diese Übung gemeinsam zu schalten. Stell dir vor, so etwas im Klassenzimmer zu Unterrichtsbeginn, aber auch zu Hause, wenn Haushalt und Familie dich total nerven und sich Panik breitmacht!"

Diese wenigen Momente der Ruhe nur für mich sind wunderbar! Mir scheint, daß ich sogar die Außenwelt in intensiverer Genauigkeit wahrnehme und mein Zeitgefühl eine andere Dichte erfahren hat. Ich schwinge in einem Gleichklang. Ein gutes Gefühl ist das. Es erfreut mich um so mehr, als daß es in mir und aus mir entsteht!

„Ich möchte dich an dieser Stelle an dein L-Buch erinnern. Es ist für dich ein nützliches Tool: dein Arbeitsbuch oder Touring Guide für dich als Brainerin. Es ist dein Le(h)(e)rband für das Sammeln und Festhalten von Eindrücken, Erfahrungen, Erlebnissen oder Besonderheiten von BrainLand: somit dein persönliches Exemplar dieser Abenteuerreise. Wenn du es durch-gehend nutzt, hast du dein Praxisbuch - Brain Book - am Ende selbst geschaffen! Du von dir, über dich, von und mit dir! Na, ist das was?"

Ein völlig neuer Aspekt! Er kippt das eingefahrene Rollenverständnis ganzer Leserschaften! Man ersteht und liest ein Buch, um dadurch und dabei letztlich den Inhalt des erweiterten Buches selbst zu gestalten. Im Grunde kommt das meiner langgepflegten Forderung nahe, Wissenserweiterung selbststeuernd vorzunehmen! Statt der passiven Rezeption eines vorgestalteten Textes schafft man sich präzise ein nach den eigenen Bedürfnissen ausgerichtetes

40

Buch! Völlig in Eigenregie und Einklang; »nur« geleitet von Brain Man, dessen Ausführungen starken Angebotscharakter zur Mitmachbereitschaft haben. Die vielen Realitätsebenen meiner verschiedenen Rollen als Autorin, Lernerin und Leserin wirbeln kräftig durcheinander. Und wie werden die Leserinnen und Leser die eigenen, individuellen Erkenntnisse in ihren Büchern mitverarbeiten? Es wird viele Editionen von BrainLand geben wie es BrainLands gibt. Das ist intrapersonell! Es obliegt jetzt, zu diesem Zeitpunkt, ganz meiner persönlichen Ausdauer, meinem Ehrgeiz, meinem Selbstwert mir gegenüber und meiner Eigeninitiative, proaktiv für mich zu handeln. I will! Wenn ich seinerzeit das Mind Mapping gekannt hätte, welch eine ökonomische Schul- und Studienzeit wäre es gewesen! Mehr Freizeit, mehr Platz und viel mehr gute Gefühle der Lernfreude durch Erfolg. Nun ja: es ist nie zu spät.

„Am Ende der Tour erhältst du übrigens dein Brain-Land-Visum. Jeder erfolgreiche BrainLand-Fan erhält es als Anerkennung für den erfolgreichen Besuch und die Zeit des aktiven Kennenlernens und Kostens unserer Kultur. Es ist natürlich nicht übertragbar. Das Besondere daran ist, daß du es selbst gestalten wirst à la Mind Map. Eine Mustervorgabe besteht bereits. Du kannst dann individuell und nach eigenen Ideen dein Visum ausgestalten. Aber bitte: erst dann! Und nun, meine Liebe, sei so freundlich und beginne mit dem ersten »Bearbeitungs-Map«. Das bedeutet, daß du trainierst, vorhandene Texte in ein

Mind Map zu übersetzen. Ein »Text-Map« gestattet dir, in einem Map den Inhalt von vielen Textseiten komprimiert unterzubringen. Du wirst sogar feststellen, daß du beim Reproduzieren im Mind Map deine für dich günstige Zusammenfassung erstellst. Manchmal gewinnt ein Fremdtext erst durch eine Mind Map-Überarbeitung Struktur und Klarheit. Suche dir bitte in deiner Nähe einen Zeitschriftenbeitrag, einen Fachartikel oder ein Buchkapitel.

Bereite also eine neue Seite vor und mappe den Text. Es gibt dabei mindestens zwei unterschiedliche Vorgehensweisen: eine ist die, daß du zuerst den Artikel oder das Kapitel durchliest, um für dich einen Überblick zu gewinnen. Du mappst erst danach und liest im zweiten Durchgang noch einmal parallel dazu mit. Beim ersten Lesen hast du eventuell Notizen im Text vorgenommen. Du hast dann bereits im Geist eine grobe Struktur. Du gehörst zum Arbeitstyp »Überblicks-Fan«. Erst wissen worum es geht, ist die häufige Devise.

Du hast höchstwahrscheinlich auch sehr gerne ein sauber gestaltetes Mind Map, in dem es nicht so viel Streichungen gibt. Wichtig ist das Produkt, das letztendlich volle Befriedigung gibt. »Erst Überlegen, dann handeln«, könnte ein Motto sein; aller Erfahrung nach jedenfalls.

Solltest du hingegen sofort mit dem Mappen anfangen, noch während du den ersten Lesedurchgang vollziehst, dann bist du ein spontan-schneller »Anfangstyp«. Du verschwendest keine Zeit, beginnst sofort und vertraust deiner Intuition, daß sie die passenden Eingebungen schickt. Zur Not, und das kennst du schon, wirst du eine korrigierte Zweitfassung anlegen. Doch die Chancen werden recht groß sein, daß es bei einer ersten bleibt. Verbesserungen stören dich nicht, sie sind für dich das Zeichen eines Prozesses. Dein Vorgehen ist prozeßorientiert.

Derartige Beobachtungen kann man sehr häufig machen. Ich bin immer mehr geneigt, im Mind Mapping individuelle Typenkriterien zu erkennen und diese mit zuverlässigen Meta-Programmbeschreibungen zu verbinden. MM-Diagnostik und Ausgangsbasis für ausgelegte Trainings!

Also: frisch ans Werk! Egal, zu welcher Gruppe du gehörst, kümmere dich vorerst nicht darum. Es gibt keine bessere oder »richtigere«. Nur ist die eine oder andere Organisationsprägung für bestimmte Berufsprofile günstiger. Manch armer Wicht weiß oftmals gar nichts davon und grämt sich ob seiner unattraktiven Arbeit und der fehlenden Erfüllung. Hier liegen neue Analysefelder für uns beide!"

Als künftige Profi-Mapperin will ich unbedingt die Maps von anderen Menschen studieren, mit ihnen Maps erstellen, diese dann vergleichen oder mir berichten lassen, wie ihre Konstellationen auf dem Papier entstanden sind. Spannende Team-Prozesse müßten so verlaufen! Wie informativ, und das eigene Denkbild erweiternd, könnten diese Aussagen

41

sein. Ich stelle mir vor, daß durch Mind Map-Präsentationen jedes Teammitglied einer Gruppe ihren oder seinen Beitrag entwickeln und ungehindert vortragen kann. Keine Übergewichtung von redegewandten und dominierenden Gruppenmitgliedern! Keine vorschnellen Ab- und Beurteilungen. Alle in dem Mind Map vorkommenden Daten haben eine Berechtigung im gesamten Denkvorgang. Die Gruppe muß lediglich vertraut sein mit den Mind Map-Regeln, das linguistische und zugleich inhaltliche Gedankenhierarchie-Modell kennen, und dann kann eine Sitzung, ein Meeting oder ein Projekttreffen beginnen. Ich verspreche mir unschätzbaren Nutzen damit. Doch keinerlei weitere Ablenkungen mehr. Ich werde jetzt einen Artikel bearbeiten, indem ich ein »Text-Map« von ihm erstelle ...

„Und wieder einmal bist du mit deinen Gedanken deiner Zeit voraus!" Brain Man fährt fort, mein fertiges »Text-Map« zu kommentieren. „Im Grunde entspricht dein »voreilendes« Denken genau der Intention einer guten Marketing-Strategie. Einem Produkt oder einer Idee werden nur so viele oder wenige Vordaten beigeliefert, um in dir eine Unmenge an Reizen und selbstentdeckten Anwendungsmöglichkeiten auszulösen. Merkst du, worin der Unterschied zu bestehenden Leitfäden oder Begleitwerken liegt? Du, als Konsumentin der Idee oder des Produktes, bekommst sonst traditionell vorgeführt, welche Vorteile du mit dem Erwerb oder der Anwendung gewinnst. Eine eigene, kreative Auseinandersetzung findet nur statt im

42

Finden einer Entscheidung, ob das Produkt oder die Idee für dich eine Gültigkeit hat oder nicht. Du kannst kaum aus dir heraus beurteilen, ob die Sache gut ist, bzw. für dich paßt. Hier jedoch, indem ich dir so viel über Meta-Ebenen des Denkens erzähle, dich mit den polaren Möglichkeiten und nicht dem »dazwischen« bekannt mache, versetzt du dich automatisch in die Befähigung, eigene Anwendungschancen und eine Mitte zu erschließen. Ich vermeide auf diese Weise, dir »oberlehrerartig« eine Mission zu transportieren. Dir kommen eigene Ideen, die allerhöchstens durch meinen »Erfahrungsschatz« eine Bereicherung erfahren.

Ich weiß jetzt, daß du, wenn du weiterhin so offen bleibst für freies Denken, mit einer »vorgekauten« Gebrauchsanweisung von mir à la: »Mind Mapping für alle Tage« unzufrieden, ja sogar beleidigt wärest. Du willst nicht unterfordert sein und verfügst über dein voll funktionstüchtiges BrainLand! Laß uns nun erneut zurück zu deinem »Text-Map« blicken. Es ist bemerkenswert, daß du den gelesenen Artikel tatsächlich auf ein einziges Blatt gebracht hast. Wenn wir bei den äußerlichen Vorteilen anfangen, so ist ganz klar, daß du beileibe ein umfangreiches Buch auf einer Mind Map-Seite unterbringen kannst. Es gelingt aber erst, wenn du gelernt hast, dein Sprachvolumen so zu strukturieren, daß du nur optimale Schlüsselwörter einsetzt, von denen du weißt, daß sie dir in späterer Zeit immer noch die einst gemeinte Assoziationsbotschaft öffnen.

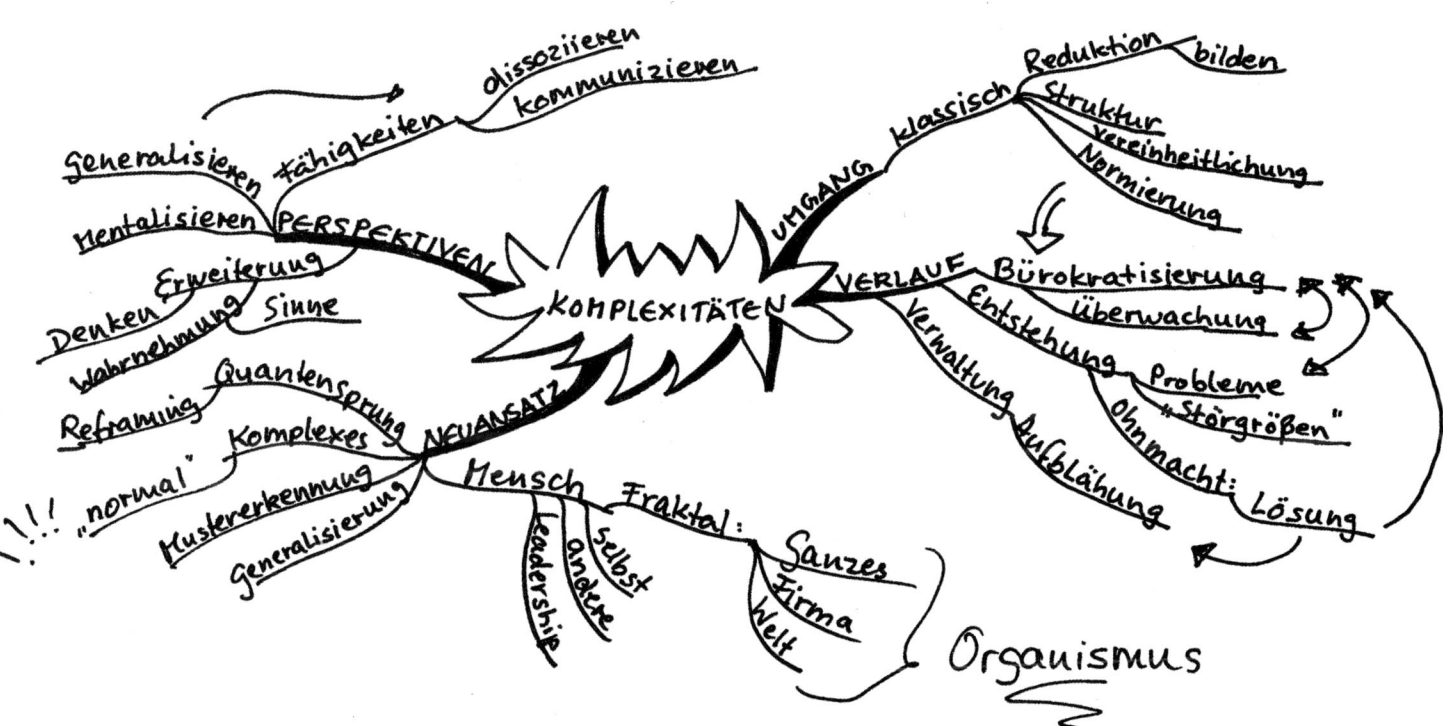

aus: PeppermindClub-Letter, S.3+4, x-mas-Ausgabe '92
Kiel

43

Diese Überlegung sollte stets als wichtiges Kriterium gelten: ist das Wort geeignet, auch wirklich die aktuellen und situativen Gedanken in sich zu vereinen? Gibt es vielleicht ein besseres? Steht das Wort auf der richtigen Hierarchiestufe? Erinnere dich bitte an dein erstes Mind Map von »SOMMER«. Du hast damals folgerichtige Schlüsse gezogen, welche Neudeutungen, Zusammenhänge, Beziehungen oder jeweils andere Möglichkeiten entstehen und abgebildet werden, wenn die Wörter anders positioniert werden. Richtig?

Und weil diese Chancen im Mind Mapping gegeben sind, hast du in großem Umfang ein verläßliches Instrument, kreative Visionsspielchen vorzunehmen. Du kannst großangelegte Konzepte beleuchten und hast die Ergebnisse sofort beispielsweise im Protokoll-Mind Map mitvermerkt: Es ist Prozeß und Produkt in einem, und sobald du mit anderen Daten operierst oder zu einer anderen Zeit mit anderen Menschen und deren »Multi-Minds« kooperierst, dann wirst du z.B. eine weitgefächerte Ausgangsposition für Entscheidungen vorliegen haben. Und deine Teammitglieder ebenfalls.

Dazu kommt der Vorteil, daß wenig Papier gebraucht wird und kaum Moderationsmaterial. Ich werde dir später ganz ausführlich einige Vorgehensweisen vorstellen. Bis dahin der heiße Tip von mir an dich: Mappe viele Texte jeglicher Art. Immer dann, wenn du Ruhe hast, aber auch, wenn du TV siehst oder Radio hörst. Du trainierst damit bereits

das Mappen auf Zeit, was im Alltag im Grunde am häufigsten vorkommt.

Kommen wir noch einmal auf dein »Text-Map« zurück. Ich sehe es zwar vor mir, aber ich möchte jetzt von dir hören, was du mir über den Inhalt zu berichten hast. Erzähle mir von dem Map herab, was deine Zusammenfassung, dein großes Portrait des Artikels ist. Ein Hinweis: wenn du dabei gehen magst, dann tue es! Im Gehen vergehen Formulierungsprobleme, es spricht sich unverkrampfter und der Zuhörer, so wie ich jetzt, wird deine Sprache und »Spreche« subjektiv als sehr angenehm empfinden. Der Satzbau, das Sprechtempo und deine Tonalität wird eine andere sein. Im Sitzen, bei eingeklemmtem Brustkorb, ist das Stimmvolumen recht eingeschränkt. Deshalb eine aufreche Haltung beim Schreiten oder Wandeln! Erinnere dich bitte: die Griechen und Römer trugen ihre Reden oder Philosophien am liebstem im langsamen Schlendern vor. Ihr Gedankenfluß war spürbar von ganz anderer Qualität. Man erhob es sogar zu einem Kult. Während du gehst, werden, ähnlich wie beim Autofahren oder Trampolinspringen, beide BrainLand-Hälften stimuliert, deine Bewegung zu der Position im Raum anzugleichen, was auf jeden Fall anregender Natur ist. Auf geht's!"

Das Mind Map in der Hand durchschreite ich meinen Garten. Mein Report oder Vortrag des Artikels läuft flüssig und lebendig über die Lippen. Die Sätze lassen sich gut knüpfen, ich vermag die Beziehungen der Schlüsselwörter

44

zueinander gut herauszustellen, wobei ich eine Beobachtung mache: sind die Pausen, in denen ich das Mind Map überfliege und die entsprechenden Assoziationen in Sätze kleide, nicht zu lang? Wirkt es eventuell unprofessionell, den Redefluß zu unterbrechen? Könnte es sogar als Schwäche oder Unkenntnis ausgelegt werden? Nicht, daß ich diese Befürchtung habe, ich vernehme nur des öfteren Bemerkungen dieser Art. Die winzigen Hilfszettel, die zum Beispiel Festredner mit nassen Händen festklammern, sollen üblicherweise darüber hinweghelfen, vermeintliche Gedankenverlaufspausen zu verhindern.

„Du Dummerchen. Weißt du eigentlich den wichtigen Unterschied zwischen der Sprechsprache und der Schreibsprache? Ist dir klar, daß du eben beim Sprechen genau die Sprache eingesetzt hast, die für das Ohr und somit das Zuhören die einzig adäquate ist? Indem du aus Schlüsselwörtern Sätze oder Zusammenhänge ableitest, übersetzt du quasi in die Sprechgrammatik. Das Mind Map gibt dir keine Chance, vorgefertigte Phrasen abzulesen. Dein BrainLand reagiert situativ auf die Wörter im Map und umkleidet diese mit linguistischer Stofflichkeit, sprich Sprechsprache. Die Schreibsprache hingegen ist eine reine Schrift- und Lesesprache. Sie hat ihre eigene Ordnung und ihre eigene Botschaftsstruktur. Aber wehe, wenn du Schreibsprache in den auditiven Bereich »transponierst«. Das Ohr ist eingerichtet auf das Codiersystem der Sprech- und Hörsprache. Wohlausgefeilte Sätze entsprechen

nicht dem Hörverständnis. Das Areal in deinem BrainLand, das für einkommende Hörwahrnehmungen zuständig ist, reagiert mit fehlerhafter Entschlüsselung, bzw. geht bald auf Empfangspause.

Hast du schon einmal erlebt, wie du gelangweilt bist, wenn du in der Veranstaltung einen von einem Manuskript vorgelesenen Vortrag hörst? Das Vorlesetempo ist zu hoch, es gibt keine natürliche Pausen oder die Satzgestaltung entspricht vielleicht nicht dem aktuellen Anlaß. Man merkt förmlich die vorherige Vorbereitung in einem Fremdszenarium. Kongruenz adé! Wie anregend ist es hingegen, einem freigehaltenen Vortrag zu lauschen. Richtig: lauschen statt hören. Das ist auch ein Qualitätsmerkmal. Und ist dir aufgefallen, daß im freien Vortrag die Stimmung oder die Authentizität eine andere ist! Inhalt, Darstellung und Sprechmensch bilden eine glaubhafte Einheit, die vom Publikum als wohltuend empfunden wird. Warum also sich quälen mit Manuskript-Vorlagen, bzw. lange vorher ein Konzept planen. Besser eine Minimalstruktur in Form eines Mind Maps, die später bedarfsgerecht in eine Aussage übersetzt wird. Und dann kann es unterschiedlichstes Publikum sein. Du paßt die sprachliche Umkleidung der Minimalstruktur jedes Mal geschickt an, ob du vor der X-Gruppe sprichst oder einer Gruppe Y. Und das, was du befürchtet hast mit den Pausen, deinen Denkpausen, ist für das Publikum eine sehr wichtige Möglichkeit, den vernommenen Sachverhalt intern zu vernetzen, zu ver-

45

arbeiten oder in die eigenen Areale ihres BrainLand gelangen zu lassen. Nichts ist in einer Präsentation und Rezeption von Inhalten fataler als eine am Gehirntakt vorbeirasende Datenflut.

In dem Zusammenhang möchte ich dir eine nützliche Beobachtung mitteilen: das, was in der Schreibsprache Zeichensetzung genannt ist und einem relativ umfangreichen Regelwerk unterworfen ist, ist in der Sprechsprache ganz »organisch« gelöst: du setzt an die Stellen ein mentales Komma, an denen du Atem holst. Atemholen ist hier Zeichen-Setzung der auditiven Art. Deine Sätze sind so formuliert, daß du stets in sinnvollen »chunks« oder Einheiten sprichst. Da das Atemvolumen durchschnittlich um die zwei bis vier Sekunden reicht, werden in der Sprechsprache die Informationen automatisch in diesem Bereich gehalten. Umgekehrt ist in BrainLand die Datenaufnahmezeit für diese ersten Gedankenhalbprodukte ebenfalls zwei bis vier Sekunden. Ihr nennt diese Vorstufe das Kurzzeitgedächtnis. Wenn du »frei« sprichst, dann wirst du notwendigerweise die allgemeinen BrainLand-Bedingungen einhalten. Zum Wohle des Publikums und für dein eigenes Wohlgefühl. Du kannst dann paßgleich deinen Vortrag wirksam halten. Okay?

Indem du von einem Manuskript abliest, mißachtest du im Grunde genommen ganz stark die Integrität der Menschen im Publikum. Die Informationen, die du abliest, werden länger als zwei bis vier Sekunden lang sein. Und alles, was darüber hinausgeht, perlt am Publikum ab. Entweder man reagiert durch einsetzendes Tagträumen, mit inneren Kommentaren über den Vortrag, durch wachsendes Unwohlgefühl oder mit Einschlafen. Schnell vorgelesene Vorträge versetzen die BrainLands des Publikums in den Zustand einer von dir manipulierten und evozierten Hilflosigkeit! Sei dir dessen immer bewußt. Wenn du deinen Stoff beherrschst - und nur dann beherrschst du ihn wirklich -, dann bist du auch in der Lage, deine Ausführungen ohne die Krücke eines präparierten Vortragspapieres zu halten. Einverstanden?

In diesem Punkt lasse ich nicht mit mir diskutieren. Später, wenn du deine Vorträge, Reden - nicht Lesungen(!) - mindmapunterstützt präsentierst, dann wirst du verstehen, daß es keine Bühnensituation, mit Ausnahme des Zitaten-Theaters gibt, in der du nicht frei und zugleich für das Publikum sprechen kannst. Halte dich bitte mit »wenns« und »abers« zurück. Sieh das hier als einen festen Auftrag an, genau zu erproben, in welchen Situationen und in welchem Umfang du Begleitmaterial, Zahlen oder andere Daten integrativ in einen Mind Map-Vortrag einsetzt. Und laß uns erst dann wieder treffen, wenn du eine Sicherheit darin gewonnen hast, die es dir ermöglicht, dank gemachter Erfahrungen mitzureden. Bis dann!«

Brain Man zieht harte Bandagen auf. In gewissen Punkten darf es keine Interpretationen oder Auslegungsfreiheiten

46

TEXTE · REDEN

STUDIUM etc.
- Vorlesungen
  - mitmappen
- Denk-Management
- Organisation
- Überblicke

KOMPRIMIERUNG
- Inhalt
- Platzreduktion
  - ein Blatt
- Inhalt Klärung
  - selbst
  - andere

VORGEHEN
- Anfangstyp
  - sofort
- Überblicke

VORTEILE
- Publikum
  - Hörsprache
- Verständnis
  - gehirngerecht

ERFAHRUNG
- Redelust
- Phantasie
- Kongruenz
  - Inhalt
  - Performance

WANDELN
- Redefluss
- Atmung
  - getaktet 2-4"

auf theoretischer Basis geben. Er muß wohl aus zuverlässigen Quellen von Dauerzweiflern und Ignoranten gehört haben. Nun, seine Hinweise sind in Ordnung. Auch mir sind sehr oft langwährende Reden »auf den Geist« gegangen. Und manchmal steigerte sich der Frust sogar in Wut, wenn nachher das Manuskript in der 1:1-Fassung ausgehändigt wurde.

In der Zeit wäre es an der Sonne schöner gewesen. Ein angestelltes Tonband mit dem abgespielten Text wäre kaum weniger schädlich gewesen. Wie bin ich doch gehässig! Ist Brain Mans Bestimmtheit auf mich übergegangen? Wie wichtig ist es doch, das Publikum im Blick zu haben und dabei an den Gesichtern die Akzeptanz abzulesen!

48

Ego Centre

„Darf ich vermuten, daß du die angebotenen Kriterien wirklich beachtet hast? Was ist dir Besonderes dabei aufgefallen?"

Ich habe in den letzten Tagen bei verschiedenen Gelegenheiten »Text-Maps« zu »Rhetorik-Maps« erweitert und nach ihnen vorgetragen. Auffallend war, daß ich zunehmend, außer einer sprachlichen Flüssigkeit, eine Stärkung meiner Auftrittserscheinung verspürt habe. Mir gefällt es, Reden und Vorträge zu halten. Die Größe des Publikums ist unwichtig geworden, ich sonne mich sogar im Rampenlicht. Verwunderlich ist nur, daß diese Fortschritte so schnell vor sich gingen. Und noch etwas setzte ein: ich erarbeitete zum Beispiel einen Artikel sehr sorgfältig, mappte ihn mit großer Hingabe und während ich später einige Male daraufblickte, muß sich das Mind Map so eingeprägt haben, daß ich im Moment des Erzählens das Map gar nicht mehr brauchte. Ich hatte das Map »vor Augen«, sah im Geiste die Gestaltung und die Wörter. Ich sprach nur noch, oder besser: es sprach aus mir! In der Zeit hatte ich Gelegenheit, auf das Auditorium zu achten und meine Vorstellung entsprechend anzupassen. Es war genau, wie Brain Man vorhergesagt hat. Das Publikum war sehr empfänglich für meine Worte, die Art, wie ich sie vortrug und mich dabei verhielt. Am meisten war ich erleichtert, intuitiv reagieren zu können.

Bin ich ein Stück weiter in Richtung »charismatische Sicherheit« gelangt? Zumindest bedeutet es mir ein Stück Freiheit mehr! Freiheit ist es auch, daß ich unabhängig geworden bin von Stößen von Papier, die sonst mitgebracht und ab-geblättert werden. Ich stelle mir gerade vor, wenn man stolpern würde auf dem Weg zum Rednerpult. Das dicke Manuskript ist nicht gebunden und alle Blätter wehen und wirbeln durcheinander auf das Bühnenparkett. Dann ist die Not groß und die Zeit rar für Sortierarbeit cora publicum. Streß ist dann bestimmt die geringste Beeinträchtigung.

Doch jetzt bin ich wieder draußen, »tanke« Sonne und warte auf Neues von Brain Man. Das Amselpaar, das neulich abends so anhaltend gezetert hat, hat sich tatsächlich bei mir in den Blumenkasten der vier Tomatenpflanzen ein Nest gebaut. Innerhalb von wenigen Stunden, sogar mit Nachteinsatz, war das Nest fertig. Naja, an der Wand befindet sich eine Lampe, die ganz modern mit Dunkelheitssensoren ausgestattet ist und automatisch leuchtet. Es regelt sich selbst den Einsatz (noch so etwas Unabhängiges um mich herum!). Ich habe mir seit letztem Sonntag eine Seite für ein Mind Map-Tagebuch angelegt, in das ich die täglich beobachteten Besonderheiten über das Brutparadies »Blumenkasten« eintrage. Ich nenne die junge Mutter »Mamselchen«.

„Wenn du über dich und von dir sprichst, was sind dann deine Angaben, die du voranstellst? Ich sage dir einmal, womit die meisten Menschen beginnen: mit ihrem Namen natürlich, einer Beschreibung ihres Besitzstandes: Familie, Haus, Auto oder Haustier. Dann folgen Attribute, wie

49

Karrierebeschreibungen oder was man alles kann oder auch nicht. So erleben sich fast alle Befragten. Schon am Anfang einer Vorstellung, gleich bei den ersten Worten, kannst du Daten über die innere Einstellung zu sich selbst und ihre Einordnung in der Welt erfahren. Wie? Achte einmal auf den Unterschied: »Mein Name ist XYZ«, oder »Ich heiße XYZ«, oder aber »Ich bin XYZ«. Welche Nuancen kommen dabei heraus?«

Es stimmt: da sind leichte Unterschiede; nicht nur die der Wortwahl. Es sind verschiedene Identifikationszusagen. Vermutlich ist es dem Sprecher oder der Sprecherin nicht bewußt. Es mag unbekümmert dahergesagt sein, doch die Neurolinguistik des BrainLand lügt nicht! Alles, was wir ohne bewußte Kontrolle sprachlich äußern, ist eine tiefliegende Botschaft des Unterbewußtseins. Die Sprache ist insofern ein bedeutsames und wesentliches Diagnosemittel! Die Art, wie wir intralinguistisch mit uns umgehen, signalisiert uns und anderen, wie wir über uns oder die Welt denken. Es sind dies die neurolinguistischen Programme eines jeden Menschen. Die Sprache spiegelt unser subjektives Erleben der Welt wider. Ungünstige Formulierungen oder Annahmen, wie etwas »ist«, geben einer Situation die entsprechende Färbung. Der Effekt der selbsterfüllenden Prophezeiung ist hinlänglich bekannt. Jemand, der immer wieder von sich »sagt« (!), daß er zu dumm für etwas Bestimmtes sei, der wird seine inneren Dialoge und Monologe mit sich und zu sich bald zuverlässig glauben

50

und ein demgemäßes Verhalten entwickelt sich daraufhin. Die Brainländer sind sehr aufmerksam in der Entgegennahme von Botschaften mit Aussagecharakter. Wenn dieser Mensch auch noch in der Ich-Form zu sich spricht: »Ich bin zu dumm dafür«, dann ist er voll assoziiert mit sich, das heißt, er hat sich bereits durch die Ich-Nennung hochgradig mit sich identifiziert. Seine Annahme über sich hat dann die größte Chance, sicher in Erfüllung zu gehen. Bei der Anrede mit einem »Du« ist es etwas ungewisser. Dieser Jemand spricht eine weitere Identität an, er dissoziiert sich von dem Verhaltens- und Handlungs-Ich. Insofern hat er »Glück« mit dieser Formulierung. Die Erfolgsrate, hier wirklich zu dumm zu sein oder es zu werden, ist nicht so groß.

Doch zurück zum Vorstellungssatz. Was steckt an Selbst-Bewußtsein dahinter, wenn man sagt: »Mein Name ist XYZ«? Was ist damit über sich ausgesagt, wenn man erklärt, wie man heißt? In beiden Fällen mangelt es sprachlich an einem Ich-Bekenntnis, bzw. an einer ausgesprochenen Eigenidentität. Eine distanzierte und dissoziierte Haltung zu sich ist damit eingeschlossen, wenn nicht sogar programmiert. »Man nennt mich XYZ«; auch keine besondere Ich-Haltung über die Ich-Definition! So ist in der Vorstellungsformulierung: »Ich bin XYZ« am meisten Bekenntnisstärke zur eigenen Persönlichkeit, inclusive aller Verantwortlichkeiten enthalten. Richtig satt assoziiert ist dieser Mensch; er ist in sich oder »eins« mit sich! Mich interessiert, ob eine sprachliche Andersäußerung einen direkten Einfluß auf das Unterbewußtsein hat. Ganz sicher ja! Witzig: ich sehe bei der letzten Ich-Formulierung die Brainländer freudig Tücher und Schals mit den »Vereinsfarben« schwingen. Die Hirnies sind in Ihrer Corporate Identity angesprochen und feuern mich kräftig an, Höchstleistung zu erbringen. Sie sind hochmotiviert und unterstützend präsent. Gespürt habe ich das immer schon. Solange ich mich erinnern kann, nenne ich mich in der »Ich-bin-Fassung«. Ich stehe zu mir, stecke gerne in meiner Haut, fühle er mich selbst-verantwortlich und benutze auch nie das sogenannte »Krankenhaus-wir«, wenn es um Anweisungen an andere geht. Verhaltenskritik jeder Art adressiere ich auch stets sauber an mich. Ich duze ferner auch keine Nebeninstanzen von mir. So far - so good!

„Die Präliminarien hätten wir hiermit geklärt. Die Annahme, daß ein innerer Zustand auch durch die unbewußte Sprache wiedergegeben wird, und umgekehrt, daß Sprache eine Veränderung von Strategien und Programmen bewirken kann, ist absolut richtig. Wir kommen auf diese Gesetzmäßigkeiten zurück. Was meinst du, wollen wir zum Ego Centre hinübergehen? Ich erzähle dir auf dem Weg dahin mehr zum Thema »Persönlichkeit« aus BrainLand-Sicht. Du wirst, wenn wir dort angekommen sind, gleich ein großes Mind Map erstellen. Sei neugierig, welches Thema es haben wird.

Laß uns jetzt noch etwas über die Selbst-Identifikation plaudern. Es ist heilsam, »Personal Identity« oder Integrität

51

einmal von zusätzlichen Blickwinkeln aus zu betrachten. Du wirst danach garantiert ein »entleertes« Bewußtsein jener Alt-Annahmen haben, um es mit neuen und akut-relevanten Gedankenansätzen zu füllen. Sprich dir bitte noch einmal die drei XYZ-Selbstbeschreibungen vor. Geh bitte auch jedesmal in den inneren Zustand, der durch die Nennung in dir hervorgerufen wird. Gib dir Zeit dazu!"

Die ersten beiden haben eine fast identische Wirkung auf mich: »Ich heiße ..., und mein Name ist ...« In mir erwächst das vage Gefühl, daß ich neben mir stehe - dissoziiert bin -, und daß ich in nur sehr geringem Maße ein Verantwortlichkeitsempfinden für mich und mein Schicksal habe: für das vergangene, das gegenwärtige und das zukünftige. In mir ergibt sich weiter eine Art von persönlicher Herausnahme aus meiner Entwicklung. Oder ist es mehr eine Abwicklung? Kann es eventuell sein, daß die Haltung, die hinter einer so formulierten Selbsteinschätzung steckt, die einer recht festzementierten und linearen Anpassung ist.

Das Sein vollzieht (!) sich sukzessive durch ablaufende Geschehnisse. Nicht ich vollziehe, bewirke, wähle, sondern »es« geschieht; es »ist«. Das Kontinuum des Fort-Lebens ist gesichert und absehbar und kontrolliert. Ganze Berufsstände erhalten sich durch genau diese Atmosphäre. Vornehmlich die bürokratischen Aufgabenbereiche und Institutionen bestehen auf den Grundsätzen der stabilen und ordnungsgerechten Zeitarchivierung und -bearbeitung durch

Dissoziation. Verwaltung sagt man auch dazu! Ob diese Brainländer den Vornamen Walter haben. Möglich ist es, denn schon früh setzt sich in einem »Walter-Kind« der Name »Walter« sprachlich intrapersonal im Gedächtnis fest. Er wird oft vernommen und es bildet sich - natürlich - eine gute Identifikation mit ihm. Die Berufsbezeichnung »Verwalter« müßte demzufolge einen positiven Klang ausüben und ein gutes, vertrautes Gefühl hervorrufen. Hilfe, ich lasse mich recht albern gehen! Zurück zu BrainLand.

Die Brainländer der entsprechenden BrainLand-Reservate für verwaltungsbetreuende Berufe kennen ihre Wege durch ihr Gebiet sehr gut und sind schlafwandlerisch sicher im wiederholten Abfahren ihrer Strategiewege. Diese eingefahrenen Strecken oder Bahnen sind ausgeprägt tief und verhindern relativ gut, aus der Bahn getragen zu werden: dorthin, wo es keine Strukturen gibt, sondern nur chaotisches Neuland. Auf beiden Seiten eines solchen Verwaltungs-BrainLand existiert diese Grundhaltung. Auch die Rechts-Hirnies sind hier an-domestizierte, nette und kreativitätspünktliche Bürokratiegehilfen.

Und mit bemerkenswerter Deutlichkeit zeigt sich: BrainLand ist nicht gleich BrainLand; Hirnies sind nicht gleich Hirnies. Es gibt gewaltige Graduierungen in ihrer Ausprägung und wie sie ihre Aufgaben interpretieren und ableisten. Ich bin damit wieder bei der Diversität und dem notwendigen Vorhandensein von jeglicher Vielfalt angelangt:

die bestehende Multi-Existenz von sich nicht ausschließenden Ausprägungen und Graden von »Richtigkeit«. Ich denke, daß das Wort »günstiger« in diesem Zusammenhang wertfreier, aber zugleich richtungsweisend ist.

„Sei jetzt vorsichtig, daß du nicht Phantasien entwickelst über die Kulturausprägungen der unendlich vielen Brain-Lands. Kehre bitte zum Ausgangsgedanken zurück und frage dich, welche Wirkungen die »Ich-Vorstellungen« in dir hervorrufen. Tauche wieder ein in die Aussagen und erzähle mir, was du an für dich weiterbringenden Hinweisen bemerkst!"

Wie wirkt die dritte Ich-Bekanntmachung auf mich? »Ich bin ...« Mehrmaliges Murmeln dieser Formel löst eine freudige Erregung in mir aus. »Hey; ich bin!« Tief einatmen und eine starke Körperhaltung eingenommen ist eins. Ich bin verantwortlich für mich, mein Werden und meinen Platz im Leben, wie es so schön heißt. Das ist mein augenblicklicher Eindruck. Eine absolute Assoziation mit mir! Ich stehe zu mir, zu meinen Entscheidungen und Aktivitäten. Ich übergebe keiner anderen, internen oder externen Instanz die Verantwortung für mein momentanes Ich. Mit der »Ich-bin-Formulierung« bin ich prozeßorientiert und offen für die vielen Möglichkeiten und Chancen, die vor mir und um mich herum sind. Alte und vergangene »Posten« interessieren mich nur noch insofern, als daß ich sie als Datenfundus für Gegenwarts- oder Zukunftsentscheidungen gebrauche. Das Gefühl einer Geregeltheit, das mich in den anderen Aussagen bestimmte, fehlt hier. Es ist eher ein Bild eines heiter sprudelnden, gurgelnden und fließenden Bächleins. Nun gut; mal sehen, wie BrainLand jetzt aussieht. In BrainLand herrscht - nicht »ist« - ein flottes, gut-chaotisches Treiben. Sollte da sogar ein unterschiedliches Zeiterleben bei unterschiedlicher Neurolinguistik sein? Beinhaltet die sprachliche Message »ist« in sich nicht schon die passive Verharrung in einer Gegenwart? Ist dabei nicht auch ein unumstößlicher Fakt ausgedrückt?! Welche Rückwirkung hat dagegen das Wort »herrscht«? Es drückt aus, daß ein Prozeß abläuft. Dynamik schwingt ebenfalls mit. Wie wirkt Zeit in der letzten Aussage? Als Punkt oder als Kontinuum? Ist die Aktionsbereitschaft der Person eine andere?

Wenn es so ist, daß in Fall Eins und Zwei die(!) Ansicht von Zeit überschaubar ist, dann ist ein entsprechendes Rüstzeug oder Marschgepäck für die dazugehörigen Brainländer angebracht. Die Arbeitsoptimierung solcher Hirnies findet im Mittel- und Finalteil von Arbeitsvorgängen statt. Ihre »Denke« ist von reagierender und empfangender Natur geprägt. Die vornehmliche Dissoziiertheit von sich bewirkt, daß Emotionen und Erleben eher von außen betrachtet werden. Das hat große Vorteile im Umgang mit Streß.

Ist ein Zeitempfinden nach vorne gerichtet, wie ich es in Fall Drei vermute, und ohne »ein« bestimmtes Ziel, dann kann man diesen Brainländern gratulieren, wenn sie sattel-

53

fest und nervenstark sind im Sensoring von Strömungen und im Erfinden von Verhaltensalternativen. Diese Hirnies sind vertraut mit dem Vorhandensein von Parallelzeiten und Zukünften, von subjektiven und objektiven Realitäten. Sie lieben flexible Beweglichkeit im Denken und Handeln. Instabilität ist für sie »in Ordnung«.

Der Blick nach draußen in Wirtschaft und Gesellschaft zeigt, daß sich dort genau die Prozesse und Zustände abspielen oder vorhanden sind, die im Kleinen in den diversen BrainLands der Welt vorzufinden sind. Und würde man das Erscheinungsbild oder den Ausdruck einer Nation als ein nationales BrainLand auffassen - sofern es so zu vereinheitlichen geht - dann gäbe es wiederum eine typische Ausrichtung. Zum Beispiel sehr stark verlinkshirnt oder eventuell rechtslastig-emotional. Es ließe sich bestimmt untersuchen, ob und wenn ja, es Erfolgsfaktoren für Wohlstandsentwicklung im geistigen und monetären Bereich gibt. Die Antwort wird die sein, daß alle Denkhandlungs-Programme situativ vorhanden, gekonnt und ermöglicht werden müssen. Angefangen auf staatlicher Größe bis hinunter zu den BrainLands eines jeden Individuums.

Dies setzt eine Fähigkeit zur Situationswahrnehmung und Einschätzung von Trends voraus. Und da wären wir wieder bei der Notwendigkeit nach verschärfter Wahrnehmung, der Mustererkennung diverser Prozesse oder einer Geschicklichkeit im schnellen Entwickeln von Strategien.

Eine Aufgaben- und Strategienvielfalt ist, angefangen bei den diversen BrainLands und bei den verantwortlichen Hirnies, somit erwünscht und erforderlich!

Und was ich mit »Sensoring« meine? Ich verstehe darunter den Prozeß des Witterns, Findens, Erkennens von Strömungen oder Chancen. Sensoring geht nur, wenn sämtliche internen und externen Sinne geschärft sind und die Fähigkeit zum Analysieren von gegebenen und vorgefundenen Zuständen oder Abläufen entwickelt ist. Also »BrainLand-Total« auf hochentwickelter und raffinierter Ebene. Ich habe auch festgestellt - gesensort -, daß »Brain-Land-Total« eine aktuelle Erfordernis für das Jetzt und die verschiedenen oder parallelen Realitätserleben hat. Im Alltag nimmt das Sensoring verstärkt eine wichtige Bedeutung ein. Ich bin sicher, daß mit Prozessen, die sog. Chaoskennzeichen aufweisen, viel-sichtiger umgegangen werden kann, wenn eine Gegenwarts- und Zukunftstauglichkeit im persönlichen Verhalten entwickelt wird. »Probleme« erscheinen transparenter und Prä-Aktionen, bzw. Re-Aktionen können in kurzen Feedback- oder Feedforward-Schleifen easy entwickelt werden.

Ich stelle einmal die Behauptung auf, daß es bereits effektive BrainLand-Strukturverbesserungsprojekte gibt! Ein probates ist mit Sicherheit das Mind Mapping! Mit ihm können u.a., quasi planspielerisch, Produkte und Prozesse gedanklich vorerprobt, entwickelt und erfahren werden. Solche Gedanken müssen näher konkretisiert werden. Später! Wir haben das Ego Centre erreicht. Mir gefällt es hier, ich fühle mich wohl. Hier sind viele Spiegel, es gibt Audio-Technik, und, und, und. Das gesamte Ambiente ist eines zum spontanen Wohlfühlen ... Hier darf ich mit Technik experimentieren, mich aufzeichnen und abhören, mich beobachten und wirken lassen. Hier gibt es Auswahl zum Finden und Testen von günstigem Lebensstil und Ambiente: für MICH!

Brain Man gibt mir sodann die versprochene Aufgabe: ein Mind Map zum Thema «ICH«. Aber: er will nur Dinge von mir erfahren, die Verhaltensprozesse und meine Lebensstrategien beschreiben. Es soll ausreichend Attribute beinhalten, die mein »Fließen in Raum und Zeit« erkennbar machen. Also keine Produktpalette meines Seins! Vielmehr ein schillerndes Portrait meiner selbst, so wie ich mich empfinde oder sehe. Ich werde einen Ast vorsehen für Eintragungen, die Mutmaßungen beinhalten, wie andere Menschen mich wahrnehmen. Nun denn... Es ist ja (verdammt) unbequem, so über sich nachzudenken. Wie einfach war doch einst: »Ich heiße ..., ich bin ..., ich habe..., mir gehört... und ich werde in neunzehnhundert blablabla das und das.... tun, sein, haben oder bekommen.«

Wie sagte mir Brain Man: Ich werde entleert sein von alten Ansichten und Einstellungen über mich. Ich werde neue Vielfältigkeiten über mich und vor mir sehen! Nun gut, ich mache folgendes: dieses Mind Map wird vorerst mein Geheimnis bleiben. Irgendwann später - oder auch nicht - werde ich es lüften ...

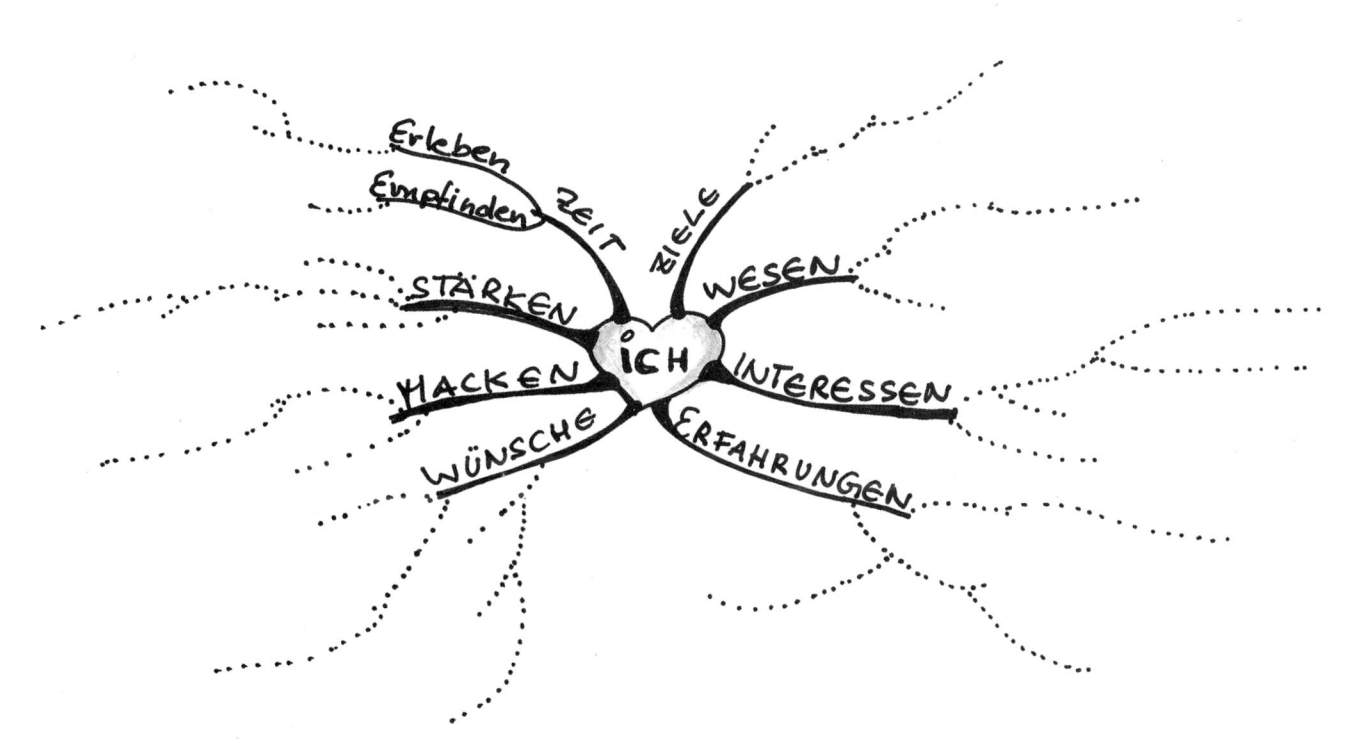

„Unser Aufenthalt im Ego Centre ist noch nicht abgeschlossen. Du hast gerade von dir ein Mind Map entwickelt; dich, deine Persönlichkeit und dein Image gebündelt dargestellt. Das Thema »Personenbeschreibung« ist insofern noch ein aktuelles Thema für dich. Ich mache dir den Vorschlag, daß du gleich deine Beobachtungsschärfe weiternutzt, einen Leitfaden für ein »Personen-Map« kennenzulernen. Hast du eigentlich ein gutes Personengedächtnis? Wie steht es mit dem Erinnern von Namen? Merkst du dir beides gleich gut?"

Ehrlich gesagt, habe ich mit beidem nicht allzu große Probleme. Als sehr visueller Mensch kann ich mir die Gesichter von Menschen leicht merken. Zumindest kann ich zuverlässig sagen, ob, wo und wann ich die Person gesehen habe. Wenn nicht sofort, so fällt mir doch nach einiger Zeit fast immer der dazugehörige Name ein. Mit meinem Ortsgedächtnis verhält es sich ebenso erfreulich gut. Meine Brainländer, vermutlich die rechten, stehen mir fabelhaft zur Seite. Woran mag das liegen? Brain Man erzählte vor einiger Zeit, daß das Gedächtnis, bzw. die Brainländer erfolgreich arbeiten, wenn um die einkommenden Daten so viele Sinnesinformationen als möglich herumgelegt werden.

„Die Sinneswahrnehmungen sind wie Accessoires, die die Daten schmücken, typisch ausstaffieren und somit leichter auffindbar machen in dem großen BrainLand-Archiv. Im Wort »Access-oires« liegt das Wort »Zugang«. Es paßt zusammen: Sinneswahrnehmungen schmücken wie Accessoires die Daten und schaffen mit diesen Markierungen »Gedanken-Typen« innerhalb der Datenorganisation. Die Links-Hirnies legen diese vielleicht mit sauber beschrifteten Etiketten ab und die Rechts-Hirnies umgeben phantasievolles Beiwerk. Wer weiß es schon genau.

Die individuelle Sinnespräferenz eines jeden Menschen bedingt eine unterschiedliche Informationsverarbeitung der Sinnes-Accessoires durch die dazugehörigen Brainländer. Insbesondere im rechten BrainLand erwartet die Brainländer ein abwechslungsreich bestücktes Datenangebot! Frohes Schaffen ist dann gegeben, wenn genügend Sinnesimpulse auf sie einwirken.

Sinnesvielfalt ist für die Brainländer ein Reaktionsbeschleuniger für bessere und direkte Datenverwertung. Es gibt unter ihnen Spezies, die das Material nach Sinnen sortieren und zu »Situations-Gestalten« verbinden. Je mehr Einzeldaten, desto typischere Kennung! Es ist vorteilhaft, wenn die Verteilung der sinnlichen Brainländer relativ gleichmäßig ist. Stell dir das bitte so vor: während der Dateneingaben organisieren sich in den verantwortlichen Arealen von BrainLand Gruppen verantwortlicher Hirnies. Sie nehmen gleich am Eingang eine Vorsortierung vor. Geschwind und fast parallel dazu arbeiten neue Teams, die Sinn-Teams, weiter. Auf diese Art und Weise wird mit den millionenfachen Kleinstdaten umgegangen, die sekündlich über deine Wahrnehmungsorgane eingehen.

56

Bei euch Menschen sind, wie ich beobachten kann, unterschiedliche Sinneskanalausprägungen vorhanden. Die Wahrnehmungsbreite geht von starken bis zu kaum trainierten Sinneswahrnehmungen.

Es gibt Menschen, die mit ihren äußeren Wahrnehmungsorganen gut sinnen können, aber im mentalen, inneren Vorstellungsbereich Defizite haben. Die innere Repräsentation der Wahrnehmungspracht ist in vielen Fällen weniger reich ausgebildet. Ich kann wärmstens empfehlen, unterrepräsentierte Wahrnehmungsstärken beizeiten nachzutrainieren. Wir kommen später im Center für Sinnes-Intelligenz vorbei.

Zurück zu deiner Frage, wie es kommt, daß du ein gutes Personen- und Namensgedächtnis hast. Du hast bereits vermutet, daß die Sinnesfähigkeit dabei eine wesentliche Rolle spielt. Das ist richtig. Wenn du sinnesoffen die Welt erlebst, dann bietest du deinen Brainländern genügend Beiwerk, damit sie ihr Expertentum in der Archivierung und Aufsuche von Daten kompetent erfüllen.

Freue dich: durch deine Offensinnigkeit ist für dich ganz subjektiv gesehen die Welt wahrscheinlich stets farbenfroher und erlebnisintensiv. Du verfügst damit automatisch über eine große, innere Eigenmotivation und Begeisterungsfähigkeit anderen Menschen gegenüber. Das mag weiter dazu führen, daß für dich die Menschen und Orte von

57

großem Interesse sind. Du schaust sie dir deshalb auch gerne sehr genau an, im Unterschied zu »anblicken«. Nicht bei allen Menschen ist das der Fall. So gibt es einige, die können auf Befragung hin nicht einmal die Augenfarbe des Mitmenschen nennen; nach vielen Jahren des Zusammenarbeitens oder Zusammenlebens! Was folgern wir daraus? Ein Wahrnehmungstraining der Sinne ist dringend angesagt! Im trainierten oder geweckten Zustand kann das Auge automatisch mehr aufnehmen und bewußt und unbewußt mit großen Mengen von visuellen Daten umgehen. Und was eignet sich vorzüglich für das Festhalten der Daten in der Trainingsphase? Na ..? Mind Mapping natürlich. Wenn einmal das »Beobachtungsmuster-Map« von Personen angelegt wird und dieses verinnerlicht ist, dann wird die intensive Wahrnehmung der Mitmenschen zu einem Vergnügen; für alle Kommunikationspartner. Es führt weiter zu einer großen Sicherheit im Umgang mit Menschen. Macht es nicht unabhängig, wenn man, ohne verstohlen nach dem Namen oder den letzten Begegnungsort nachzufragen, auf die Menschen wissend zugehen kann?"

Keine Frage! Öfters begegnet man Mitmenschen, sogar hohe berufliche Posten bekleidend, die nicht einmal über diese winzige, aber wichtige Gabe verfügen. Peinlich und äußerst nachlässig ist das den Mitarbeitern gegenüber! Wenn durch das Mind Mapping und ein Sinnestraining eine Abhilfe geschaffen werden kann, dann ist großen Teilen der

Bevölkerung damit geholfen. Und ein Trainingsbuch darüber wäre ein Bestseller!

„Nicht so stürmisch! Fange doch erst einmal ganz solide und praktisch an. Lege dir eine neue Mind Map-Seite an und mappe mit, was ich dir gleich sagen werde. In Ordnung? Gut! Dieses soll ein »Muster-Map« werden für zukünftige Personengedächtnistrainings. Ob du selbst damit weitertrainierst oder ob du es weitergibst, das bleibt dir überlassen. Das »Muster-Map« eignet sich als Basis für wiederkehrende Übungen. Das besondere an dieser, gleich stattfindenden Mind Map-Gestaltung ist, daß hier nicht die eigentlichen Enddaten eingetragen werden. Du schreibst gleich auf die Linien, was später an Ergebnissen dort stehen soll. Ein Beispiel: auf einer Linie des »Muster-Maps« wird das Wort »AUGENFARBE« stehen. In der Trainingssituation wird dann an diese Stelle die entsprechende Farbe eingesetzt, z.B. »KARIBIKBLAU«. Das Mind Map ist eine große, divergent nach außen strebende Checkliste, wobei das »Muster-Map« als Vorlage die »linke« Seite der Liste ist und die Eintragungen der Datenergebnisse die »rechte«. Es sind zwei Maps; nebeneinander oder später mental im Kopf!

Es gibt einen weiteren Vorteil für das »Muster-Map«: indem immer wieder, pro Person, ein neues Map entsteht, erzielt man eine Art Personalerfassungskartei. Sie ist stets ergänzbar durch neue Beobachtungen, Veränderungen oder Informationen. Besonders effektiv auf Karteiformat.

In die Mitte der Seite positionierst du einen Kreis, in den später entweder der Name des Menschen kommt oder eine Portraitskizze, bzw. ein Foto, so du hast. Es gibt viele Hauptäste, deshalb schreibe bitte nicht zu groß. Klein und sehr deutlich! Für die Erinnerung an einen Menschen sind in erster Linie Informationen über das Gesicht von Belang. Aus diesem Grunde fangen wir auch mit dem Kopf an. Zum Kopf gehören Haar, Gesicht, Hals, und so weiter, mit all den individuellen Ausdrucksvarianten.

Schau, so! Setze hier die Zweige für die Unterpunkte an: »HAARE«, »HAARFARBE«, »FRISUR«, »AUGEN«, »AUGENFARBE«, »AUGENFORM«, »AUGENBRAUEN«, »NASE«, »NASENGRÖSSE«, »NASENFORM«, »MUND«, »MUNDFORM«, »LIPPEN«, »FARBE«, »ZÄHNE«, »KINN«, »KINNFORM«, »KINNGRÖSSE«, »HAUT«, »HAUTBESCHAFFENHEIT«, »HAUTFARBE«, »STIRN«, »HAARANSATZ«, »OHREN«, »OHRENFORM«, »OHRENGRÖSSE«, »SCHMUCK« und »KOPFFORM«. Diese wahrgenommenen Beobachtungsmerkmale eines Kopfes bringen bereits wesentliche Merk-Male zum Erinnern. Kannst du dir vorstellen, mit wieviel Eifer die Brainländer anfangen zu arbeiten?

Weiter mit dem Äußeren. Jetzt folgen Daten des übrigen Körpers, wie: »KÖRPERGRÖSSE«, »STATUR« und »KÖRPERHALTUNG«. Im »Personen-Map« stehen dann an den Stellen deine Angaben. Jetzt, im »Muster-Map« sind es nur die Vorlagen! Nachdem die sichtbaren körperlichen Merkmale gesichtet wurden, wird auf die hörbare Personenerscheinung

58

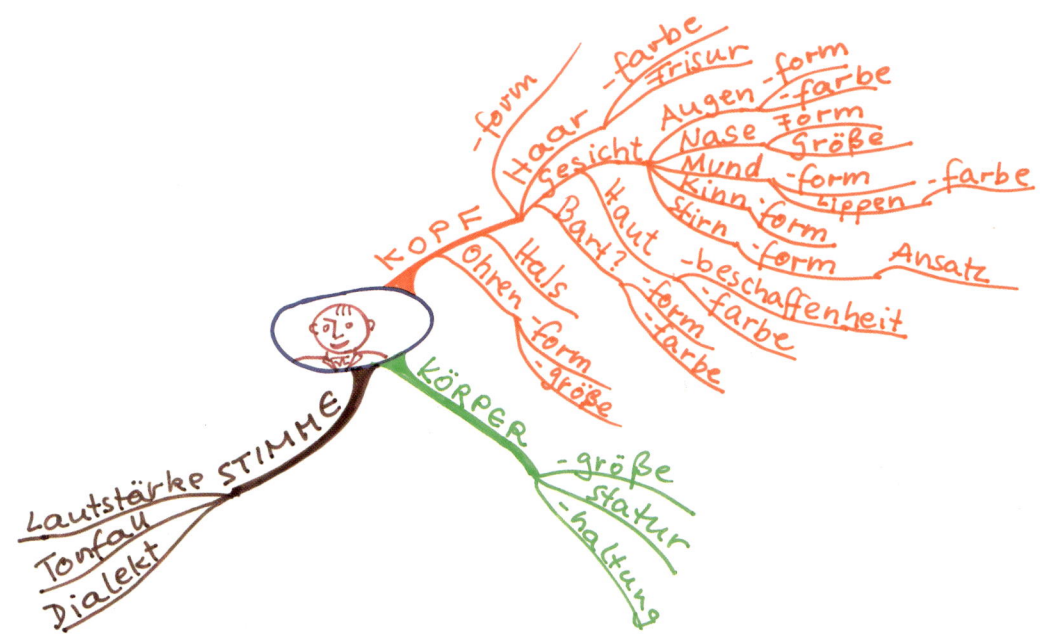

KOPF

Haar -form
-farbe
Frisur

Gesicht
Augen -form
-farbe
Nase Form
Größe
Mund -form
Lippen -farbe
Kinn -form
Stirn
Haut -form
-beschaffenheit
Ansatz
Bart?
-form
-farbe
-farbe

Hals

Ohren -form
-größe

KÖRPER
-größe
Statur
-haltung

STIMME
Lautstärke
Tonfall
Dialekt

gehört. Bitte Zweige vorsehen für: »STIMME«, »LAUTSTÄRKE« und »TONFALL«. Und was ich jetzt sage, ist von extremer Wichtigkeit.

Nimm nie in dieser frühen Phase der Datensammlung Bewertungen vor! Das Mind Map enthält neutrale und beobachtbare Informationen über einen Menschen. Wenn du bereits zu Beginn beschließt, bei »STIMME«: »schrecklich« oder »angenehm« einzutragen, dann bist du in die Vorurteilsfalle voll hineingetreten! Vorurteile schließen die Eingangskanäle deiner arbeitsamen, brainländischen Dienstgeister. Statt dessen reißen sich gierige Verhinderungs - und Stör-Hirnies die Daten an sich. Sie breiten sofort die berüchtigten Vorurteils-Filterschichten über BrainLand aus. Wie mit einem Gazetuch hüllen diese kleinen Fieslinge das Denken ein. So wird es manipuliert, und das, was noch durchdringen kann zu den übrigen Brainländern, ist ein stark eingefärbtes Datenbild. Vielleicht fragst du gleich, wozu die Filter-Hirnies existieren. Nun, sie sind durchaus nützlich für BrainLand. Sie verhindern, daß immer wieder einkommende Informationen mit der gleichbleibenden, großen Neu-Sorgfalt bearbeitet werden müssen. Insofern leisten sie eine notwendige Entlastung, indem sie Standarddaten aussortieren. Nur verselbständigen sich die Filter-Hirnies in ihrem Tun sehr oft; sie tun zu viel des Guten. So drängeln sie sich geschickt vor, fangen stur alle ihnen bekannten Eingänge ab, verändern sie in ihrem Sinn und reichen eventuell auch nur einen Hauch davon zu den anderen Brainländern

60

weiter. Es entsteht dabei, ganz unvermeidlich, eine gefärbte und vorbewertete Wiedergabe der Information. Compris? Du selbst schränkst Verfärbungen in deinem »Personen-Map« ein, wenn du nur das einträgst, was objektiv erkennbar und beobachtbar ist!"

Ich bin froh, daß Brain Man darüber spricht. Es gibt Mitmenschen, die durch ihre - brainländische - Verweigerung bei der Neuaufnahme von neuen Fakten in ihren Vorurteilen gefangen bleiben. Sie gönnen sich nicht die Gelegenheit einer Überprüfung, ob denn ihre alten Filterschienen immer und ausschließlich unverändert bestehen müssen. Im Gegenteil, sie scheinen ihre Vor-Urteile zu hegen und zu pflegen, als seien sie besonders charaktervolle Ausprägungen. Deshalb lassen sie sie sich auch kaum nehmen. Brain Mans Erklärungsmodell ist einleuchtend: wenn deren Filter-Hirnies eine Vormachtstellung erobert haben, dann sind sie quasi die Stützen des Unternehmens »BrainLand«. Und deren Filter-Hirnies werden jede List anwenden, ihren Posten zu erhalten oder sogar noch auszubauen. Menschen, die geleitet sind von Vorurteilen und festen Glaubenssystemen, erstarren in ihrem Verhaltensrepertoire immer mehr. Von flexiblem Erleben, Auffassen oder Lernen wird immer weniger die Rede sein. Schade! Ich denke, daß eine gütliche Einigung mit den Filter-Hirnies dazu führen kann, daß sie nur noch bei speziellen Einsätzen gebraucht werden müssen. Die übrige Zeit könnte dem Relaxen dienen. Brain Man muß verraten, wodurch diese Hirnies bereit sein werden für Gespräche und wie mit ihnen zu verhandeln ist!

„Unter anderem auch, und besonders durch Mind Mapping. Mind Mapping ist die Methode, die beweist, daß es nicht ein Richtig oder ein Falsch gibt. Es zeigt ferner deutlich, daß Co-Existenzen von Gedankenabläufen bestehen können. Sogar dann, wenn eine Person im zeitlichen Abstand ein zweites Mind Map von einem Thema entwickelt. Mind Mapping fördert, speziell in »Fakt-Maps«, »Faktensammlungs-Maps«, eine analytisch objektive Einsortierung von Daten. Interpretatorische Nennungen sind fehl am Platze. Indem diesem Anspruch getreu filterfrei beobachtet werden muß, verändert sich ein-gehend auch die Wahrnehmung. Unbemerkt verlassen Filter-Hirnies ihr früheres, heimisches Parkett, sie treten zurück und machen den »normalen« Hirnies den Weg frei.

Das Anwenden von neuen Wahrnehmungsregeln ist nicht ganz ohne und erfordert ein hohes Maß an Selbstdisziplin. Wärest du stark mit Vorurteilen belegt, dann würde ich dir folgende Hausaufgabe mitgeben: täglich so oft als möglich, real oder mental, »Personen-« und »Situations-Maps« zu erstellen.

Mit Situationen meine ich zum Beispiel Augenblicke oder Sachlagen, die »immer« zu Vergrätzungen führen, zur Wut anregen oder schlicht geistig-körperliches Unwohlsein ergeben. Und das immer! Indem du analytisch eine Be-

61

schreibung des Geschehens vermerkst, bist du davon losgelöst, also dissoziiert. Während des neutralen Faktmappens entschärfst du die Krisensituation.

Doch nun wieder ans praktische Werk. Laß uns mit dem »Personen-Map« weitermachen. Es kommt der Bereich, in dem du, gleich oder später, vermerken kannst, wie die Person sich bewegt: »GANG«, »GESTIK« oder »MIMIK«. Hier trägst du zum Schluß auch ein, wie die Person auf dich wirkt. Und ganz wichtig dabei: warte damit, bis du alle übrigen Daten vollständig hast!

Ein neuer Zweig, der den »GERUCH« dieses Menschen betrifft. Richtig. Zum Merken und Erinnern gehören alle Sinne! Gerade der Geruch ist wesentlich am Erinnerungsprozeß beteiligt. Wenn es zu einer körpernahen Begegnung kommt und du vernimmst einen unangenehmen Geruch deines Gegenübers oder einer Gruppe, dann wird deine Reaktion darauf von einer anderen Qualität geprägt sein, als wenn du ein schmeichelndes Parfum riechst. Sicherlich, zwischen objektivem Gestank und subjektiver Empfindung von schlechtem Geruch gibt es viele individuelle Filtererlebnisse, die zu jener Abneigung führen. Im Wort »Abneigung« schwingt es mit: man neigt sich zur Seite oder ab.

Und wie leicht produziert die Neurolinguistik Redensarten wie: »Ich kann diesen Menschen nicht riechen!«, und: »Der oder die stinkt mir!« Jemand kann noch so interessant aussehen oder gut gekleidet sein; sobald ein negatives Geruchssignal vernommen wird, ist ein weiteres, wertneutrales Eingehen auf die Person stark eingeschränkt, wenn nicht sogar ausgeschlossen. Man kann Sinnes-Vorurteile, die arg begrenzen und manipulierbar machen, entschärfen oder gar auflösen und ersetzen durch pro-aktive Reaktionen, wie das Mind Mapping.

Wenn dich'der Umgang mit Sinnesvorurteilen interessiert, dann werden wir das vielleicht später aufgreifen. Ich glaube, du wirst dir immer mehr bewußt, wie kostbar und umsichtig der Umgang mit Mitmenschen gestaltet ist und sein sollte. Letztendlich läuft ein behutsamer und wertneutraler Umgang mit Menschen auf das hinaus, was die englischen Kollegen und Kolleginnen unter: »Care for the Person« meinen.

Hast du viel Menschenkontakt in »führender« Position, dann wird es für dich interessant sein, von dieser Art von Vorbildfunktion zu hören. Dein Team wird es von dir mitlernen und automatisch ist euer Teamgeist ein anderer. Die Leistung wird steigen und die Neugier auf Neues wird ebenfalls wachsen. Und das nur, indem Sinne geöffnet sind!

Noch etwas zum Geruch: mit dem Geruch erhältst du den schnellsten Zugang zu den Archiven von BrainLand. Geruch ist ein starker Trigger aus der Altzeit der BrainLand-Entwicklung. Ob du dazu kommst, einen typischen »GE-

62

SCHMACK« der Person wahrzunehmen, das ist äußerst fraglich und weniger relevant im Augenblick. Sehe es der Gründlichkeit wegen vollständigkeitshalber zumindest vor. Nachdem du Merkmale der jeweiligen, ureigensten persönlichen »Hülle« aufgenommen hast, wirst du nun auf die typischen äußerlichen Eigenarten eingehen. Deshalb einen Hauptast für »TYPISCHES«. Hier kommen Details hin aus den Bereichen: FAMILIENSTAND, soweit erkennbar, OUTFIT, HOBBIES, SPORT, SPRACHE, DIALEKT, was auch zur geographischen HERKUNFT führt. TITEL, ob AKADEMISCH oder ARISTOKRATISCH, gehört ebenso dazu wie das Vorhandensein eines TICKS oder einer MAROTTE. Diese Einzelheiten lassen sich meist im Gespräch herausfinden und erfragen, bzw. leicht erkennen.

Für den Bereich der »Personal-Pflege« ist solch eine Sammlung sehr nützlich und übersichtlich. In Chefpositionen, für den Ärztestand oder Lehrerberuf, für Vertriebsstrategen und andere »Kontaktberufe« bietet es große Vorteile, die offensichtlich sind. Die Praxis wird sie mit Sicherheit zeigen. Früher oder später weißt du genug über die Hirnigkeit dieser Person. Du trägst bei »HIRNIGKEIT« ein, ob »LINKS«, »RECHTS« oder »GANZHIRNIG«, bzw. andere bemerkenswerte Kennzeichen. Nun zum Ort des Kennenlernens. Ein neuer Hauptast mit »KONTAKT«. Davon gehen Zweige ab mit: »WO«, »WANN«, »GELEGENHEIT«, »PRIVAT«, »BERUFLICH«, »FORTSETZUNG«. Diese Fülle an Beobachtungsprozessen geht blitzschnell vor

TYPISCHES

KONTAKT
beruflich
privat Gelegenheit Fortsetzung wann?
wo?
wann?
Wo?

Herkunft
Sprache
Land
akad. Titel
addis
Sportl. Hobbies
handw.
Fam. stand
Ticks

GESCHMACK

GERUCH
Parfum
natürlich
Intensität

BEWEGUNG
Mimik
Gestik
Gang

STIMME
Lautstärke
Tonfall
Dialekt

HIRNIGKEIT
ganz
L. re

KOPF
Haar -form
-farbe
Frisur
Gesicht
Augen -form
-farbe
Nase Form
Größe
Mund -form
Lippen -farbe
Kinn -form
Stirn -form
Ansatz
Haut -beschaffenheit
-farbe
Bart? -form
-farbe
Hals
Ohren -form
-größe

KÖRPER
-größe
-statur
-haltung

sich, wenn du sinnesoffen strukturiert und tolerant oder wertfrei wahrnimmst!

Ist das Schema bekannt und verinnerlicht, dann verlaufen die nachfolgenden Begegnungen mit Menschen in ungeahnter Tiefe. Zum Charisma einer jeden Person gehört es auch, im Umgang mit anderen Menschen hervorragend oder bemerkenswert zu sein. Das geschieht zum Beispiel durch Anerkennung der Besonderheiten und Spezialitäten von Individuen. In der Personalentwicklung sind durch gezieltes Wissen über Mitarbeiterinnen und Mitarbeiter so manche Fehlentscheidung zu vermeiden und einige »Wunder« zu bewirken. Nähmen sich Menschen in Leitpositionen doch Zeit, »ihre« Leute wahr-zunehmen! Und »wahr-nehmen« bedeutet hier anzunehmen, ohne Interpretation und Wertung. Die kann später immer noch kommen."

Ein Gedanke breitet sich gerade aus. Die Brainländer schicken mir soeben weiterführende Ideen zum Mind Map-Konzept der Personen-Wahrnehmung. Der Mensch steht dabei in der Mitte, im Zentrum all seiner typischen Ausprägungen. Die Details führen vom Kern nach außen, wobei die Mind Map-Linien wie Tentakel in die Sphäre der externen Welt tasten. Die Eigenarten sind Ansatzpunkte oder Ansatzstellen, um mit der Außenwelt Kontakt aufzunehmen oder um andere an sich »andocken« zu lassen. Andersherum: die Vorgaben, Ansatzstellen und Bedingungen des Umfeldes beeinflussen die Entwicklung und Charakterisierung des Kerns des Individuums.

64

Somit ist das Mind Map auch ein Spiegelmedium unseres systemischen Eingebundenseins und -werdens. Alle Beziehungen bedingen sich untereinander und verändern sich stetig. Da Divergenz als Verlaufsmuster dient, sind die Ziele und Verflechtungen in all ihrer Komplexität ungewiß und einmalig.

Ich muß hiermit meinen Nachmittagstraum des fraktalen, chaotischen BrainLand insofern erweitern, als daß ich mein Chaos-Land einfließen lasse in die gesamtchaotischen Konstellationen, die sich von Augenblick zu Augenblick neu bilden und verändern; wo neue BrainLands entstehen und alte aufhören zu existieren, zumindest in dieser Form der unstofflichen Stofflichkeit und Dimension. Mamselchen brütet schon seit zwölf Tagen. Ihr Partner, Anselm Rabenschwarz, flattert gelegentlich dazu und schielt in das Nest, ob denn der Nachwuchs sich schon melde. Doch zurück zum Thema: der Mensch als Kern im Zentrum.

Alle Informationen führen zum Kern. Sie sind in ihm vereint und gebündelt. Die Linien stülpen sich dabei mit ihren Datenangaben nach außen. Der umgekehrte Vorgang hingegen führt dazu, daß z.B. ein Name schlagartig erinnert wird, wenn nach dem »Muster-Map« all die Informationen eingetragen werden, die außer dem Namen bekannt sind. Systematisch kreist man so um den Namen herum, bis die Links-Hirnies genügend Details erhalten, um ihrerseits den entsprechenden Namen freizugeben. Das sieht dann so aus,

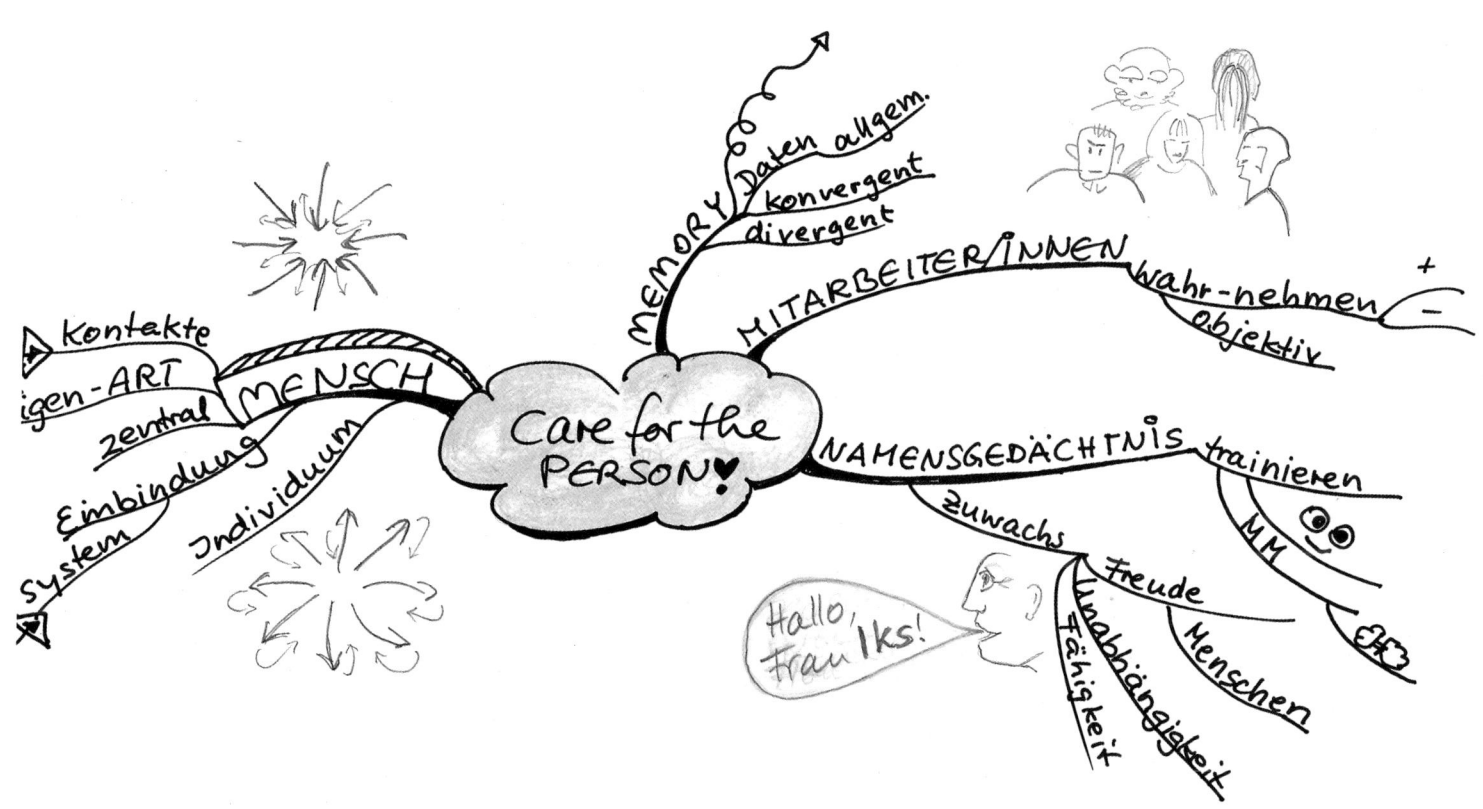

Care for the PERSON♥

MENSCH

- Kontakte
- eigen-ART
- zentral
- Einbindung
- System
- Individuum

MEMORY
- Daten allgem.
- konvergent
- divergent

MITARBEITER/INNEN
- wahr-nehmen   +
- objektiv   −

NAMENSGEDÄCHTNIS
- trainieren
- Zuwachs
- Freude
- Menschen
- Unabhängigkeit
- Fähigkeit
- MM

Hallo, Frau Iks!

daß Herr Müller oder Frau Schneider zuerst nur als isolierter oder vager Teileindruck erscheinen. Die linkshirnigen Entsprechungen, der präzise, digitale Anteil, fehlt anfangs noch. Doch indem die linken Brainländer mit zunehmenden Details verführerisch verwöhnt werden, entspannen sich diese zunehmend und »spucken« den Namen aus. Dieser Trick gewährleistet, daß früher nicht erinnerte Namen zuverlässig »auftauchen«. Herkömmliche Suchversuche enden meistens mit null Erfolg, wobei man sich recht schwach an Randdaten erinnert. Also warum sich nicht an diesen Randdaten bewußt und gezielt längshangeln? Dank Mind Map-Logik kein Problem mehr! Und plötzlich ist der Name da. Wie selten wird es frustrierte und blockierte Links-Hirnies geben! Das Wissen um solche Kenntnisse schenkt zusätzliche Fähigkeiten, die Grade an Freiheit im Umgang mit Mitmenschen auszubauen.

Es ist unbestreitbar ein Maß an Autarkie, wenn man ein vorzügliches Datengedächtnis hat. Ob es nun Daten betrifft über Menschen, Abläufe, Dinge oder anderes. Es bedeutet Unabhängigkeit von Memory-Medien, von Nachfragen oder von heimlichen Erkundigungen. Letztendlich wird ein wesentlicher Teil des Tages mit Suchprozessen vertan, wobei später die Zeit für wesentliche, pro-aktive Handlungen fehlt.

„Übrigens: du wirst entdecken, daß du durch deine geschärfte und erweiterte Wahrnehmung besser in der Lage bist, Dinge zu finden, die du suchst, oder zu erinnern, wo sie sich befinden. Apropos Erinnerung: denkst du daran, wir sind immer noch im Ego Centre. Hier, wo du über dich eine Menge erfahren hast, über die Arbeit der Brainländer und über den Umgang mit anderen. Was das mit dem »Ego« zu tun hat? Sinniere mal darüber ..."

66

Big Map

„Laß uns beide heute eine etwas leichtere Gangart einlegen. Du hast deine Arbeit bis jetzt sehr gründlich und vorbildlich geleistet. Ich zeige dir jetzt einmal ein »Übersichts-Map« - »Big Map« -, aus dem hervorgeht, wann und wobei du Mind Mapping einsetzen kannst. Ich habe, während du vorhin gemappt hast, diese Zusammenstellung vorgenommen. Es ist der Stand meiner augenblicklichen Einfälle. Wir wissen beide, daß es unbegrenzte Anwendungsbereiche gibt und geben wird. Freu dich, wenn dir beim Zuschauen Ergänzungen einfallen. Die trägst du dann bitte nach. Du kannst entweder in dieses Map mit einer Kontrastfarbe einsteigen oder du schreib-zeichnest dir ein eigenes, neues Big Map in dein persönliches L-Buch. So, los geht es:

Prinzipiell kannst du beim Mind Mapping von zwei Ausgangspositionen ausgehen. Die eine ist die, daß du vorhandenes Kreativgut komprimierst, in dein intrapersonelles Ausdruckssystem überträgst - du übersetzt für deine Brainländer -, und die andere besteht im eigenen Entwickeln von Kreativgut. Manchmal wird es die aktive und passive Seite des Mind Mappings genannt. Vielleicht finden wir noch andere Beschreibungen dafür, denn aktiv ist dein Vorgehen in beiden Fällen. Innerhalb der Mind Mapping-Darstellungsweise gibt es einige Nuancen. Es sind leichte Unterschiede vom britischen Stil zum kontinentalen zu erkennen. Die britische, von Tony Buzan entwickelte Mind Mapping-Darstellung, weicht etwas von der - nennen wir sie einmal - deutschsprachigen Denke

ab. Es gibt u.a. bei ihm die Empfehlung, daß durchgehend alle Eintragungen in großen Blockbuchstaben gemacht werden müssen, bzw. sollen. Die angelsächsische Sprache hat den Vorzug, von großer, kurzbündiger Prägnanz zu sein. So benötigen wir zum Beispiel in einem deutschsprachigen Print-Text vergleichsweise ca. ein Drittel mehr an sprachlichem Beiwerk. Es wird also mengenmäßig mehr und dabei verfallen wir eher in die schnelle Schreibschrift. Die englische Sprache ist von der Sinnigkeit her eine auditive. Aussprache und Rechtschreibung differieren oftmals erheblich. Engländer benötigen zum Erkennen und Dechiffrieren von geschriebenen Wörtern ein klares optisches Bild. Wohl aus diesem Grund bevorzugen sie die Schriftdarstellung durch große Blockbuchstaben. Die deutsche Sprache tendiert vom Typ her eher zum Visuellen. Unser Auge ist gewohnt und trainiert, diverse Schriftausprägungen blitzschnell zu erfassen.

Ist dir schon einmal aufgefallen, daß die meisten Nationen typische Schriftstile haben? Man kann sehr leicht das britische, amerikanische oder französische Schriftdesign erkennen, abgesehen von der inhaltlichen Bedeutung der Worte. In den deutschsprachigen Ländern sind millionenfach variierende Schriftstile üblich und sie stellen kein Problem dar für unser optisches Erkennen. Wir schreiben sehr selten ausschließlich nur in großen Blockbuchstaben. Insofern ist es eine Quälerei, darauf strikt zu bestehen. Eine Ausnahme ergibt sich dagegen durch den Hinweis, daß

67

immer - und hier unter augendekorativen Gründen - die Wörter auf den ersten Hauptzweigen großblockig geschrieben werden. Und zwar aus einem einleuchtenden Grund: die erste Linie, die vom Kern abgeht, hat den Rang einer Überschrift. Großblockigkeit hebt in diesem Fall graphisch hervor und hat somit eine bedeutungstragende Bewandtnis. Dies regt die Links- und die Rechts-Hirnies zu gedankenhierarchischem Denken an. Nun, wenn du ohne größeren Eigenzwang großblockig schreiben magst, dann ist es gut. Führt es eher zu Überdruß, dann ist die saubere Druckschrift dein Stilmittel. Die Schrift soll so deutlich geschrieben sein, daß du das Map auch lesen kannst, wenn es einmal schräg oder »auf dem Kopf« liegt.

Eine weitere kontinentale Besonderheit: es gibt Sprachen, in denen ein Begriff aus zwei oder mehreren Wörtern zusammengesetzt ist. Die feine britische Art, nur ein Wort pro Linie zu erlauben, ist dort nicht einzuhalten. Rein optisch sieht das Map dann wie ein untaugliches Satz-Map aus.

Die Einigung, nur ein Wort oder einen Begriff pro Linie zu gestatten, ist ansonsten von hohem denk-disziplinären Wert und führt dazu, daß präzise gedacht wird. Untrennbare Zitate, Sprichwörter oder Namen stellen die Ausnahme dar. Gemeinsam ist allen nationalen »Regeln«, daß Gedankenwolken, die aus vielen Sätzen, Wörtern oder Leseminuten bestehen, reduziert werden auf ein bündelndes Schlüsselwort. Das führt u.a. zur Klärung oder Transparenz

der eigenen Gedankenorganisation. Laß mich das näher erklären: wenn du einen Satz oder ein Satzfragment auf eine Linie schreibst, dann definierst du automatisch damit einen Endzustand des Gedankenprozesses. Varianten, Fortsetzungen oder Alternativen können aus so einem Satz nicht mehr generiert werden. Der Satz ist zu einem Produkt geworden und enthält keinerlei Dynamik für einen späteren Gedankenfluß.

Ein Beispiel dazu ist der Satz: »IMMER FAHREN WIR IM URLAUB NACH FRANKREICH«. Das ist eine definitive End-Message. Die neurolinguistische Interpretation beinhaltet sogar noch viel mehr. Nämlich, daß es unwiderruflich »nur« Frankreich sein kann, immer, lebenslang, nur im Urlaub und nur in der Formation eines »wir«. Spürst du die einengende Richtung, geleitet durch den Ausschluß von Andersartigkeit? Aus der Fülle von unendlich vorhandenen Wahlmöglichkeiten wird hier gedanklicher, konvergent gesteuerter Reduktionismus betrieben. Rein optisch ist es ein »Satzwurm«. Mindmappig hingegen ergibt sich optisch und inhaltlich eine Fächerung oder variety. Wie sagt man: »...ein weitgefächertes Angebot!«

Transformiert in die Mind Map-Denkstruktur bilden sich viele neue Gabelungen oder Entscheidungs-Weichen, bzw. es werden Alternativen und Neuanlässe gefunden. Hier erkennst du auch, was den Unterschied eines Chaos-Territoriums zu dem eines Ordnungs-Territoriums ausmacht. Ein Ordnungs-BrainLand ist »zu-planiert« durch vorgegebene

68

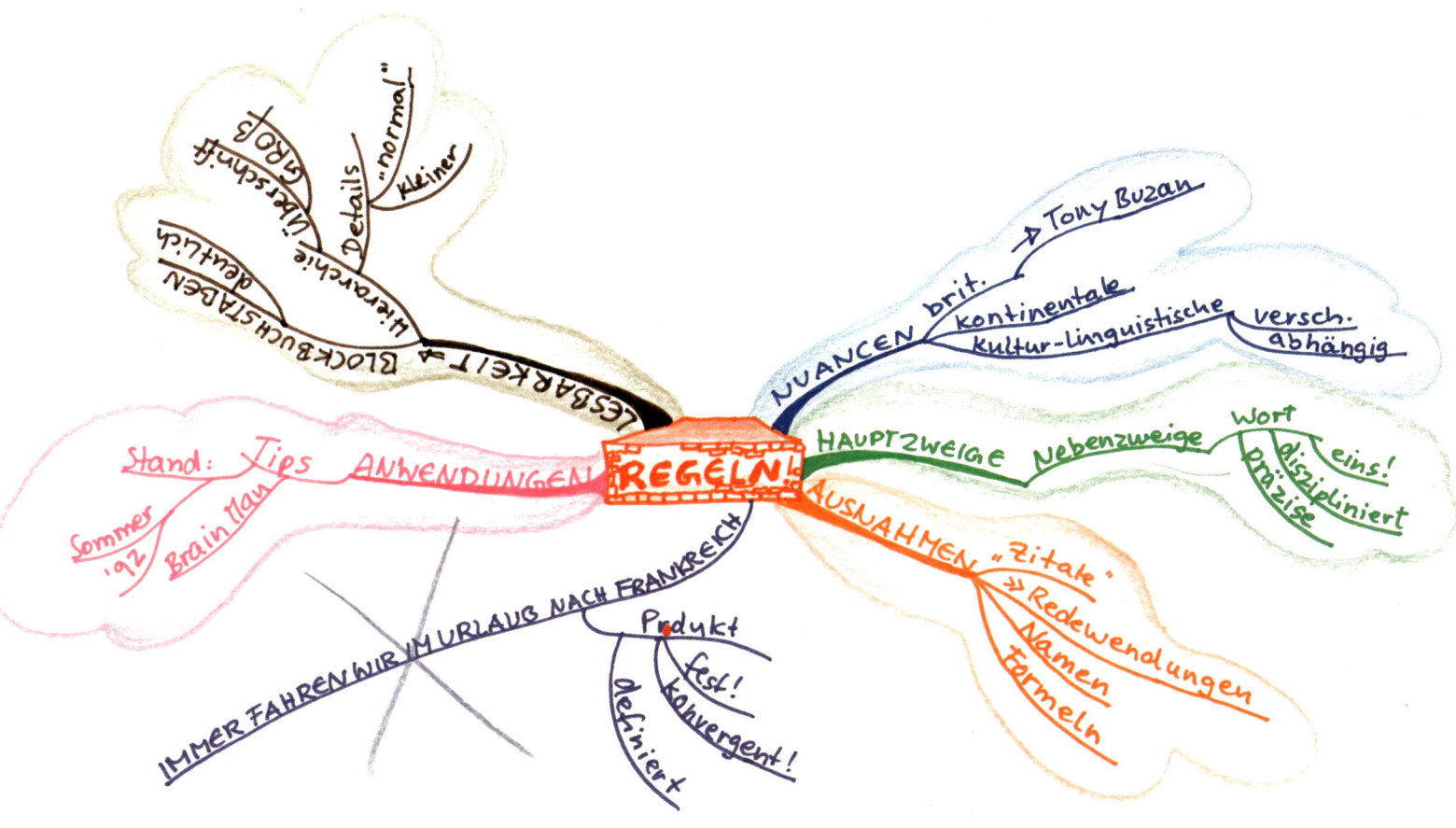

REGELN!

NUANCEN
brit. → Tony Buzan
kontinentale
kultur-linguistische
versch.
abhängig

HAUPTZWEIGE Nebenzweige Wort
eins!
diszipliniert
präzise

AUSNAHMEN „Zitate"
→ Redewendungen
Namen
Formeln

LESBARKEIT + BLOCKBUCHSTABEN deutlich
Hierarchie Übersicht
Details „normal"
kleiner GROß

ANWENDUNGEN Tips
Stand:
Sommer
'92 BrainMap

IMMER FAHREN WIR IM URLAUB NACH FRANKREICH

Produkt
fest!
konvergent!
definiert

und eindeutige Zielaussagen, quasi Zielprodukte. Wiederholung ist ein Hauptkennzeichen, erprobtes und bewährtes Vorgehen ebenfalls.

Solch eine Haltung verliert heutzutage insgesamt immer mehr - in Wirtschaft und Gesellschaft - an Bedeutung und Attraktivität. Die Position einer Dauer-Re-Aktion ist im Ordnungs-Land maßgeblich als Verhaltensveranlasser zu erkennen. Doch ein Paradigmenwechsel, bzw. eine Ablösung dessen, deutet sich an in der Notwendigkeit, Fähigkeiten zu erlernen, die mit Zielen, Möglichkeiten, Prozessen oder mit gefundenen aber nicht gesuchten, unvorhersehbaren Qualitäten umgehen können.

Mind Mapping ist dabei ein wichtiges Prozeßmittel, jene Steueroffenheit zu trainieren. Die »Augenblicks-Kybernetik« ist im Kommen und das Mind Map ist ein Darstellungsausdruck dessen. Ob mental oder real; auf jeden Fall agieren die Brainländer durch Mind Mapping divergent und verlaufsorientierter als mit den Produktvorgaben der alten, überholten, linearen und sukzessiv vorgehenden Denk- und Arbeitsstrukturen, die dem Prinzip einer Kausalität unterliegen. Welch eine Zeit liegt unmittelbar vor uns! Aber zurück zur vormaligen Urlaubsaussage. Ich mappe sie dir folgendermaßen:

Eine »offene« Aussage ist jetzt abgebildet. Beim Mappen wird für dich erkennbar, daß die betreffenden Personen sich in einem recht nachlässigen Gewohnheits-Loop befinden.

70

Das Mind Map bringt es an den Tag, wie rudimentär die Reiseentscheidung ist. Die im Mind Map hingegen entwickelten und darstellbaren Parallelalternativen weisen über den Tellerrand eines Frankreich-Urlaubsrituals hinaus. Wenn Gruppen von Reisenden ihre Urlaubsplanung in Form eines Gruppen-Mind Maps entwickeln, dann zeigen sich praktisch neue Ziele oder Wertigkeiten. In diesem konkreten Fall hier kommen u.a. folgende Aspekte zutage: wenn es ein Kult ist, Frankreich der Sprache wegen zu bereisen, dann wird man spätestens jetzt realisieren, daß woanders auch noch französisch gesprochen wird. Ist es die Landschaft, dann lassen sich ebenfalls alternative Landstriche woanders finden. Das kann die Mittelmeerregion sein, doch auch die Benelux-Länder und die Schweiz kämen partiell in Frage. Sollte es die »Cuisine« sein, die die Gruppe anregt, dann weiß man, daß man im übrigen Ausland oftmals genauso, wenn nicht noch exquisiter französisch essen kann. Von Kanada, über Mittelamerika hin bis Afrika gibt es französische Kochkultur.

Finden alle aus der Gruppe die französische Bevölkerung als reizend, dann wird man zugeben müssen, daß zu der Zeit die französische Bevölkerung ebenfalls dem hochsommerlichen Völkerwandertrieb nachgibt und fast überall woanders anzutreffen ist als in Paris oder beispielsweise an der Südküste. Nun, was ist es, das diese Gruppe dazu führt, stets, immer im Urlaub nach Frankreich zu fahren? Hat es eine »gruppenintime« Ankerfunktion? Oder ist es ein Ferien-

nein
ja
njein
F
Entscheidung — Ergebnis — ja?
nein?
Alternativen
Personen — Vorgehen

wo?
Asien
Karibik Übersee
Kanada
Afrika
Europa — Sprache
Typisches? KULTUR
FRANKREICH — Gegend — Mitte
N
O
S
W
Inseln — Kolonien
Mittelmeer
Kanal
S
O
W

Urlaub Sommer BEVÖLKERUNG
selbst
ZEIT
Urlaub
Sommer — Juni
Juli
August

Brit. Inseln Keltisch
karstig
hügelig
Mittelmeer Benelux gebirgig
Staaten
CH
ähnlich
LANDSCHAFT
ÜBRIGES
HÄUFIGKEIT
immer — Urlaub
(kausal)

CUISINE
Kochbuch Selbst
Restaurant
i. weltweit
emotional ~ Nostalgie
finanziell Besitz
villa

71

hausbesitz? Aus der Analyse geht weiter hervor, daß die Gruppe zur Gattung der Dauertypen gehört. Die Wiederholung ist ein deutbares Signal-Zeichen dessen. Und es wird ausgesprochen offensichtlich, daß Frankreich nur als Urlaubsland in Frage kommt. Und dann nur während des Sommers!

»Was wäre, wenn...?« Während eine definitive Behauptung so zerlegt wird, werden alle Teile von BrainLand hinreichend gefordert, ihre gesamten kreativen, erlebnisbehafteten und logisch-linearen Kompetenzen zur Verfügung zu stellen. Und wenn viele BrainLands auf diese Weise zusammengelegt werden, dann ist die Chance für Entscheidungsvielfalt unter Berücksichtigung einer großen Diversität sehr groß. In dem Ausgangssatz stecken, wie du erlebt hast, Annahmen in Hülle und Fülle, die es Wert sind, hinterfragt zu werden. Die Antworten können mit einer Extra-Farbe in das «Urlaubs-Map» eingetragen werden. Automatisch ist damit ein Protokoll dieser »Sitzung« entstanden!

Anhand des »Urlaubs-Maps« können später Aufgaben, Recherchen oder Vorbereitungen delegiert werden. Jedes Gruppenmitglied erhält, vielleicht auch farblich hervorgehoben, einen Bereich zum Erledigen. Es ist sogar wünschenswert, daß parallel dazu ein »Check-Map« gemeinsam entwickelt wird. Was ist im Falle des Urlaubs alles zu berücksichtigen? Für die Abwesenheit, für die zurückgelassenen Lebewesen, die Haushaltsorganisation, gesundheitliche

Vorkehrungen etc. Und, was dabei als besonders angenehm auffällt: in ein Mind Map können bei neuen Einfällen immer wieder, mit einem kleinen versteckten Datumsvermerk, neue Anmerkungen eingetragen werden. Zeilenweise angeordnete, schematisierte Listen, wie sie allsommerlich von Reiseagenturen verteilt werden, bieten wenig Übersichtlichkeit und sind nicht individuell angepaßt. Wie auch!

Wenn Dinge erledigt oder von keiner Relevanz mehr sind, dann wird z.B. mit einem Leuchtmarker die Map-Eintragung überstrichen. Und: alle haben auf einen Blick ihr Projekt stets im Blick! Das ist Autonomieerweiterung, bzw. ein Angebot für alle.

Sollte die Gruppe am Ende der Klärungsphase erneut zu dem Entschluß kommen, daß es in diesem Sommer wieder Frankreich werden wird, dann hatten alle Beteiligten auf jeden Fall eine gute Erörterungs- und Diskussionsrunde, in der sie die Mind Map-Diskussionstechnik und das Check-Mappen erlernten. Es wird zusätzlich mit Sicherheit an einigen Stellen herausgekommen sein, daß es neu entdeckte Prioritäten oder Erwartungen innerhalb der Gruppe gibt. Die wiederkehrende Frage nach dem »Was wäre, wenn...?« hilft, Standpunkte zu erweitern, aber auch durch gute Begründungen und Erkenntnisse diese logisch-rational zu festigen. Insofern war dies ein gruppenproaktiver Prozeß! Und es hat eine harmonisch-effektive Standortbestimmung stattgefunden! Sie war von »Qualität«!

72

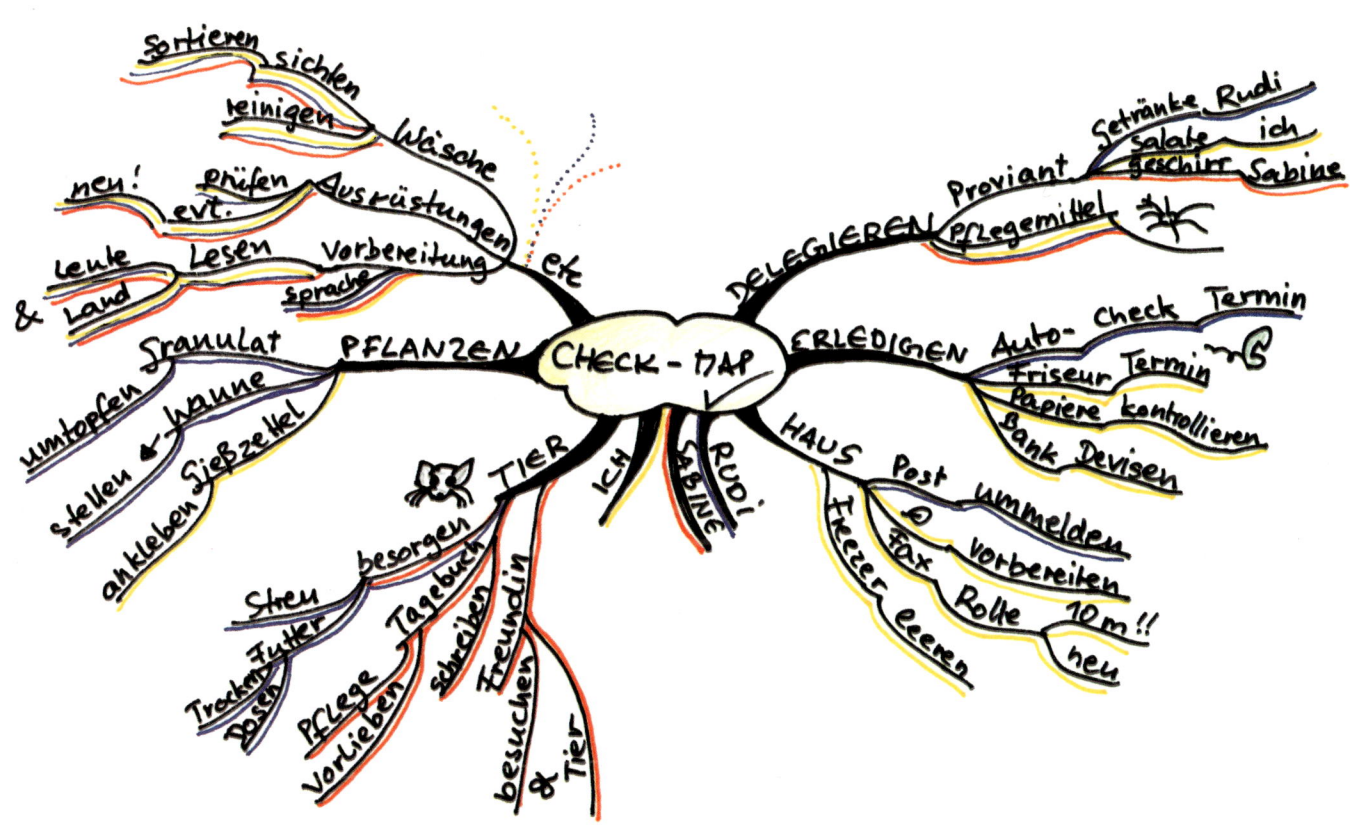

73

Du selbst hast soeben - ganz nebenbei - das Muster erlebt, wie du so etwas beruflich oder privat nutzen kannst. Nimm dir bitte dein L-Buch vor und entwickle eine Projektplanung für deinen nächsten Urlaub. Wenn du Spaß daran hast, dann tue es zuerst alleine zur Vorklärung: du schaffst dir damit ein »Mini-Map«. Geh dann »nach draußen« und setze dich mit Beteiligten zusammen. Stimmt euch, wenn es ein gemeinsamer Beginn ist, mit einer kleinen mentalen Zielfindungsübung ein. Es sind Impulse wie: »Was wollen wir in dieser Projektplanung erreichen?«, »Wieweit sind wir jetzt?«, »Welche Aspekte und Vorgaben sind zu berücksichtigen?«, »Wie können wir das erreichen?«, »Was sind wir bereit, dafür einzusetzen an Energie, Zeit oder Finanzmitteln?«, »Wann soll das Projekt stehen?« und »Woran merken wir, daß das Ergebnis für alle ein Win-Win ergibt?«. Die Antworten und Ideen werden sogleich in das Personal-Mind Map eingetragen. Damit ihr »richtig in Fahrt« kommt, schlage doch vor, daß alle sich ihre Vorstellung von der Verwirklichung mental attraktiv und lebendig ausmalen und vor-erleben. Du weißt, daß das wie die berühmte Motivations-Möhre vor dem Pferd wirkt.

Ihr werdet dann im nächsten Prozeßschritt eure Maps auslegen und sie neugierig prüfend anschauen, studieren und, was sehr wichtig ist, anerkennen. Keiner von euch wird über die Eintragungen anderer Maps Bemerkungen vornehmen. In dieser Phase geschieht alles kommentarlos! Ihr erfahrt auf diese Weise gegenseitig eure Wünsche und

Erwartungen zu dem betreffenden Topic. In diesem Fall ist es z.B. der Urlaub. Es kann genauso eine Betriebsfeier sein, eine neue Kaffeeküche oder eine neue Marketing-Strategie. Das Ablaufschema ist immer gleichbleibend! Das ist ja der spektakuläre Vorteil des Mind Mappings. Es liegt vermutlich daran, weil das Konzept so »organisch« eingehend ist, so natürlich logisch. Es können somit alle Projekte der Welt sein, die mit diesem Konsens-Modell entwickelt werden.

Merkst du den Vorteil dieses Vorgehens? Jedes Projektgruppen-Mitglied hat ein gleichgewichtiges Kreativrecht. Es gibt Grade von »günstig« und »weniger günstig«, von »praktikabel« oder »nicht umsetzbar«. Während alle Personen per Mind Map in die Ideenfindungs-Phase einsteigen, werden sie von ihren Brainländern optimal mit Vorschlägen versorgt. Allein der Zugang mit Mind Mapping gewährleistet, daß keine Gedankenblockaden entstehen. Es geht gar nicht! Und eine weitere Beeinflussung des Gedankenstromes: wenn ihr auf das Blatt vor euch schaut, darauf herumzeichnet oder schreibt, dann befindet sich eure Blickrichtung in einer ausgezeichneten Ausgangsposition, um einen optimalen inneren Monolog zu erzeugen. Werden die Blicke in diese Richtung gelenkt, dann ist für die entsprechenden Planungsstrategen in deinem BrainLand die Möglichkeit gegeben, in sprachliche Kommunikation zu dir zu treten. Es werden dir komplette und komplexe Aussagen oder Fragen geliefert, auf die du im inneren Monolog, bzw. Dialog eingehst. Und wenn du

74

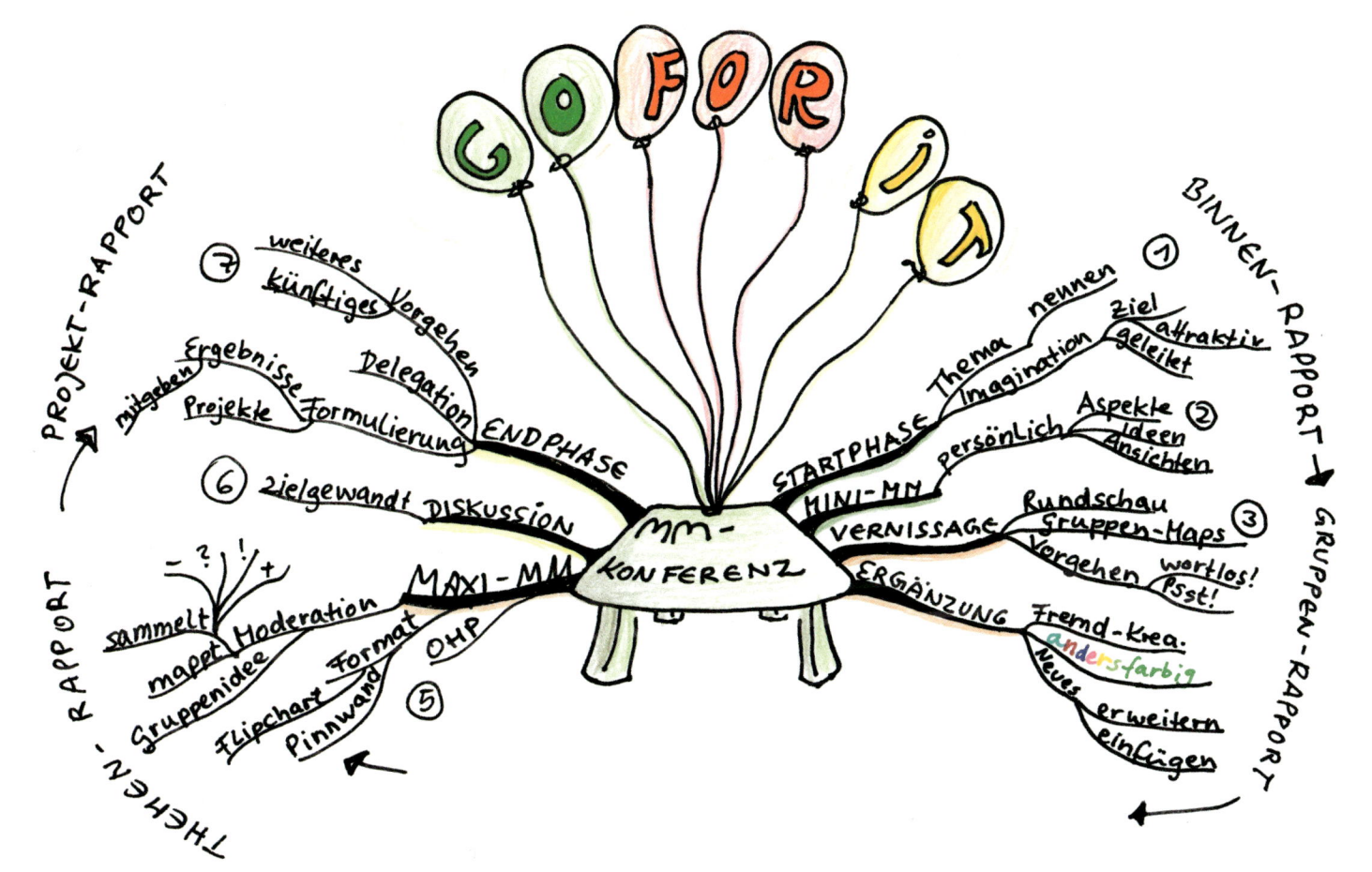

dieses Blatt so legst, daß es mehr auf der linken Seite deines Blickfeldes liegt, dann stellst du deinen Brainländern weitere Gesprächsanstöße allein durch deine bewußte Augenbewegungs-Bewegung zur Verfügung. Probiere es für diese Art von Aufgaben aus. Lege das Blatt dann leicht links von dir. Das soll aber nur sein, wenn du alleine mappst. Später, in der Maxi-Map-Erstellung, ist ein anderer Zugang besser. Ihr befestigt dann das Blatt hoch, so, daß die Blickrichtung aufwärts geht. Es gibt darüber ausführliche Literatur in der Bibliothek. Ich will nur diesen Aspekt herausnehmen, weil er hier sehr gut eine Einbettung findet.

Nachdem also alle sämtliche Maps zur Kenntnis genommen haben, auf die unterschiedlichen graphischen Darstellungen geachtet haben, werden automatisch die eigenen Brainländer erneut angeregt worden sein, modifizierte oder neue Anregungen zu schicken. Es ist gut möglich, daß eine Nachbarin phantastische Ideen hatte. Diese werden dann sofort in das eigene Map nachgetragen. Um zu signalisieren, daß es sich um Fremd-Kreativität handelt, ist eine andere Farbe wirkungsvoll.

Der Vorteil zu anderen Zugangsmethoden, die es sonst noch auf dem Brain-Markt gibt, ist der, daß hier - mit Mind Mapping - unbedingt die Divergenz der Gedankenentwicklung angeregt ist. Eine Divergenz auch im Gruppenprozeß! Dadurch, daß alle Angaben gleichwertig behandelt werden, entstehen keinerlei Bevorzugungen von Gruppenmitglie-

76

dern, die ihrerseits lediglich durch Lautstärke, ihre »Position im Rudel« auffallen oder durch ihr extravertiertes Basisverhalten. Hier wird auch nicht aus der Masse der genannten Vorschläge eine Lösung auf »komprimierungsdemokratischem« Wege erschwindelt, sondern es findet divergente Parallel-Demokratie statt. Wie? Schau, im vorherigen Fall ist eine Menge an Nennungen vorhanden, die wird sichtbar präsentiert. Dann setzt der Vorgang des Ausdünnens ein. Per Stimmenzuschlag wird letztendlich ein Ergebnis zusammengestrichen. Und das ist selten eins, mit dem alle zufrieden und glücklich sind, noch weist es kreative Besonderheiten auf. Kann es nicht, denn Kreativität hat die Tendenz nach außen zu streben, Nebengleise zu fahren oder total Unübliches zu entwickeln. Im Maxi-Mind Map, das gemeinsam in der Gruppe zusammengestellt wird, ist allein graphisch die Nachaußen-Richtung erkennbar. Es ist Platz für alle Beiträge, die um den Kern arrangiert werden. Und: belief me or not, in allen Erörterungsrunden werden alle Teilnehmerinnen und Teilnehmer hochzufrieden in extrem kurzer Zeit verblüffende realisierfähige Ergebnisse erdenken. Und nun kommst du!"

Danke, doch ich bin gespannt und sprachlos. Weiter, bitte!

"Ein Gruppenmitglied wird also den Konsensfindungsprozeß organisieren und per Maxi-Mind Map koordinieren. Am besten nehmt ihr dazu einen größeren Bogen Papier.

Wenn du die Koordination übernimmst, dann wirst du auf Zuruf die einzelnen Daten themenbezogen in dem Maxi-Mind Map anlegen. Für Kritik siehst du einen Extrazweig vor. Für Unklarheiten ebenfalls. Die Gruppe wird gemeinsam, nachdem sie wunderbar eingestimmt ist auf das Thema und es dank der großen Interpretationsbreite verinnerlicht wurde, in einem guten Rapport zum Thema und zu sich sein. Rapport bedeutet hier eine günstige Einschwingung, die sogar die BrainLands aller beeinflußt hat. Meßbar unterliegt ihr alle sozusagen einer Wellenlänge, die der Kreativität äußerst förderlich ist!

Immer mehr wird sich für euch per Mind Map das Projekt verdichten. Ein auf den ersten Blick absurder Prozeß findet währenddessen in euch, für euch und mit euch statt: anfangs strebtet ihr in euren Gedanken nach außen und ihr ließet das Ausgangsthema sich ausbreiten in einer großen Vielfalt von Komponenten. Dann kam die Sondierungsphase, in der auch keine weiteren, neuen Ideen notwendig waren. Die nachfolgende Sammlung und Zusammenstellung bedeutete die Fixation auf ein Paradigma. Um den fraktalen und dynamischen Prozeß folgelogisch zu utilisieren, bewegtet ihr euch von den Randdaten zurück, hinein in eine Komprimierung. Ihr habt damit die BrainLand-Strukturen abgebildet. Wenn du an deinen Tagtraum vom »Brain als fraktalen Prozeß« denkst, dann findest du dort auch jene Bewegungen und Beziehungskomplexe. Welch ein Reigen oder Rondo voll-

zieht sich in diesem Kosmos, der da Gehirn heißt oder BrainLand!

Als sinnvoll erweist es sich, das Endergebnis noch einmal in einem »Ergebnis-Map« abzubilden. Entweder erhalten die Projektgruppenmitglieder eine Kopie davon oder ein Foto. Aufgabendelegationen werden vor dem Auseinandergehen besprochen und vergeben. Wenn ein erneutes Treffen notwendig und erwünscht ist, dann habt ihr zu Beginn das »Resultats-Map« als Einstieg. Entweder hast du es auf Overheadfolie gebracht und du kommentierst das letzte Treffen, oder das Blatt hängt irgendwo gut positioniert, auf daß alle das Map mit den Augen abwandern können.

Das visuelle Abwandern eines Maps entspricht der BrainLand-Neurologie. Das Auge reizt beim Abfahren der weichen und runden Linien, auf denen die Schlüsselworte plaziert sind, zu brainoptimalen Vorgängen.

Das visuelle Abtasten von »Zeilenteppichzeilen«, fordert die Augapfelmuskeln über Gebühr! Sie sind die stärksten Muskeln in deinem Körper und sind ständig den ruckartigen Blicksprüngen ausgesetzt. Wenn du hingegen deinen Augen oft das Abblicken von natürlichen Linien und Umrissen anbietest, dann wirst du die Muskeln erheblich entlasten und Verkrampfungen vorbeugen, die sich in Sehschwächen und Kopfschmerzen äußern können. Da es in der Natur keine Geraden und Kanten gibt, ist die Augenanatomie auch nicht dafür eingerichtet. Es geht zwar, aber bitte nicht den ganzen Tag, Woche für Woche, Monat für Monat, Jahr für Jahr und das ganze Leben lang. Wußtest du das? Nein? dann wird es Zeit, dein Sehverhalten umzulenken.

In diesen Zusammenhang paßt der Hinweis, daß deine Mind Map-Linien ebenfalls von einer weichen Linienführung sein werden. Ein lineal-lineares Zeichnen triggert kaum das gesamte (!) BrainLand an. Allenfalls die Links-Hirnies werden etwas angestubst, wobei sie müde lächelnd und recht verkniffen die Frage stellen müssen, wozu du dann den »Krampf« mit der Mind Map-Technik anbietest. Ein Listen- und Zeilenvorgehen wäre ehrlicher und sie würden sich nicht veralbert vorkommen. Das ist jedenfalls die Botschaft, die uns Brain Men zugetragen wird, als eure Vermittler zwischen BrainLand und euch, den BrainLand-Eignern.

Und wieder zurück zum Anfang, zu den Besonderheiten des Mind Maps. In der britischen Version wird empfohlen, die einzelnen Bereiche mit Extrafarben zu schreib-zeichnen. Dieser Rat ist sehr gut, er verhilft zur raschen Überschaubarkeit des ganzen Maps. Leider hat man nicht immer ein Sortiment an farbigen Finelinern dabei. Deshalb ist es auch in Ordnung, wenn man in den Situationen, in denen es um schnelle »notes« geht, ein Mind Map quasi »dahinfetzt« und es eventuell später in Ruhe nacherstellt. Eine Zwischenlösung stellt das Einkreisen der Bereiche dar. Ich will dir an dieser Stelle den Tip geben, lieber ein flüchtig-graphisches Mind Map zu erstellen, als sich

78

dem Druck auszusetzen, immer ein künstlerisch wertvolles »Color-Map« anzufangen. Erfahrungsgemäß unterbleibt dann das Mappen und statt dessen werden wieder Zeilenteppiche oder andere linear-additive Denk- und Arbeitstechniken angewandt. Durch den häufigen Einsatz von Mind Mapping wird ohnehin eine Verlagerung der intrapersonellen Denkvorgänge in den Mentalbereich stattfinden. Du wirst im Laufe deiner Praxis zunehmend mentale Maps »abdenken« oder abwandern. So, wie du eine Landschaft abwanderst!

Apropos abwandern. Solltest du gerne spazierengehen, dann denke einmal spaßeshalber »land-mappig« in einem Park. Such dir einen zentralen Platz in der Mitte aus, an dem du ein Thema, Problem, oder was auch immer, komprimierst, und für das du anschließend ein Kernwort definierst. Du befindest dich plötzlich inmitten deines Mind Map-Kerns! Wege über das Gras oder entlang den Bächen werden deine Routen sein, während derer du denkst und sinnierst. Du manifestierst dein Denken an den jeweiligen Orten und schaffst dir ein überdimensionales, semi-mentales »Land-Map«. Du kannst dir einige Stellen besonders markieren - Landmarks - oder merken und zu anderer Zeit wieder abwandern. Du wirst dich dann ziemlich genau an diese Gedanken erinnern. Ein sehr guter Ort zum Stehenbleiben ist die Stelle, an der ein Denk-mal(!) steht.

Der Aspekt der Raum-Zeit spielt beim Land-Mappen eine bedeutende Rolle. Dadurch, daß dieses Map dreidimen-

räumlich 3-D

zeitlich

mental

DOKUMENTATION

LANDMAP

WANDERN/Wege

Bächen

Landmarks

Aussichtsstellen

Denk-Mal!

Bäume

sional entwickelt und erlebt ist, bekommt der Faktor Zeit ebenfalls eine dreidimensionale Bedeutung. Die Wirkung der linearen, objektiven Zeitabfolge ist sogar erweitert durch die Hinzunahme deines subjektiven Empfindens deiner BrainLand-Zeit. Indem du dich mental in Visionen und Realitäten vor- und zurückprojizierst, laufen in dir und um dich verschiedene Zeitebenen ab. Und alle sind für dich parallel existent!

Du verbindest auf angenehme Weise frische Luft mit gezieltem Denken. Und wenn du jemanden dabei mitnimmst und ihn oder sie, wie nebenbei, spazierenführst, dann wirst du von dem Effekt deiner raumgreifenden Strategie begeistert sein. Geh dabei langsamen Schrittes, wandel genüßlich; es unterstützt deinen Kontakt zu den Brainländern, die durch deine langsamen Schrittbewegungen in einen günstigen Takt eingeschwungen werden. Es ist, als würde für ihre Arbeit eine stimulierende Musik gespielt, die zur Arbeit animiert. Auch deine Partnerin oder dein Partner wird im gleichen Tempo mitwandeln. Auch ihr oder sein BrainLand-Orchester wird in gleicher Schwingung gehalten. Für euch beide bedeutet es, daß ihr »auf einer Wellenlänge« seid.

Die Qualität des Gesprächs ist geprägt von jener Grundstimmung! Es ist phantastisch: wann immer gemindmappt wird, ob alleine oder gemeinsam zeitlich: in allen Gehirnen bilden sich denkförderliche Rhythmen. Das schafft ansonsten nur eine Gruppentrance. Vielleicht trifft es auf das Mind

80

Mapping auch zu, daß jeder Mapper und jede Mapperin sich dabei in das Thema »eintranct«. Sehr gut, denn in dem Zustand werden hochwirksame körpereigene Stoffe produziert, die Geist und Körper in den optimalen Denkzustand bringen. Eine Ausschüttung dieser Substanzen ist auf dem natürlichen Wege leicht zu forcieren: mit Entspannungen, mentalen Zielstrategieübungen, günstiger Musikbegleitung und entsprechender Streßfreiheit. Aber: wir machen beim »Land-Map« weiter...

Später, nach dem Spaziergang, bietet es sich an, daß du das »Park-Map«, bzw. »Land-Map« zu Papier bringst und damit dokumentarischen Anspruch erreichst. Deine Begleitung kann eine Kopie erhalten und wird sehr schnell deine Notation durchblicken, wenn du einige Worte der Erklärung mitlieferst. Glaube mir, du wirst immer häufiger Gespräche nach draußen verlegen. Erwähne das auf jeden Fall in deinem Buch!

Ich möchte nun wieder zu den nationalen Nuancen zurückkommen. Wenn es gelegentlich Hinweise gibt, daß vordergründig Bildsymbole statt Wörter verwendet werden sollen, dann handelt es sich in der Aufgabenstellung um ein Rechtshirntraining. Die rechten Brainländer werden hier am meisten gefordert und geben ihre Kapazitäten frei. Besonders gern werden reich bebilderte Mind Maps in den angelsächsischen Ländern angeregt. Du erinnerst dich, in diesem Sprachsystem sind die visuellen Anteile geringer als bei uns. Der Bedarf der Menschen an Bildelementen ist entsprechend größer als bei uns. Ihre Hinwendung zum Bildhaften ist gerade beim Mind Mappen offensichtlich. Die dortigen Mind Maps erheben, für uns auffällig, in ihrer Elaboriertheit einen artifiziellen Anspruch. Fast möchte ich manchmal sagen: »L'art pour l'art«. Bei uns ist das operative Mind Map im Mittelpunkt des brainländischen Sendungsbewußtseins. Kritisch betrachtet, könnten Mind Mapper die Behauptung aufstellen, daß »Bilder-Maps« eine ausschließliche Hinwendung zum rechten BrainLand bedeuten. Wenn das zu oft geschieht, dann ist es als ein Fluchtverhalten vom linken zum rechten Teil zu werten. Aber wir wollen einen gleichmäßigen und ausgeglichenen Kontakt zu BrainLand, nicht wahr? Deshalb werden im Training wechselseitige, einseitige und gemeinsame BrainLand-Aktivitäten situativ erprobt. Kannst du das verstehen?"

Aber ja! Bis hierher habe ich eine Menge nützlicher Hinweise erhalten, wie ich sogar mit anderen Menschen durch Mind Mapping synergetische Abläufe und Ergebnisse initialisieren und erleben kann. Ich habe sehr wohl realisiert, daß jede Aufgabenstellung zu unterschiedlicher Unruhe in den Arealen von BrainLand führte. Ich habe testen können, welche Zugangsriten die günstigsten und schnellsten sind. Ferner ist mir nicht unentdeckt geblieben, wo ich zu einer späteren Zeit nachtrainieren werde. Doch: sollte sich mein übriges, persönliches Verhalten durch Mind Mapping jetzt schon erweitert haben? Meine Flexibilität zugenommen haben in bezug auf Selbst-

81

steuerung? Ein »Ja« kann ich guten Herzens bereits jetzt ausrufen! Ich spüre außerdem, daß sich meine innere Aufmerksamkeit immer mehr dem »Werden« als dem »Sein« hinwendet. Während der Zeit im Ego Centre deutete sich das schon an. Doch mit Brain Mans letzten Aufgaben und Erklärung nimmt diese Vermutung mehr und mehr Gestalt an. Ich organisiere mich um, neu oder anders im Umgang mit Brain-Land, mit mir und der Umwelt. Eine frühere Faktenstatik und Stabilität des Denkens verliert an Bedeutung, und das Bild eines Fließens setzt sich durch oder legt sich darüber! Vielleicht ist das neue Bild an das graphische »Outfit« des Mind Maps angelehnt: ein Delta der Ideen und Gedanken; ein Strom, der sich immer mehr teilt und an Neuem auf seinem Weg vorbeikommt, an dem es abzweigt, oder auch nicht. Eine Dynamik in Bewegung und Neuschöpfung. Dazu fällt mir eine irgendwann und irgendwo gelesene Weisheit ein: »Man steigt kein zweites Mal in den selben Strom!« So sind die Gedankenläufe im Mind Mapping. Kein Map ähnelt dem anderen. Jedes Map, sogar zum selben Thema, wird zu unterschiedlichen Zeiten ein anderes Portrait bilden. Bereits Minuten später ist der BrainLand-Status ein anderer. Externe und interne Bedingungen des Mappers und der Mapperin beein-»flussen« den Verlauf der Gedanken.

Normierung, Eindeutigkeiten und die Erhaltung von Stereotypen werden in den Creationen à la Mind Map verhindert. Ich behaupte sogar, daß es die »Magie des Mind

Mappings« ist. Ja, Mind Mapping fördert die magischen Ausdrucksausprägungen und Kräfte einer Persönlichkeit, sprich des BrainLand, auf einzigARTige Weise.

Ist Brain Man nach dieser Interpretation nicht nur Chef-Dirigent, Oberleiter oder Koordinator über die Brainländer, das BrainLand-Orchestra, sondern auch ein wenig der »Magier«? BrainLand ist das Land der unbegrenzten Fähigkeiten, also warum nicht die Magie der Magie entkleiden und sie als völlig normale, aber hochentwickelte Geschicklichkeit definieren. Sie endlich erkennen, anerkennen und nutzen; sich ihrer bedienen!

„Bravo, du hast es! Du hast soeben erkannt, welch eigene Kompetenzen in dir ruhen und zuverlässig bereit sind, in guter Kollaboration mit dir, für dich und die anderen zu existieren. Diese Gewißheit darf dich mit Stolz erfüllen, dir Selbstsicherheit geben und unbegrenzte Freude an neuen, täglichen Herausforderungen. Du wirst später im »Topness-Center« hören, wie du mit Hilfe deiner Ernährung und eines günstigen und qualitativ hohen Lebenswandels deine Brainländer noch besser fördern und top halten kannst. Körperliche und mentale Fitness bedingen sich. Schon die Römer drängten darauf. Du weißt, der berühmte Satz mit »sana ...«. »In einem saftlosen Sack kann keine sprudelnde Dynamik fließen«, um es mit einer alten Bauernweisheit auszudrücken. Das Mind Mapping verhilft dir und deinen Brainländern durch seinen Erlebnischarakter beim Mappen zu wachsender Neugier oder ei-

82

ner »Quasi-Sucht«, mit deinem Gehirn noch höhere Leistungen zu vollbringen.

Da darf ich dich auch gleich mit den Psych-Hirnies bekanntmanchen, die auf brainlandgemäße Leistungsanforderung und »Fütterung« mit einer hohen Ausschüttung an nützlichen »Doping-Stoffen« reagieren. Sie regeln deinen körpereigenen Natur-Doping-Haushalt. Sie werden besonders dank offener Handlungsprogramme und immer wieder überraschende Denkstrukturabläufe angetriggert, diese freizusetzen. Die Folge ist, daß dir mentale Arbeit leicht, gut, effektiv und außerordentlich gerne von der Hand geht. Die produzierten »Doping-Stoffe« vergrößern diese Euphorie. Das Arbeiten verläuft gut und sogar besser, die Psych-Hirnies schütten wieder aus und es »spiralt« sich ein positives und angenehmes Lernprogramm in dir hoch. Du entblockierst auf diese Weise eventuell - zufällig - alte, von früher aus der Vorzeit mitgeschleppte Lernängste und tauschst das negative Lernverhalten durch neue Erfolgserlebnisse ein. Doch wir kommen etwas vom »Big Map« ab. Ich möchte fortsetzen, dir eine Übersicht über die Anwendungsbereiche des Mind Mappings zu geben. Nuancen des britischen und kontinentalen Mind Map-Ansatzes haben wir hinreichend herausgestellt. Wenn mir später etwas darüber einfällt, dann wird es an geeigneter Stelle nachgeholt werden.

Na, möchtest du an dieser Stelle erst einmal eine Pause einlegen und über die letzten Eindrücke ein Map anlegen in

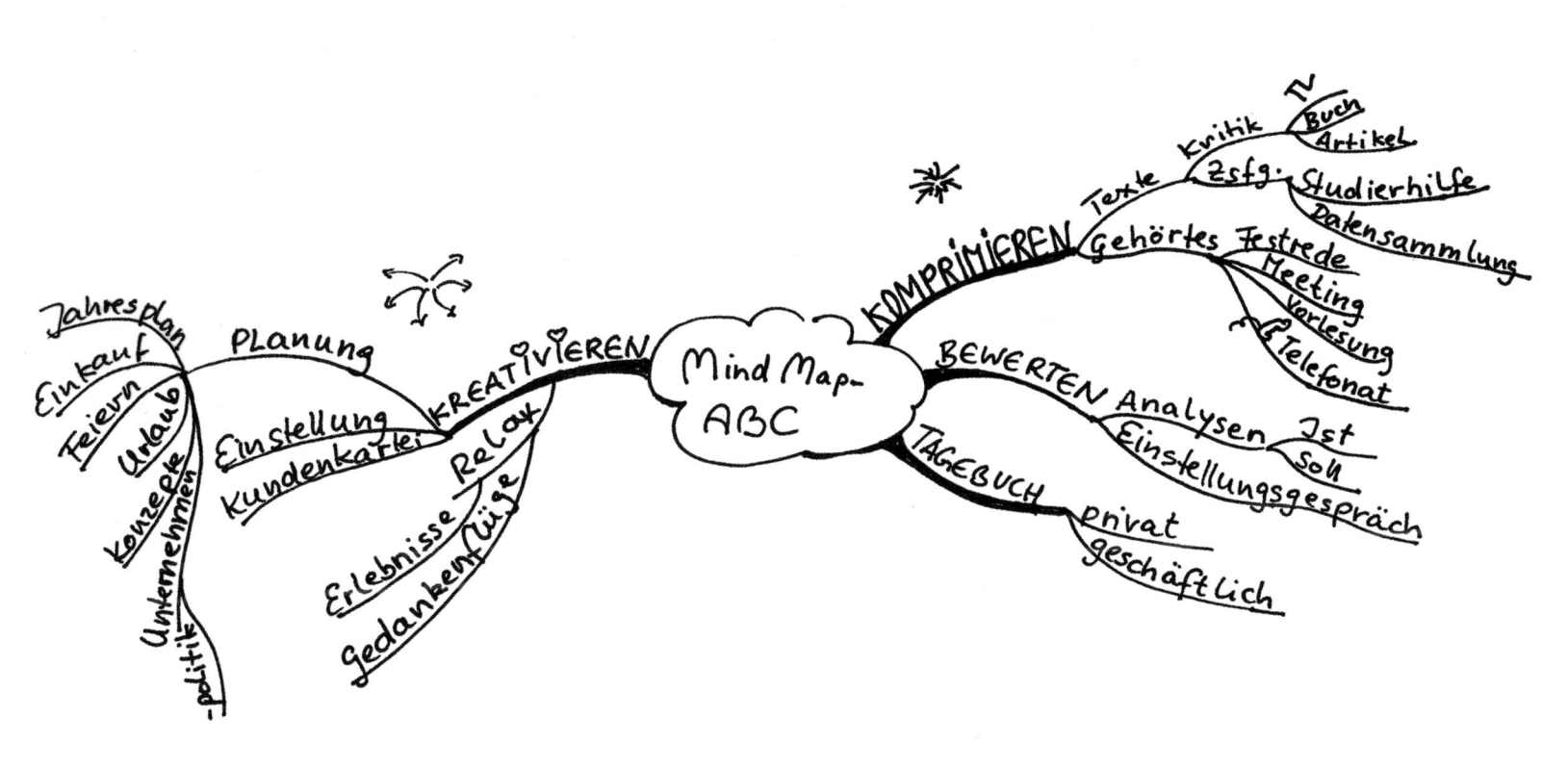

deinem L-Buch oder einfach so ... weiter sinnieren? Ich kann das gut verstehen. Das, was du erfahren hast, kann evolutionär auf die Verhaltens- und Denkprozesse breiter Schichten wirken. It's a kind of magic! Also, wenn du ruhen magst und deine Brainländer mit dir, dann wirf einen Blick - oder mehrere - auf das Big Map, das ich dir hier dargestellt habe. Es stellt ein Aufgebot dar, mit dessen Hilfe du jederzeit selbstgestaltend, mappig denk-handeln wirst. Viele Vorschläge bedürfen keinerlei Erklärungen. Mit dem heutigen Stand deines Wissens bist du in der Lage, die Vorgehensweise mindestens zu erahnen, wenn nicht sogar konkret durchzuführen. Vieles werde ich dir trotzdem ausführlich vorstellen. Es bringt mir so viel Spaß. So long, dear!"

Ja, so long! Brain Man hat recht. Ich möchte mich etwas mit anderen Dingen beschäftigen. Es ist ja so, daß sich brainländisches Lernen leicht im BrainLand einsortiert. Ich, als Eignerin, habe damit nichts zu tun. Indem brainländisches Lernen vielsinnige Bilderwelten aufruft, sind die Hirnies animiert, ihre Bestleistung zu geben und mir das Gesehene, Gehörte und Erfahrene mit meinem alten Archivmaterial synergetisch zu vernetzen. Ich kann mich deshalb getrost dem Alltag zuwenden. Vermutlich wird nachts in BrainLand weiter gelagert und verwaltet. Manchmal glaube ich den Arbeiten zusehen zu können. Die Abläufe sind teilweise recht »strange« und wirken surrealistisch. Unter dem Namen »Träume« sind sie hinlänglich bekannt.

84

Ich bin mit meiner Traumwelt sehr zufrieden, nur selten überrascht mich ein Alptraum (toi, toi, toi). Ich freue mich an meinem nächtlichen Privatkino. Schon immer kann ich mich an die zwei bis drei Träume der Nacht erinnern. Was dachte ich mir einmal als Kind aus? Träume sind den Urmenschen zur Verfügung gestellt worden, weil sie nachts im Dunkeln nichts sehen konnten. Auf diese Weise war gewährleistet, daß es auch während des Schlafens nie langweilig wurde!

Mamselchen brütet morgen genau 2 Wochen. Wir alle sind voller Erwartung. Ich habe jeden Tag in der Zeit, in der sie auf Futtersuche war, die Tomatenpflanzen gegossen und ein »Etappenfoto« gemacht; immer von einem Standort aus. Später wird man die wundersame Verwandlung der Familie Blackbird in einer Serien-Collage sehen. Es ist immer noch so heiß!

Inzwischen zieht die Dämmerung herauf. Welches Nachtprogramm wird es heute im BrainLand-Kino geben? Hey, ich werde morgen früh »Dream-Maps« anlegen. Sobald ich bewußt im neuen Tag bin, mappe ich ganz geschwind in Schlüsselwörtern den Traum, bzw. die Träume. Es geht schneller als Zeilenteppiche, und die Erinnerungsarchive sind durch den Zugang mit Mind Mapping vermutlich länger geöffnet. Sonst haben sich, sobald ich mich zum Schreiben bewege, Träume, kreative Ideen oder »Wahnsinnsformulierungen« schnell wieder verschlossen ...

Strategie-Center

„Im Laufe der Zeit, und das kann dauern, wie ich schon sagte, wird sich dein Denken immer mehr in Richtung mentales Mind Mapping verändern, oder besser gesagt erweitern. Deine Fähigkeit, bereits im BrainLand komplexe Denkprozesse »paper-und-pencil-frei« einzuleiten, vor deinem inneren Auge abzubilden und quasi »zu scannen«, versetzt dich in die Position, dich deiner Geistes-Autarkie mehr und mehr zu nähern. Auf deinem Weg dahin wird dir der folgende Leitfaden sehr behilflich sein.

Du hast bereits einige Male zuvor systematische Zielstrategien kennengelernt und erlebt. Du erfuhrst, was es bedeutet, per Mind Map konzentriert auf ein Ergebnis oder Ziel zuzuarbeiten. Insofern wirst du gleich die nötige Ausdauer und das erforderliche Verständnis aufbringen, die ausführlichere Version kennenzulernen. Die Cyber-Map-Technik ist Gold wert. Ich wünsche dir baldige Anwendungsgelegenheiten!

Man nennt es das »Richtungsfindungs-Modell«. Der Name »Cyber Map« gefällt mir persönlich viel besser, doch unter Umständen wirst du nicht auf Anhieb etwas damit anfangen können, obschon der Begriff »Cyber« immer mehr an Popularität gewinnt. Es ist damit ausgesagt, daß Räume oder Situationen kreiert werden, diese drei-dimensional, jedoch nur mit Hilfe von künstlich erzeugter Computer-High-Tech empfindbar werden. Du würdest, wenn du durch entsprechendes Zubehör versorgt wärest, optisch in eine artifizielle 3-D-Welt hineinversetzt werden. Diese wird

programmiert und kann ganz nach deinen Wünschen verändert werden. Man ist somit in die Lage versetzt, neue Realitäten zu entwerfen und diese sogleich zu testen, indem man das zwar medial tut, es jedoch als real empfinden kann. Es ist ja auch real; »nur« real hochtechnisch. Und jetzt kann man philosophieren, ob es extern real ist, was es ist, allein durch die Hard- und Software, oder »nur« mental, das heißt intern. Und das ist es auch. Eine spannende Sache, für die es noch keine rechte definierte Einbettung in Sprache und Existenzenverständnis gibt.

Ein »Cyber-Map« bietet mit den nachfolgenden denkstrategischen Schritten die Schaffung eines Szenarios an, mit deren Hilfe du gründliche Klärung und Konstruktionen künftiger Entscheidungen treffen kannst. Im Laufe des Prozesses werden höchstwahrscheinlich zusätzliche, parallele Szenarien entwickelt, je nach Erfordernis. Du weißt ja, wie kreativ die Brainländer sind!

Du, und nicht eine Techno-Maschine, entwirfst aus Basisvorgaben, wie Zielen, Wünschen oder Orientierungserfordernissen, umfassende mental-reale Kreationen, erzeugst dir parallele Optionen deiner Entscheidungen und beleuchtest diese mental-dimensional. Du komprimierst aus deinem Gedankenchaos definitive innere Welten, wie es mit der Cyber-Technik ebenfalls erreicht wird. Und wenn du deine Anworten oder Ideen parallel dazu mitmappst, dann hast du eine gelungene Abbildung der vielen vernetzten, variablen Komplexitäten deines BrainLand.

85

Are you ready? Lege bitte eine neue Seite zurecht. Ich sage dir jetzt die Fragen und du mappst deine Anworten in das Map. Denke auch daran, daß du dich in deinen Anworten oder Ideen immer nur auf Schlüsselwörter einigst. Sätze sind fehl am Platz! Also, erstens, wenn es sich um das Entwickeln, Finden oder Konzipieren eines neues Produktes oder Projektes handelt:

»Wie lautet diese Zielrichtung, das heißt, was genau möchtest du eigentlich?« Und hier an dieser Stelle ein Hinweis: Es bringt dir nichts in einer Zieldefinition, wenn du mit Vergleichen und Negationen operierst. Ich meine damit folgendes: wenn du dir sagst, daß du mehr, besser oder weniger von etwas haben möchtest, oder sein oder können möchtest, dann kann dein BrainLand mit einem so formulierten Denkauftrag nichts anfangen. Die Brainländer nehmen sofort deine Nennung als Referenz, zum Beispiel deine Kreativität, wenn du sagst: »Ich möchte kreativer sein!« und vergleichen sofort deinen Ist-Zustand mit dem neuen Wunschzustand. Da du bereits über eine beachtliche Kreativität verfügst - und das wissen deine Hirnies auch - reagieren sie sehr irritiert und fragen sich vermutlich ganz verwundert, warum du denn so unzufrieden bist mit ihrem Job als Kreativitätslieferanten. Du hilfst ihnen nur mit konkreten Angaben und Arbeitsanweisungen. Du mußt unbedingt einen klaren Rahmen abstecken, welche Kreativität du wann, wie und in welchem Umfang wünschst. Wenn du diese Annahmen

gleich zu Anfang respektierst und berücksichtigst, dann können deine Brainländer präzise Prozeßschritte für einen Wunsch vorsehen, einleiten oder ausführen. Du weißt, daß du im Beruf ebenfalls genau und detailliert bist, wenn du ein ganz spezielles Ziel mit Hilfe von deinen Mitmenschen erreichen willst. Hier geht es um dein eigenes Ziel. Was ebenfalls verhindernde Folgen hat, ist eine Verneinung in der Formulierung. Vielleicht ist es nichts Neues für dich, aber ich erwähne es noch einmal. Wenn du sagst: »Ich möchte nicht einfallslos sein«, dann blockierst du deine Brainländer total, denn sie kennen keine Negationen! Erinnere dich, BrainLand ist das Land der unbegrenzten Fähigkeiten! Ein »Nicht« ist nicht existent und kann »nicht« gefaßt und bearbeitet werden. BrainLand kann nur mit Informationen (!) umgehen, nicht mit Nicht-Informationen. Also formuliere dein Ziel oder deine Richtung so, daß die Aussage affirmativ ist. Man sagt auch: »formuliere positiv«, wobei das nicht mit inhaltlichem Positivem Denken zu verwechseln ist. So, noch einmal die erste Denkanregung, vergleichsfrei und positiv formuliert:

»Was genau möchtest du? Was ist dein Ziel, deine Richtung?« Überlege erst einmal, präzisiere, und finde dann Schlüsselwörter, die du auf den ersten Hauptast deines Mind Maps einträgst. Ach ja: es werden rund zwanzig Hauptäste werden. Sieh entsprechenden Platz um den Kreis vor. Eventuell werden mehrere Blätter notwendig sein. Laß

86

positiv ① vergleichsfrei

ZIELDEFINITION

beachten: 💛 gefühl gut sicher

Wunsch
Ziel
Entscheidung
genau !!!

Oser MAP

dir gut Zeit! Deine Antwort ist dann in Ordnung, wenn sie mit einem guten Ergebnis-Gefühl verbunden ist. Das Gefühl kann aus deinem Bauch kommen, in einer Geste liegen, in einem Ausspruch wie: »Okay«, oder es kann sonst ein Signal aus dir heraus sein, das du immer dann verspürst, wenn du mit deiner Leistung zufrieden bist. Ich werde dich jetzt überlegen lassen.”

Mmh, dies sind praktikable Kernüberlegungen, die mir im Vorwege die Gelegenheit geben, »Spreu vom Weizen« zu trennen. Lasch und allzu umfassend formulierte Wunschsätze gibt es den ganzen Tag über. Die wenigsten sind klug bedacht und bringen den erwünschten Erfolg. Da die neurolinguistische Schaltzentrale von BrainLand Verhaltens- und Handlungsorder an die Brainländer vergibt, müssen die Anweisungen wirklich präzise sein. Wie im Mind Mapping geht Genauigkeit über alles. Wenn ich früher etwas von »Virtuellen Realitäten« gehört und gelesen habe, dann habe ich dabei nie an mich und mein Brain-Land gedacht, das ja ständig real-mentale, multidimensionale »Realitäten« erzeugt. Zielformulierungen hatten leider oftmals - aus mangelndem strategischem Bewußtsein heraus - systemische Schwachstellen. Hier werde ich lernen, wie ich virtuos Ziele und Projekte in meinem BrainLand entwickeln und sogar plastisch vorempfinden kann. Die Zukunft in mir produziere und projiziere ICH!

Dank »Cyber-Map« habe ich sicher direkte, persönliche Vorteile in der Kommunikation mit mir und mit anderen.

88

Bevor ich »klipp und klar« mit anderen Menschen sprachlichen Austausch vornehme und erreiche, muß meine Kommunikation zu mir, mit mir und mit den Brainländern von bester Qualität sein. Danach erst werde ich mit anderen Kommunikationspartnerinnen und -partnern guten Botschaftsaustausch bewirken. Ich habe dann auch bessere Chancen, meine Intention zu verwirklichen, oder überdeutlich ausgedrückt: durchzusetzen. Okay, ich habe mein Ziel gefunden, es ist vergleichsfrei und richtungsbestimmend formuliert. Weiter, Brain Man!

»Wenn du an dieses Ziel denkst, dann überlege bitte, wo du in Hinblick auf ein Erreichen oder Bewerkstelligen stehst.« Ist es in Prozenten darzustellen, oder in Anteilen einer »Torte«? Ist es eine Wegstecke oder ein Kalenderblatt, das dir deutlich macht, was vor dir liegt und was du bereits - oder auch nicht - geschafft hast? Trage die Antwort in Form von Wort und/oder Bild in dein Map ein. Achte auf dein gutes Gefühl!”

Nun, mein Wunsch besteht schon lange Zeit, teilweise gab es auch schon Zeiten, in denen sich angedeutet hat, daß das Ziel immer näher rückt. Langsam, aber stetig! Dann gab es erhebliche Rückschläge, die mich wieder fast auf »Null« beförderten. Es ist wohl ein Wunsch, der viele Kleinziele beinhaltet. Ein »Global-Ding« als Wunsch! Ein guter Hinweis. Ich muß deutliche Zielsegmente definieren. Auch, damit ich quasi abhaken kann, wenn ein Teilabschnitt erreicht ist. Unter Umständen bin ich schon weiter als ge-

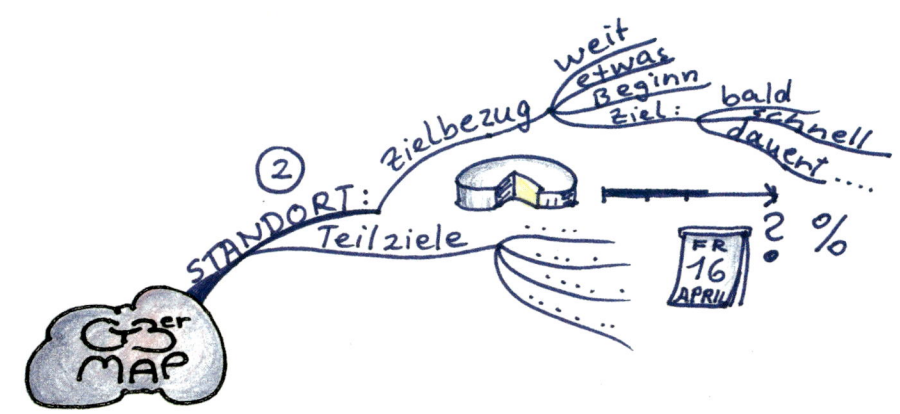

② STANDORT: Zielbezug

weit

etwas

Beginn

Ziel:

bald

schnell

dauert...

Teilziele

? %

FR 16 APRIL

G3er MAP

glaubt, oder aber ich denke, daß es fast soweit ist, wobei ich nicht einmal annäherungsweise dran bin. Die mental-dimensionale Betrachtung klärt es. Danke, Brain Man!

»Nimm dir dein Ziel vor Augen: was wirst du dann genau mit deinen Sinnen wahrnehmen? Welches Sinnesangebot kannst du den Brainländern machen? Für Augen, Ohren, Gefühl, Nase und Mund?« Für jeden Bereich muß und wird es Sinnessensationen geben. Je präziser du vor-sinnst, um so attraktiver wird es für dich und die Brainländer, dieses Ziel auch wirklich erreichen zu wollen. Halte diese Sinnesreihenfolge ein. Warum? Dein Wunschbild wird im BrainLand bereits als realisierbares Verhalten vermerkt und notwendige »Navigationsprozesse« werden in Gang gesetzt. Deshalb vorpreschen und es mental extrem attraktiv gestalten und vorerleben. Hast du? Trage deine Bemerkungen dazu auf den dritten Hauptast ein. Und ..., berücksichtige dein Wohlgefühl, das mitentscheidet, wann eine Antwort in Ordnung ist.

Das Wohlgefühl ist deine interne Instanz, die dir zuverlässig mitteilt, wann du sicher eine gute Entscheidung getroffen hast. Für deine persönliche Gesundheitspflege ist der Aspekt wichtig, daß du auf dich und in dich lauschst.

Ohne Rapport zu deinem physischen und mentalen Körper bist du in großer Gefahr, irgendwann dauerhaft und schwer zu erkranken! Solltest du noch keine spezifischen

90

Körpersignale - bewußt - vernehmen, dann werden wir es im »Topness Center« trainieren, so es dann noch notwendig ist, wenn wir dort ankommen. Aber jetzt weiter:

Zurück zu deinem Zielbild: **»Wie wirst du überhaupt wissen oder erkennen, daß du das Ziel erreicht hast? Woran willst du es erkannt haben; ebenso, wenn es soweit ist?«** Und wieder genau mit den Brainländern gemeinsam erforschen, welche Hinweise für dich der Beweis sind. Dann, wenn du aus ganzem Herzen spürst: »Ja, das ist es!«, dann trägst du die Antworten ein."

Gute Frage. Wenn kein präzises Ziel(-bild) vorhanden ist, kann man auch schlecht bemerken, wenn man es erreicht hat, geschweige dann, wann nicht. Ich muß beispielsweise wissen, wenn ich nach Paris will, daß ein Eiffelturm dort steht und ich muß ebenfalls wissen, wie er aussieht. Sonst realisiere ich nicht, wenn ich dann in Paris bin und daß ich in Paris bin. Abgesehen davon, daß dieser Vergleich sehr simpel ist. Egal! Ich habe meine Antworten. Die Zielgewißheit ist dann erfüllt, wenn bestimmte Anlässe und Möglichkeiten sich endlich - ergeben oder von mir bestimmt werden können. But Brain Man knows ...

„Ja, ich weiß, Kleines! Du bist näher dran als du vermutest. Frage Fünf: **»Was bringt dir diese angestrebte Lebensqualität? Ganz konkret: was alles kannst du dann tun, was bist du dann und wie wird alles sein?«** Gestal-

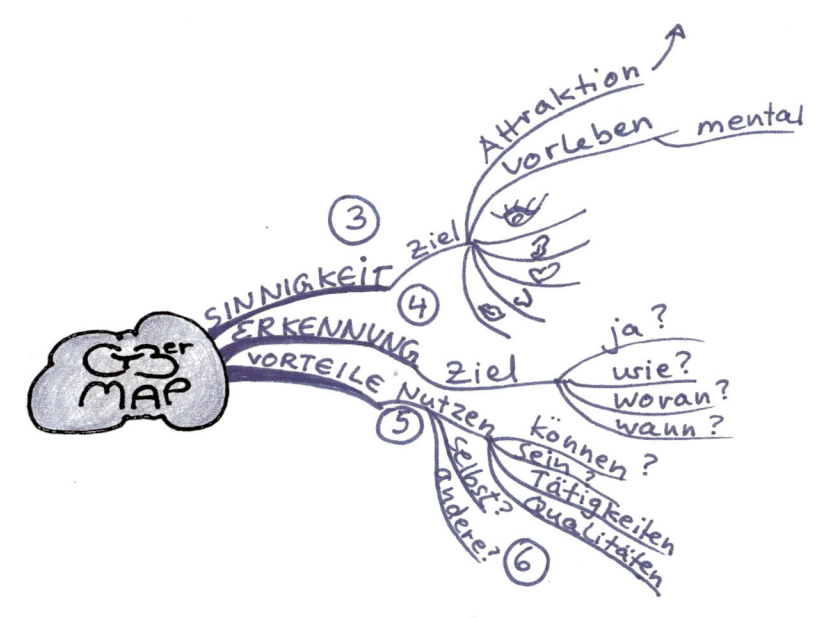

3er
MAP

Attraktion ↗

vorleben — mental

③ SINNIGKEIT ziel

④ ERKENNUNG ziel

ja?
wie?
woran?
wann?

VORTEILE Nutzen
⑤

können?
sein?
Tätigkeiten
Qualitäten

selbst?
andere?
⑥

91

te es so genau und plastisch aus wie möglich! Wenn du es hast, dann frage dich weiter, **ob die erreichte Qualität nur für dich ist? Ist noch jemand beteiligt? Wer?** Mappe deine Antworten auf den sechsten Hauptast. Vielleicht hast du auch nur ein Bild oder ein kodiertes Symbol, das dafür steht. Trage es ruhig ein, ich verrate es auch nicht weiter!

Gut, die nächste Überlegung. Mit ihr schränkst du die Einsatzzeiten, -orte und -gelegenheiten konkret ein. Es hat überhaupt keinen Zweck, sich die Zielqualität für immer zu wünschen. Ein »immer« wird von den Brainländern nicht akzeptiert. Stell dir bitte vor, du wünscht dir, »immer« eine gute Rhetorikerin zu sein. Du wünschst es dir sehr leichtfertig und ahnst gar nicht die Konsequenzen, die daraus erwachsen können. Sogar nachts redest du eloquent im Bett. Stell dir vor, wie du und dein Partner gestört werden. Oder auf der Toilette, im Konzert, egal wo und wann. Merkst du, daß Wunschverhalten oder Ziele nie ein »immer« fassen dürfen! Also entscheide jetzt, **wo, wann, wie und mit wem genau du deine Zielqualität haben, können oder erleben möchtest.** Schränke dich entsprechend in den Situationen ein und verwerte die Ergebnisse im Map. Es ist bis jetzt der siebte Ast.

Und weiter das Ganze: **»Wo, wann, wie und mit wem möchtest du dieses Ziel auf keinen Fall erleben?«** Das genaue Hinforschen unter diesem Aspekt verhilft dir zu weiterer Klärung des Ausgangswunsches. Erkennst du die Wichtigkeit dieser Betrachtungsweise?"

92

Oh, ja. Die Tragweite dessen wird mir bewußt. Etwas anderes wird mir gerade klar: die vorliegende Überlegungsstrategie ist eine leichte Umkehrung des mir bisher bekannten Mind Mapping-Prinzips, wobei das Ergebnis dann doch durch einen Reduktionsvorgang erarbeitet wird. Wie? Ich habe einen weitgefiederten Globalwunsch, den ich durch diese speziellen Fragen und Überlegungen »rückfiedere«, ausdünne und auf einen stark präzisierten Kern bringe. Die Fragen sind praktische Rückführungsschienen vieler, einst gedachter Anwendungsbereiche auf einen letztlich realisierbaren, bzw. möglichen. Nicht schlecht! Ich bin gespannt, welche weiteren »Bausteinchen« dazukommen. Die analytische Logik gefällt mir. Und den Links-Hirnies sicherlich noch mehr. Was haben die Rechts-Hirnies eigentlich zu tun?

„Sie schicken dir die Situationsbilder in allen Sinnesausprägungen. Sie geben dir die Möglichkeit, Mind-Engineer zu sein, indem du deine Zukunft als Szenario arrangierst. Laß uns fortsetzen. Nun die Frage der Realisation: **»Wie kannst du diese Lebensqualität erreichen?«** Denke jetzt bitte in strengen Planungsdimensionen.

Wird es Material sein? Und wenn ja, bitte genau die Anzahl und Menge. Benötigst du Zeit? Die Hilfe von Mitmenschen? Sind Programmänderungen deinerseits nötig? Wie und womit wirst du es schaffen, dein Ziel zu realisieren. Lege gegebenenfalls ein »Check-Map« innerhalb deines großen Maps an. Du weißt bestimmt eine graphische Lösung. Oder

GS 3er MAP

⑦ EINSATZ

ja ? — wo / wann / wie / wer

nein? — ⚡ Ziel — wo / wann / wie / wer ⑧

⑨ VORGEHEN — wie / womit — Material * / Anzahl — Menge ⊕ / Zeit / Dauer — Termine / Hilfe / Mitmenschen / Programm ändern / selbst

* Material : ⟨
⊕ Menge : ═══

93

aber du markierst mit einem Sternchen an deinem neunten Ast, daß du auf einem Nebenblatt weitermachst. Das geht natürlich auch. Stell dir dabei alle benötigten Mittel und Maßnahmen bildlich vor oder zeichne sie in Symbolkürzeln. Du bist erst damit durch, wenn dir dein Gefühl sagt, daß es in Ordnung ist. By the way, du kannst später und jederzeit weitere Ideen einsetzen."

Mit der letzten Fragestellung bin ich in der Rolle der glasklar, rational handelnden Geschäftsfrau. Ich erkenne immer deutlicher, daß es zwecklos ist, sich einem diffusen Wunschgewölle hinzugeben und dann zu warten, daß die Dame Fortuna den Wunsch vorbeibringt. Warum sollte sie?! Warum soll sie diese Arbeit leisten! Es ist doch meine Vision; ich möchte sie leben. Ich bin gesund und tatkräftig und sollte in der Lage sein, meine Visionsprojekte selbst anzugehen und zu erreichen. Ein weiterer Schritt für die Eigenverantwortlichkeit für mein Selbst. Das Zielmodell könnte, wenn es flächendeckend verinnerlicht wäre, sogar Staat und Gesellschaft entlasten in den Bemühungen, Erhebliches an Verantwortung für das Individuum abzunehmen. Ich schweife wieder ab ...

„Ja, Darling, doch solche Ideen bieten sich förmlich an, gesponnen zu werden. Es sind wirklich immense Chancen damit verbunden! Die nächste Frage: **»Hast du jenes Ziel vielleicht schon irgendwann einmal erlebt? Gab es eine ähnliche Situation schon und hattest du das Gefühl: Ja, so war es einst?«** Suche bitte einmal dein Vergan-

94

genheitsarchiv ab nach dem Vorhandensein einer solchen Gelegenheit. Es ist nicht lange her ...!"

Ich muß in der Tat nicht lange suchen. Ich habe schon die ersehnte Zielqualität erlebt, zwar nur sehr kurz, aber immerhin! Ausreichend intensiv, um sie zu schätzen und um mehr davon haben zu wollen. Wie war das schön! Ich leiste mir den Genuß und träume hinein. Ich schaue mir zuerst an, was ich alles sehen konnte. Farben, Formen, Muster. Die Jahreszeit und das Licht - draußen und drinnen. Ich verfolge die Bewegungen um mich herum, sehe Menschen und mische den Ton ein. Ich erinnere mich sehr gut an die typischen Geräusche, die entfernten Klänge, die Stimmen um mich herum und die Augenblicke der intensiven Stille. Dabei spüre ich mehr und mehr die damaligen Gefühle, die Qualität dieser Momente, die ich jetzt wieder erfahre und brennend herbeisehne. Ich kann die Außentemperatur empfinden, den Wind in den Haaren und auf der Haut, die Luft, die durchtränkt war von Düften und Aromen dieser Gegend. Es vermengt sich dazu der köstliche Geruch eines verführerischen Duftwässerchens. Und sogar der Geschmack des Apperetifs ist zu vernehmen; ein Hauch von Salz liegt auch auf den Lippen ...

„Sag mal, du machst das ja schon meisterhaft! Du hast geschickt die günstigste Strategie abgefahren, um deine Brainländer zu den vergangenen Erlebnissen zu führen. Es ist die exakte Reihenfolge, die euch ermöglicht, wieder hineinzutauchen in die Vergangenheit. Es sind erlebte Frag-

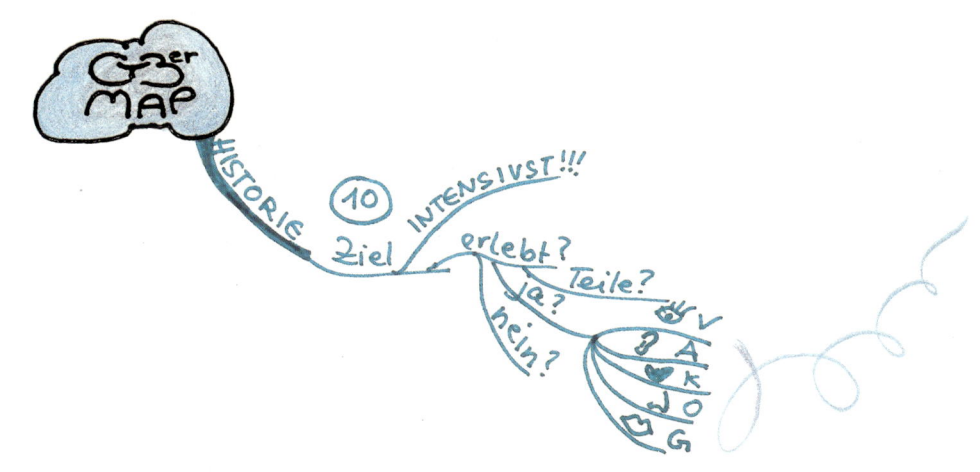

mente von einst, mit denen du spielen kannst, die veränderbar sind und die du neu kombinierst in Zukunftsprojekten. Halte deine Erinnerungen in Schlüsselworten oder Bildern im Mind Map fest. So knapp als möglich. Also lege am zehnten Ast fünf kleine Zweige an. Schreibe auf die Linien die Buchstaben: V, A, K, O, G. Das sind die Abkürzungen für deine fünf Sinne, mit denen du soeben in deinem Zielbild sinniert hast. Sehen, hören, fühlen, riechen und schmecken, ob real extern oder mental intern. Die Abkürzungsbuchstaben stehen für Fachtermini, die später irgendwann einmal kommen. Nicht jetzt. Jetzt memo-mappe bitte wieder. Du schaffst dir gerade ein Map im Map. Der mentale Rückgriff ist wichtig für das gesamte Gelingen deines Vorhabens.

Okay, du willst weiter. **»Frage dich nun einmal, ob es jemanden gibt, der oder die das hat, so etwas kann, und/oder in der Lage ist, das zu erleben.«** Wenn ja, dann fällt dir sicherlich auch ein, wer es ist und bei welchem Anlaß du das miterlebt hast. Womöglich hast du es nur im Kino gesehen, davon gelesen oder jemand anderes hat davon berichtet. Finde genau heraus, welche Quelle es war. Und ab ins Map! Dein Zustimmungsgefühl ist auch dieses Mal dein verläßlicher Indikator für eine gültige Antwort.

Jetzt kommen Fragen, mit deren Hilfe du eventuell noch vorhandene Mental-Schwachstellen erkennen und bereinigen kannst. Bis hierher hast du aus einer vagen Idee eine recht konkrete Zukunftsvision geschaffen. Du hast den

Brainländern so genaue Empfindungen und Richtungen mitgeteilt, daß sie bereits jetzt damit begonnen haben, dich auf dem Weg dahin genau zu lenken, dir entsprechende Wahrnehmungen zu schicken, damit du die jeweiligen Teilziele erkennen und wertschätzen kannst, um dann proaktiv zu reagieren. Dein Weg zum Ziel ist sehr richtungsgewiß geworden, denn du hast im Vorwege mental sämtliche und mögliche Aspekte beleuchtet. Doch nicht genug davon: ich gehe davon aus, daß dir sehr viel daran liegt, deine Zielqualität wirklich zu erreichen. Insofern ist diese Vorbereitungsphase es wert, quasi als Investition gezählt zu werden. Später, wenn du die Reihenfolge verinnerlicht hast und du dir dein Mind Map ansiehst, dann durchschaust du das »Big Picture« oder Gesamtbild im Überblick. Es ist völlig logisch, daß es beim ersten Mal mehr Zeit beansprucht. Natürlich hängt die Dauer auch von der Komplexität der Zukunftsvision ab.

Wenn es »Globaldinger« sind, dann wirst du im Laufe der Bearbeitung feststellen, aus wie vielen Unterzielen sie eigentlich bestehen. Es ist dann kein Wunder, wenn oftmals jahrelanges Warten nicht zu einem Ergebnis führt. Ist es ein lapidares Alltagsziel, dann geht der Gedankendurchlauf relativ schnell und glatt.

Du kennst Erfolgsberichte aus dem mentalen Sporttraining. Dort weiß man schon lange, daß das BrainLand keinen direkten Unterschied macht zwischen mentalen und physischen Programmen. Die Areale in den zuständigen

96

GLÜCKSPERS.

11

wann?
wo?
"Zielbesitzer"
oft
bereits
schon
manchmal
real?
fiktiv?
TV
Roman
Kino
Quelle
Vorhandensein

Schaltzentralen reagieren sogar vorzugsweise lieber, weil real-energiesparender, auf die inneren Strategien. Insofern hast du ein wertvolles Tool an der Hand, um künftig real-verlustarm zu prä-agieren. Dem Körper, bzw. dem Bewußt-sein - oder auch dem BrainLand - ist der Unterschied zwischen mental-realen und extern-realen Bewegungen vielleicht egal, denn: bis auf den letzten Nervenimpuls vor der Realbewegung sind die neuronalen Schaltungen gleich."

Das habe ich mir gewünscht: ein Ablauf-Instrumentarium, das mich befähigt, innerlich und äußerlich, weise, umfassend oder klug zu planen, zu handeln und zu reagieren. Bravo. Es steckt viel in den bisherigen elf Teildisziplinen des »Cyber-Maps«. Dieses Modell könnte sogar Inhalt eines ganzen Buches werden, bzw. einen großen Teil füllen. Ich bin mir sicher, daß dieser Leitfaden, der durch alle Bereiche des linken und rechten BrainLand verläuft, sogar unternehmenspolitischen Einsatz in Firmen finden könnte. Bei nächster Gelegenheit will ich es testen.

„Dear Lady, du ersetzt mich fast mit deiner vorweggenommenen Denkbrillanz. Nun, ja, ... als dein Begleiter! Gut. Erfahrungsgemäß werden die nächsten Frageansätze mächtiges Grübeln und Grummeln bei den Brainländern, bzw. dir erzeugen. Die Links- und Rechts-Hirnies müssen hier, wie kurz vor dem Finale, in gütlicher Harmonie und Kompetenz zu gemeinsamen Fassungen der Zielprojektion kommen. Höre dir das an und mappe die Antworten: **»Wozu möchtest du das eigentlich erleben, können oder**

haben. Weshalb ist es so wichtig für dich und was gewinnst du dabei?« Die Fragen haben einen Sinn. Wie oft plaudert man einen Wunsch leichtfertig daher, ohne einen konkreten Gewinn zu nennen. Die Brainländer kommen schnell dahinter und fühlen sich dann zu schade, dafür in Aktion zu treten. Finde du deinen Gewinn heraus, jetzt!

Und wenn du dabei bist, dann **überlege gleich mit, ob dieser Gewinn nur für dich ist.** Wenn ja, dann schäme dich nicht. Falsche Bescheidenheit führt weder dich noch jemand anderes weiter. In erster Linie bist du wichtig! Dann kannst du gut für andere sein. Deshalb an der Stelle die Überlegung, ob es eine Qualität ist, die »nur« für dich gut oder sinnvoll ist. Können es weitere Menschen sein, dann die Namen in das Map eintragen.

Der andere Teil dieses Aspektes: **»Hast du diese Qualität dir selbst ausgedacht und gewünscht oder ist es dir von »anderer Seite« anbefohlen und angeraten worden?«** Der Zielerfolg hängt wesentlich davon ab, ob du aus dir heraus und mit all deiner freiwillig gestellten Kraft dieses Ziel kongruent erreichen möchtest. Zielvorgaben von externen Referenzadressen werden unbewußt halbherzig aufgenommen oder behandelt und sind deshalb meist zum Scheitern verurteilt. Laß dir Zeit bei deiner Antwort. Manchmal geht es sogar in die Gefilde der gesellschaftlichen Konventionen oder Traditionen, in denen die Ur-Ursachen für das Wunschziel liegen. Dabei glaubt man oftmals, daß der Wunsch von innen her-

98

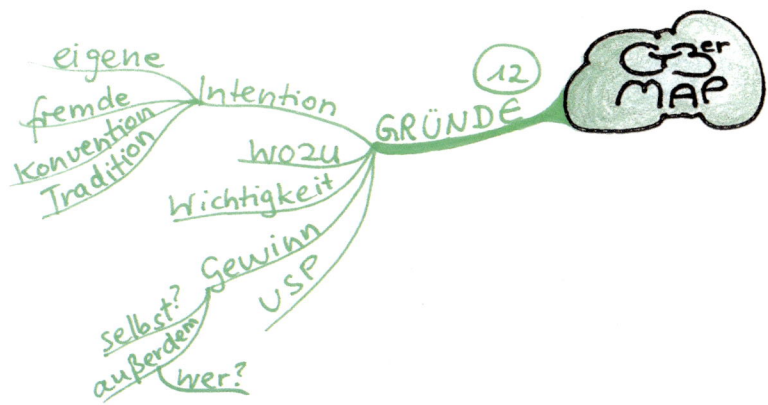

eigene
fremde   Intention
konvention   ⑫
Tradition   WOZU   GRÜNDE

Wichtigkeit

selbst? Gewinn
außerdem   USP
       wer?

Glaser
MAP

99

aus in sich selbst entstand. Ich lasse dir jetzt wieder deine Ruhe zum Überlegen.

Frage dreizehn, die direkt die Zukunft betrifft. Natürlich muß deine erwünschte Zielqualität in der Zukunft eine Chance haben. Also **frage dich, wie das erreichte Ziel deine Zukunft beeinflussen wird, bzw. wie sich dein Leben verändern wird.** Welche Lebensabschnitte werden sich wie verändern? Was kommt dazu, was geht dabei verloren? Trage deine Mutmaßungen in dein Mind Map ein.

Wenn du soweit bist, dann kommen die berühmten Y-Fragen, dank derer du dir Gewißheit schenkst, daß du präzise entschieden hast. Das Wort »Scheideweg« ist darin verborgen. Mache dich bereit, während du dich fragst, **was alles nicht passieren wird, wenn du dein Ziel erreicht hast.** Merkwürdige Anstöße sind das, nicht wahr! But belief me, they are important. Also, wie wird dein Leben gestaltet sein, wenn es nicht so wird wie erhofft? Und wenn du schon leicht verwirrt bist: **»Was wird vermutlich sein, eintreten oder geschehen, wenn deine Zielqualität sich nicht einstellt, bzw. wenn du deinen Wunsch nicht erreichst?«**

»Was alles wird nicht eintreten oder passieren, wenn du dein Ziel, bzw. die neue Lebensqualität nicht erreichst?« Welche Bereiche deines Lebens sind betroffen? Hast du? Und nun weg von den Kritiker-Standpunkten und stelle dir bitte vor, du hättest dieses Zielerlebnis - endlich -

erreicht! Du hast es, du kannst all das tun und erleben, was du geplant hast. Schaffe dir davon ein lebhaftes und attraktives Szenario. Tu es mit allen Sinnen. Mach die Helligkeit und Farbigkeit so prächtig, daß du dein Supergefühl der Zufriedenheit und Sicherheit bekommst. Nur zu ...!

Und nun gönne dir den mentalen Spaß, daß du **hineinsteigst in den Film. Tauche ein und erlebe alles vor! Achte auf alle deine Sinnesempfindungen und den Vorteil, den du gewinnst.** Trage in kurzen Schlüsselwörtern deine »virtuellen Projektionen« in dein Mind Map ein. Du bist, während du mindmappst, wieder mental aus dem Szenario ausgestiegen und betrachtest es aus der Distanz von außen; als wäre es ein Film.

Und du kannst dir die Frage gestatten, **ob diese Zielqualität wirklich, in all den erahnten Komponenten, für dich lohnenswert ist. Lohnt es sich, dieses Ziel zu verfolgen?** Prüfe dein spontanes »Ja«, »Njein« oder »Nein«. Trage die Antworten bitte ein. Und es folgt die vorletzte, recht vorwitzige Frage: **»Wie muß dein Ziel beschaffen sein, damit du es erreichen kannst, auch wenn du es nicht erreichst?!«** Laß dich nicht irre machen. Bewege diese Frage ausgiebig. Gewinne deine Brainländer zur Hilfe.

Nun bist du genügend angeheizt, die letzte Befragung durchzustehen: **»Wenn es sich lohnt, das vormals definierte Ziel zu verfolgen, dann sage dir bitte, wann du**

100

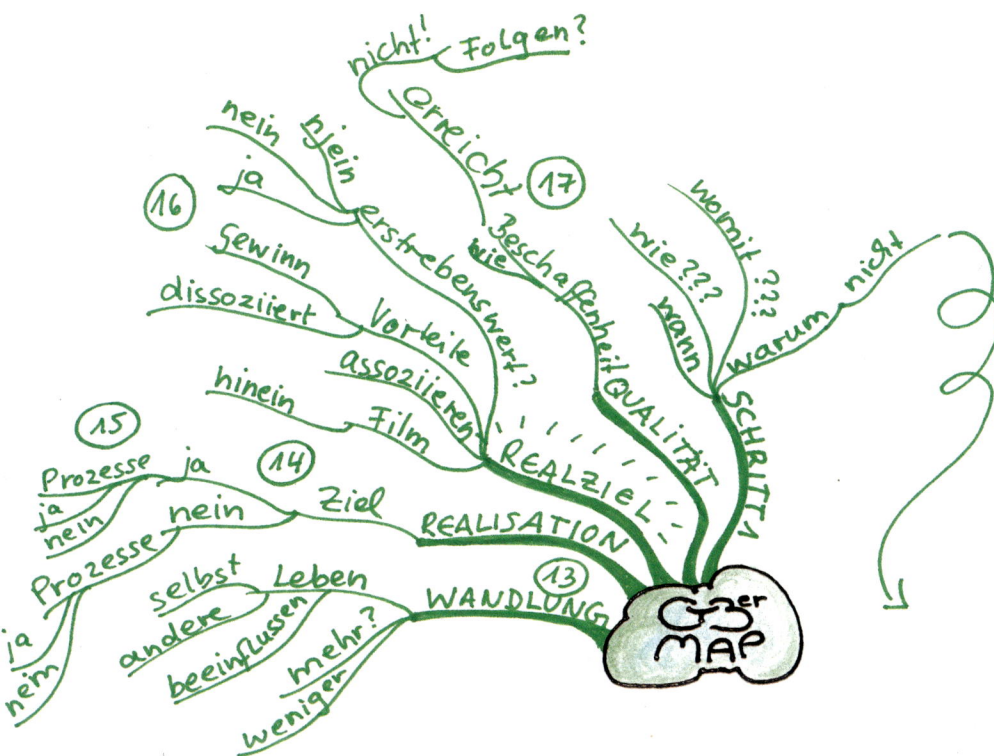

nicht! Folgen?

erreicht (17)

nein nein
ja
(16) erstrebenswert? wie
Gewinn Beschaffenheit QUALITÄT
dissoziiert Vorteile
assoziieren REALZIEL
hinein Film
(15) REALZIEL
Prozesse ja (14) Ziel REALISATION
ja nein nein
nein Prozesse selbst Leben (13) WANDLUNG
ja andere beeinflussen
nein mehr?
weniger

womit ???
wie ???
wann
warum nicht
SCHRITTA

G3er MAP

damit beginnst, den ersten Schritt zu setzen. Womit wirst du anfangen?« Was ist dein erster Schritt, bzw. was sind deine ersten Schritte, wenn du so vehement anfängst, wie ich dich einschätze? Solltest du hingegen vermuten, daß diese Zielqualität nicht die deinige ist in der einst definierten Fassung, dann mußt du dein Ziel modifizieren. Denke daran: es ist nie zu spät! Besser mental jetzt erkannt als real irgendwann später unter Einsatz von viel Energie, menschlichem Kummer oder Material. Na, wie ist es?"

Meine Vorstellung von meiner Zielqualität ist geblieben, ich werde auch dranbleiben und muß lediglich einige wenige Komponenten in der Extremheit bändigen. Ich werde auch vorsichtshalber Alternativreaktionen einbauen. Die Y-Fragen haben mich darauf gebracht. Ich habe dabei das sichere Gefühl, auf diverse Eventualitäten vorbereitet zu sein. Einem möglichen, späteren »Absturz in Enttäuschung oder Mißerfolg« wird vorgebeugt und Fehlentwicklungen können aufgefangen werden. Sowohl im privaten Bereich als auch im beruflichen wird diese Strategie des Cyber-Mapping bei mir fest integriert werden. Ich werde zuvor, um wirklich ein »Big Picture« zu erhalten, die Schritte in Reihenfolgen auf einen größeren Bogen eintragen. Während dieser Arbeit vertiefe ich für mich noch einmal die Struktur, verkürze vielleicht das eine oder andere so, daß bei künftigen Anwendungen ein rascher Blick genügt, um ein gedankliches Ziel-Cyberspace zu erzeugen. Mein Ehrgeiz ist es, die Fragekomplexe so zu

bündeln, daß sie kleinformatig Platz finden. Seit ich im Strategie-Center bin, erlebe ich ein paralleles Vorgehen eines gleichzeitigen Umgangs mit der Struktur durch die Struktur...

Anfangs erzählte mir Brain Man Wesentliches und Nebensächliches über Cyber-Mapping. Nachdem ich mir vorstellen konnte, welche Möglichkeiten und Bedingungen darin liegen, sich virtuelle Zukünfte gerätefrei selbst zu gestalten, führte er mich mit gezielten Fragen in den end-gültigen »Cyberspace« des Zieles.

Die Fragen dienten wie Bausteinchen dazu, die Zukunft oder Zukünfte dreidimensional oder besser mentaldimensional zu kreieren. Und ich nahm die Fragen unter dem Aspekt der Form und der Sprache wahr und hatte - parallel dazu - ein Verlaufs-Mind Map vorliegen. Zum anderen war ich auf der Inhaltsebene voll damit beschäftigt, Brain Mans Anregungen mit meinen Realdaten zu bearbeiten. Ein mehrgleisiges Unternehmen dieses Pendelns auf zwei Ebenen: im Prozeßdenkhandeln integriert zu sein - assoziiert - und zugleich - dissoziiert - die Struktur zu bearbeiten.

Ich benötige jetzt doch einige Zeit, um abschließend beide Zustände sauber zu protokollieren. Es wird ein Map geben, das die Impulse in knapper und präziser Form aussagt und das ich auch für spätere Einsätze verwenden werde. Zudem existiert daneben das »Cyber-Map« meiner strukturierten Eindrücke, die ich mental entwickelt und mental getestet habe. Eine mindestens zweiseitige Planung ergibt sich. Und durch die Komponente des mentaldimensionalen Erlebens entsteht sogar ein mehr- oder multidimensionaler Effekt. Ich freue mich über die Wortschöpfung »mentaldimensional«. Neue und noch nie dagewesene Zustände, Perspektiven oder Entwicklungen bedingen neue Sprachschöpfungen. Das ist nur kongruent zum Geschehen!

Dieses Cyber-Map-Vorgehen dürfte auch die Brainländer sehr zufriedenstellen. Sämtlich beteiligte Hirnies können maßvoll ihre Kompetenzen zum Ausdruck bringen. Es gibt Passagen einer strengen Logik und welche der erwünschten Phantasie. Archiv-Hirnies sind aufgerufen, genauso wie die Kollegen und Kolleginnen der Zukunftsabteilung. Emotionen werden erweckt und neue Gabelungen und Wege geschaufelt. Und: ich erfuhr sehr viel über systematische Zielerarbeitungen. Schwachstellenanalyse kommt mir in den Sinn. Hier werden perfekt und sehr schnell mögliche »Knackpunkte« ermittelt und sofort alternative Neuwege entwickelt. Und das alles gestützt durch Mind Mapping. Der gedachte und gemappte Verlauf eines Themas oder Projektes bildet zugleich dokumentarisch das Vorgehen ab und ist automatisch ein Protokoll dessen.

Ganz vorzüglich eignet sich ein »Cyber-Map« für die Findung, Formulierung und Entwicklung von Firmenkonzepten, angefangen bei kleinen Problemchen und Wünschen

bis hin zu hochkarätigen, firmenpolitischen Entscheidungen. Es müßte auch im Corporate Identity-Design Anwendung finden können. Ganz sicher. Ich weiß auch schon wie! Allerdings benenne ich es in »Corporate Awareness« um. Apropos Effektivität von Schwachstellenanalysen, die überholte Standards als Basis nehmen: mit diesem Cyber-Programm, was natürlich noch für den Zweck auszubauen ist, sind Unternehmen selbst in die Position versetzt, Gutachten vorzunehmen. Ein geschultes oder gemietetes Team kann dann situativ leiten, Impulse geben oder die gesamte Moderatorik übernehmen. Und sind sogar große Teile der Belegschaft tatsächlich eingebunden, dann wird man außer den aussagekräftigen Ergebnissen eine zusätzliche Verbesserung von Teamgeist und Betriebsklima erwarten können!

103

Wenn, und so visioniere ich weiter, in einem Unternehmen, struktur- und hierarchieübergreifend, mindmappig gedenkhandelt wird, dann lassen sich unmeßbare Mengen an Material einsparen. Ich denke da nicht nur an Papier, sondern auch an vor-vermiedene Fehlabläufe, die gerade noch vor dem Beginn erkannt wurden.

Arbeiten mit »Cyber-Map« bedeutet absehbare und große Zeitersparnis. Diese ist gleichgenannt mit finanziellen Einsparungen, denn weniger Verweildauer an einer Projektplanung beinhaltet Freisetzung von »Mind & Brain Ware« für andere, wesentliche Aufgaben. Die erzielte Mehrzeit könnte z.B. für »Mind & Brain Styling« genutzt werden. Unternehmensdurchgreifende Strategien wie diese haben einen starken Aufforderungscharakter für Frau und Mann, auch einmal etwas außerhalb einer finanziellen oder betrieblichen Entlohnung auszuprobieren. Mit der Fertigkeit des Cyber-Mappings wird sogar eine Unternehmensbürokratie der Erlaubnisse durch Regularien, Ver- und Anordnungen oder Genehmigungen entlastet. Es kann sich beispielsweise spontan eine Einzelperson entscheiden, den Arbeitsplatz oder -prozeß virtuell zu gestalten oder Teams »klönen« während einer Teepause ein Projekt durch. Die Gedanken sind frei und wollen stets und ständig gefordert werden!

Das setzt allerdings voraus, daß die Beteiligten über gute Kenntnisse von BrainLand verfügen, ihre Zugänge kennen und einen sicheren, mentalen Zugriff nehmen können. Durchzuführen wären die Trainings in Gruppen durch vorher ausgebildete »Vorbilder«, wobei alle »Etagen« der Unternehmenshierarchie verpflichtet sind, es kennenzulernen und zu praktizieren. Warum nicht? Es sind mit Sicherheit die besten Investitionen eines Unternehmens oder sogar eines Landes: nicht in die Hardware, sondern in lebende Software setzen. Ökologisch und ökonomisch besonders wertvoll wie nie zuvor!

104

Relax-Center

„Hallo, laß uns heute in das Thema »Mind & Brain Care« eintauchen. Stellenweise kam in meinen früheren Ausführungen schon einiges über die Notwendigkeit von Entspannungen, Ausgeglichenheit und Streßumwandlung durch. Diese Themen sind von größter Relevanz, wenn es um den reibungslosen Kontakt zu und mit BrainLand geht. Du hast vor einiger Zeit selbst die Überlegung geäußert, daß intentionsfreies Mind Mapping sehr entspannend wirkt. Du erinnerst dich gerade an deine eigenen Bemerkungen, daß sich durch Mind Mapping wunderbare Meditationen oder Entspannungen einleiten und durchführen lassen. Das dachtest du vor einigen Tagen. Heute bist du so weit, daß es dir als ganz gegeben vorkommt, diese Funktion auszuprobieren oder als neue Mind & Brain-Kultur zu pflegen! Magst du jetzt in diesem Augenblick mal alles zur Seite legen, dich entspannt und bequem hinsetzen, so, daß du einige Zeit ohne Verkrampfungen, Störungen und Anspannung »abschalten« kannst? Ja? Gut. Dann suche dir doch einmal selbst ein Wort oder einen Begriff, bei dem du großangelegt in deinem BrainLand wandern und dich treiben lassen kannst zu ganz überraschenden Winkeln. Ich will dir ein Beispiel sagen. Einst hatte ein anderer Mensch auch mappig relaxed, sich das Thema »BLAU« gewählt und kam zu verblüffenden Punkten. Einer davon war eine Haifischflossensuppe. Nie wäre er ohne Mind Mapping-Ansatz so weitschweifend in seinen Gedankenfeldern gehüpft, geschweige denn, er hätte auch nur ein zaghaftes Verlassen der erlaubten Wege der Vernunft zugelassen. »Das

geht doch nicht! Das kann man doch nicht zulassen. Das ist verrückt!« So oder ähnlich nehmen sich viele Menschen das Abenteuer des Entdeckens von neuen Pfaden, neuen Spuren oder einfach neuer Qualitäten. Im Mind Mapping wird von Anbeginn an jene verzogene und die Gegebenheiten des BrainLand mißachtende »Abwehr« gar nicht zur Kenntnis genommen. Ha, und siehe da ... plötzlich gewinnt das gesamte Denken eine neue Farbigkeit, z.B. einer Existenzen-Toleranz von Daten, der Wertbefreiung von kausalen Grundannahmen oder eines parallelen Ko-Bestehens von Diversität! Ich nehme in Anspruch, daß das Mind Mapping dabei sehr gute, vorbereitende und bewirkende Strategien bereitstellt!"

Brain Man schäumt über in seiner Begeisterung über das Werden einer geistigen Multi-Dimensionalität mit Hilfe seines Steckenpferdes »EmEm«. Seine Begeisterung hat sich schon lange auf mich übertragen. So hatte ich heute ein wichtiges Aha-Erlebnis, als ich per Mind Map all die notwendigen und zu erledigenden Aufgaben in ein »Erledigungs-Map« eintrug: Telefonate, Faxe oder Briefe mußten erledigt, Anfragen getätigt und Behördengänge gemacht werden.

Ich sortierte sie in die Bereiche ein, die ich vorher großzügig per Symbol angelegt hatte. Einen Telefonhörer für Telefonate, ein stilisiertes Faxgerät für den Fax-Zweig, eine Einkaufstüte für Besorgungen. Von diesem Zweig gingen »Entfernungsäste« ab; Besorgungen in der Nähe und die in der Stadt. Einen Briefumschlag wählte ich als Signal für die Postarbeiten, ein Fragezeichen für Anfragen. Dort dann wieder ein Telefonhörer, ein Faxzeichen, ein Umschlag oder Beine, für persönliches Erscheinen. Es befand sich Flipchart-Papier in der Nähe und ich legte es voll des Eifers auf den Boden, »tobte« mit dicken Farbstiften auf dem Papier und hatte auf einmal Freude (!); Freude, diese Menge an früher als ekelhaft bezeichneten Dingen anzugehen, mir vorzunehmen und zu erledigen! Es wirkte auf mich wie ein Spiel mit Farben. Während ich schreib-zeichnete, noch dazu auf dem Boden, hatte ich keine Beziehung mehr zu einem schlechten Gefühl. In dem Augenblick, in dem ich die Erledigungen als neutrale Fakten zu Papier brachte, verloren sie an Druck. Und ich muß zugeben, daß die Heftigkeit an Groll sonst recht groß war. Dieses Mal war es sogar mein künstlerischer Anspruch, möglichst viel an Aufgaben, Pflichten oder Erledigungen zu erinnern! Früher geschickt verdrängte »musts« waren jetzt für mich Substanz, die mir deutlich mappig ins Auge sprang und sich darstellte als Beweis für mein Eingebundensein in beruflichen und privaten Prozessen! Ich bin, ich bin gefragt, ich verlange und werde verlangt. Ich lebe! Dieses, für mich kostbar historische Map, hat mir unaufdringlich vor Augen geführt, wie wunderbar mein Eingebundenwerden doch zu bewerten sei.

Nach einigen Minuten einer guten Nachdenklichkeit ersann ich sofort Strategien, wie ich mein Erfolgsgefühl mit

106

Hilfe von täglichen Anwendungen vergrößern und mappig dokumentieren könne. Meine Idee war folgende: pro Priorität wird eine eingekringelte Ziffer neben oder über der Aufgabe stehen. Ich überlegte mir an dieser Stelle bereits, wie ich besonders zeitökonomisch vorgehen werde. Das beinhaltete auch die Überlegung, daß die Dinge, die es bedingen das Haus zu verlassen, reihenfolgig, wie an einer Perlenkette aufgereiht, erledigt werden. Was kann ich auch per Fahrrad übernehmen? Es macht Heidenspaß, strategisch sehr gut übersichtlich einen »Erledigungs- und Ämterdiensttag« zu planen. Wie jauchzen wohl die Brainländer dabei! Vermutlich jauchzten wir alle. Jetzt, da ich auf einen Blick auch die übrigen Büroarbeiten sah, konnte ich sie in Einklang bringen mit den zeitlichen Erfordernissen außer Haus.

Ich notierte mir aus der Datenbank oder aus der Korrespondenz die Telefonnummern auf die Äste, Stichwörter zu den Gesprächen oder für Faxe. Es paßten sogar kleine Klebezettelchen auf das großformatige Blatt. Warum nicht integrieren?

In mir erwuchs immer mehr eine manifest werdende Gewißheit, daß ich einen bedeutsamen »Shift« von gefühlsmäßiger Gereiztheit und einem starken Überdruß an »Officework« hin zur spielerischen Farb- und Umgestaltung einer solchen vorgenommen hatte. Ich hatte sichtbar Abstand gewonnen zu den sogenannten Problemen; habe diese intuitiv umgedeutet in Beweise für meine vorhandene Existenz in Berufs- und Privatwelt. Und daraus erwuchs neben anfängli-

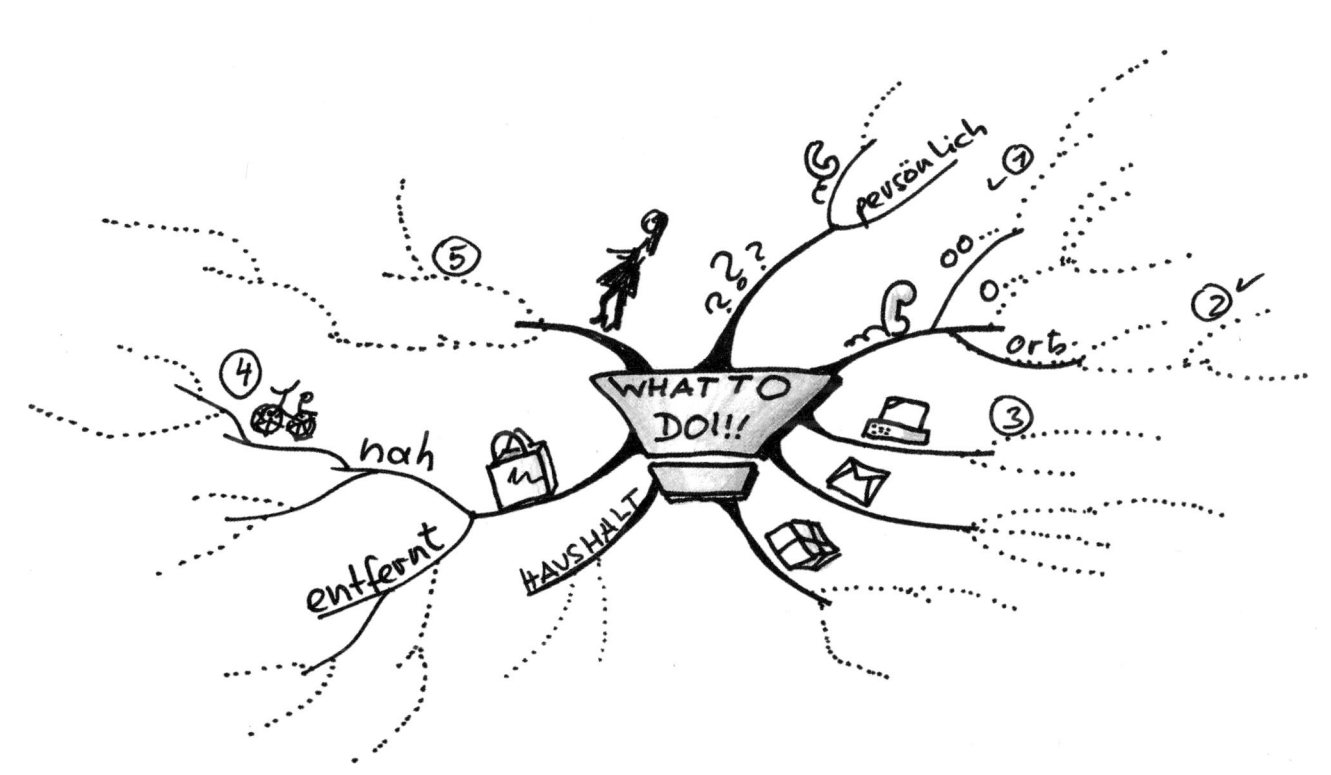

cher Verblüffung eine starke Motivation zum Loslegen und Erledigen! Wie würde das Map aussehen, nachdem ich das »Aufgaben-Map« erfüllt hatte?

In einem neuen Gewand wirkt das alte Büro-Gespenst, das mich sogar nachts zäh verfolgte und mir oftmals ein schlechtes Gewissen erzeugte, als eine farbenfrohe Herausforderung! Ich wollte per grandioser Gestik, ob durch Haken oder Durchstrich, die durchgeführten Erledigungen »erledigen«, als erledigt darstellen. Sichtbar, verbunden mit einem superguten Gefühl und mich frei (!) machen für Neues. Ich nahm eine forsche Haltung ein, atmete tief und los ging es. Während ich all das gerade wieder erinnere, erlebe ich mindestens genauso intensiv die Aufbruchstimmung von vorhin, bereichert durch das jetzige Wissen, daß der bisherige Tag mit innerer Aufgekratztheit und euphorischer Pro-Aktivität verging.

Mein wunderbares Gefühl wirkte sich im Gesicht aus, in meinen Bewegungen, in der kraftvollen und zuversichtlich klingenden Stimme und in einer großen und gütigen Gelassenheit. Ich war so gut »drauf«! Und jetzt tritt die Empfindung von Unbelastetheit stark in den Vordergrund. Durch das bewußte und demonstrierte Gestalten, Erleben und visuelle Abhaken von Erledigungen fühle ich einen Prozeß des Entleerens oder einer Er-leichterung. Was sich daraus entwickelt ist wie ein Rausch; bestehend aus Stolz, Unabhängigkeit, Leistungsstärke und Erfolg. Nicht mehr die Problemebene der sogenannten »Pflichten« steht

dabei quälend und drückend im Vordergrund, sondern das gute Gefühl danach, daß ich mir bereite, indem ich die »Pflichten« quasi als notwendiges Mittel »hin zu diesem« definiere und nutze, um eben diese herrliche Erleichterung nachher intensiv zu spüren! Und das weiß ich ab jetzt immer im voraus! Ich werde die Erinnerung und das Wissen darüber zuverlässig in mein Verhalten implantieren, fest verankern, auf daß ein unbewußtes Programm abläuft!

Allmorgentlich werde ich es kaum erwarten, neue »Tages-Maps« zu gestalten, die ich dann besorgungskünstlerisch umsetze. Mir wird bewußt, daß ich somit diese Tätigkeiten als einen aktiven Ausdruck - einen Kunst-Akt - meines Daseins bewerte. Ich bin selbstschöpfend, schöpfend, gestaltend oder schaffend im ständigen Erzeugen meiner Existenz und meines Umfeldes.

Ich erkenne meine Handlungen, und seien sie noch so gering oder unauffällig, als Teil eines Prozesses, der fraktal, chaotisch und parallel zu den vielen anderen Realitäten multi-dimensionell eingreift oder abläuft. Dieses Modell entspricht im großen den Vorgängen, die in BrainLand im kleinen ablaufen. Und wie viele Vorgänge laufen neben meinen, überall auf der Welt, auch schon vor langer Zeit und ebenfalls künftig ab. Wenn ich in meine Mikrostruktur mentalisiere, hinein bis zu den Zellkernen, in denen wiederum das historische Gut von unzählbaren vorgenerativen Existenzen existiert; in seiner unvorstellbaren Geringheit prägnant vorhanden. Und außen, außer-

108

halb von Erde, Planeten, Gestirnen ... Auch dort läßt sich die Stofflichkeit auf winzige Materie zurückdefinieren, oder auch nicht.

„Oder auch nicht! Das, meine Liebe, wirst du als dein Thema im »Meditations-Map« aufgreifen. »Oder auch nicht!« Welch ein Schwall von Ideen, inneren Monologen oder Erkenntnissen wird sich dir auftun! Und du wirst auf diesen Wegen und Richtungen, die sich dir in BrainLand auftun, staunend und entdeckend auf und ab wandern, dabei viel für dich gewinnen und deine Schlüsse daraus ziehen. Mach's gut ... bis dann ...!"

„Hallo, willkommen hier! Deine Reise durch die Welten und Zeiten deines Bewußtseins brachte mich ins Schwärmen. Und wenn du in diesem Moment medizin-technisch untersucht werden würdest, dann fände man mit Sicherheit erheblich vermehrt, günstige körpereigene Stoffe zur Regeneration deines Zellhaushaltes vor. Du hast dir, mit der soeben durchlebten Phantasiereise, dein persönliches Kurprogramm für Geist und Körper ermöglicht. Es gibt ein natürliches Notprogramm in euch Menschen, daß immer dann Tagträume einsetzen, wenn ihr nicht-brainländisches Verhalten an den Tag legt. Wenn du den gelegentlichen Wunsch nach einem »Dahindrömeln« als Signal auffaßt und es befolgst, dann bist du selten in dem Warnzustand einer Krankheitsäußerung. Wenn es aber Filterprogramme oder Glaubenssätze in dir gibt, die die anfangs zarten Zeichen deiner Schutz-Hirnies

109

nach Entspannung ignorieren und beiseiteschieben, dann müssen diese Kollegen zu größeren Schritten und kräftigeren Maßnahmen drängen. Dein Körper übersetzt diese in die Körper- oder Organsprache und will dir dann auf diese Weise davon Mitteilung geben, daß dringend ein Neuverhalten von dir erfolgen muß. Du kannst dir vorstellen, welchen Verlauf dieser Machtkampf oder vielmehr das Wettrennen um eine Zurkenntnisnahme nehmen wird. Gewiß ist, daß du, da du eine Komposition all deiner Instanzen oder Minds bist, sehr wohl ausreichend häufige Botschaften erhältst. Es liegt an deiner Feinwahrnehmung, ob du sie empfängst und richtig deutest. So führen leider zu oft kulturelle oder gesellschaftliche Normen dazu, die inneren Zeichen zu miß-achten. Innerfamiliäre Strukturen können das selbige bewirken.

So mußt du wissen, daß du sofort trainieren solltest, von deinen eigenen, inneren Abläufen Notiz zu nehmen. Das bedeutet, daß du in dir bist, bzw. völlig assoziiert. Es gibt dafür einen ganz simplen Ablauf, den ich dir aufmappen werde. Du gibst dir eine Möglichkeit, dir Selbst-Achtung zu schenken, aber auch um etwas zu relaxen. Und beides tut gut und ist überlebenswichtig! Vorher noch einige Klärungen. Wenn du, wie ich schon erwähnte, deine Filterprogramme und Glaubenssysteme so ausgeprägt hast, selbst oder durch Erziehung und Umwelt, daß dein Fokus auf das Wohl der anderen gerichtet ist, dann bist du ständig und tagtäglich damit beschäftigt, dein Verhalten mit Außenaugen zu besichtigen um festzustellen, daß du dort (!) auch wirklich pflichtbewußt für die anderen sorgst. »Was könnten die anderen denken, wenn nicht ...?«, »Was die anderen wohl sagen?«, »Wenn das jemand sieht!«. Solche oder ähnliche Aussagen können als Indizien gewertet werden für eine überwiegende Dissoziation oder Außenwarte deiner selbst. Und wenn die inneren Warnprogramme lange Zeit nicht an-erkannt und verstanden werden, dann ist es nicht mehr allzu weit für manifeste und verselbständigte Symptomzustände, die Krankheit genannt werden. Indem man sich von der eigenen Existenz mit allen Wünschen, Erwartungen und einer gesunden Portion Egoismus distanziert, dissoziiert man sich von sich oder aus sich heraus. Körperempfindungen können dann auch nicht feinwahrgenommen werden. Das Gefühl verbleibt in der betrachteten Person. Deshalb ist die Betrachtungsperson wie abgeschnitten von der eigentlichen Person. Ein rechtzeitiges Wissen darüber ist nie zu spät; zumindest nicht auf lange Sicht! Deshalb weise ich sehr deutlich darauf hin, daß dein Körpergefühl dir stets Feedbacks schickt, damit du diese auch bitte schön annimmst und einordnest. Es gibt dafür intensive Trainings. Nimm bitte das beiliegende Map fortan als Programm-Muster für deine mentalen Körperreisen. Nach einiger Zeit verläuft es automatisch und zügig! Du selbst-programmierst damit dich und deinen »State of Mind«.

Als ich dir jedesmal riet, auf ein Körperzeichen zu achten, ob eine Entscheidung oder Handlung zu deiner vollen Zufriedenheit getroffen und ausgeführt sei, mußtest du »in

110

dich gehen«, deinen Körper durchstreifen und ihm intensive Beob-Achtung schenken. Na, erklärt das jetzt vielleicht jenes, etwas hartnäckige Fragen meinerseits?"

Etwas verwundert war ich seinerzeit über die Hinweise schon. Doch nun macht es Sinn! Sinn auch insofern, als daß ich sehr häufig und bewußt meinen Fokus auf körpereigene Sinnessensationen lenke. Ich horche und spüre in meinen Körper, was den Brainländern ebenfalls außerordentlich gut tut. In letzter Zeit ist mein Kontakt zu meinen inneren Minds, Instanzen oder Brainländern intensiviert worden. So nehme ich längst nicht mehr wahllos Umgebungsreize an. Nein, wenn ich ein Unruhegefühl oder das von Ablehnung bemerke, dann versuche ich mich in der Umgebung so zu gestalten, bis »Innen und Außen« eine Balance bilden. Ein Beispiel dazu sei die Musikwahl. Ich habe bei der Gelegenheit festgestellt, daß ein vielfältiger Bestand von sämtlichen Musikrichtungen sehr vorteilhaft ist. Manchmal schreit das Ohr nach dezenter Klassik, mal nach poppigen und schmissigen Themen, oder es muß unbedingt ein Naturgeräusch »aus der Konserve« sein, wie Vogelstimmen oder tropischer Regenwald. Nun, ich bin recht gut sortiert, was öfters bei Freunden den Eindruck erweckt, ich könnte sogar sogenannte »schmalzige« Musik gut finden. Ich hätte wohl keinen »ausgeprägten Musikstandard«. Nun, solche Kommentare regen mich nicht auf. Ich weiß für mich, daß ich Musik auch instrumentell einsetze als stimmungsförderndes Mittel, damit ich mich in opti-

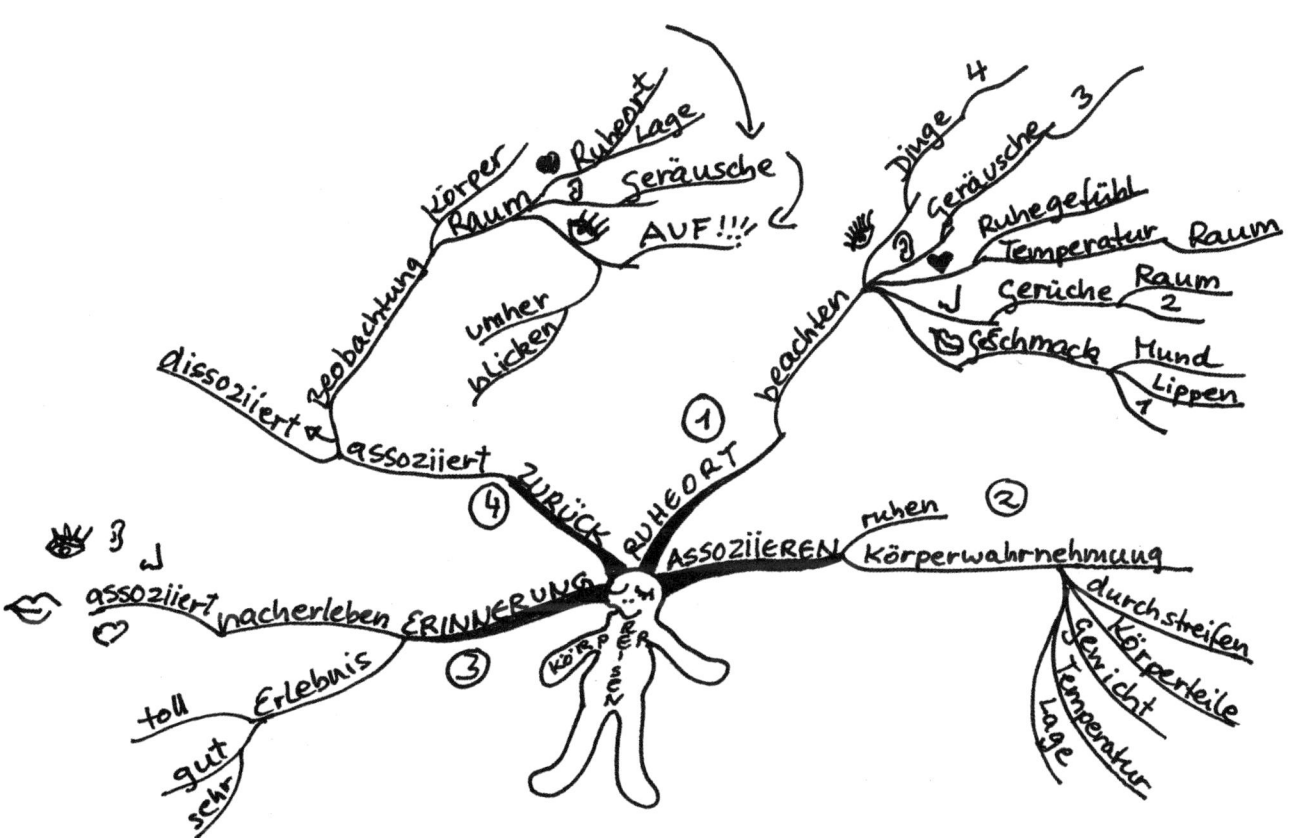

Körper RuheOrt Lage
Raum ③ Geräusche
AUF!!!

Beobachtung umher blicken

dissoziiert
assoziiert

Dinge 4
Geräusche 3
③ Ruhegefühl
Temperatur Raum
Gerüche Raum 2
Geschmack Mund
Lippen 1

beachten

① ZURÜCK RUHEORT
④

ASSOZIIEREN ruhen ②
Körperwahrnehmung

③
assoziiert nacherleben ERINNERUNG
durchstreifen
Körperteile
Gewicht
Temperatur
Lage

toll Erlebnis ③
gut
schr

KÖRPER PERSON

111

male Stimmungen und Lern-Bereitschaft versetzen kann. Gemäß Brain Mans Erwähnung der Filterprogramme und Vorurteile muß ich den Freunden sogar bescheinigen, daß sie recht vorurteilsbeladen den Geschmacktrends nachhängen. Ich hingegen »leide« nicht, wenn ich gelegentlich »Alpenmusi« höre. Ich kann gut mit den vielen Variationen musikalischen Ausdrucks leben. Insofern kann »verkehrte« Musik mir nichts anhaben. Ich empfinde es als ein erneutes Indiz für intrapersonelle Autarkie und Freiheit von allem Beengenden. Der Wahrnehmungswinkel im vorurteilsfreien Zustand ist sehr groß und weit! Gelassenheit geht automatisch einher und somit ist die entspannte und streßfreie Grundstimmung leicht zu halten. Doch zurück zur Musik. Für eine damalige Aufgabe schien mir die Radiomusik ungeeignet und erweckte in mir eine Gereiztheit, die keineswegs zu einem gelassenen BrainLand-Zustand führte. Ich probierte dann elf CDs mit unterschiedlicher Musik aus, bis mein Gefühl mir sagte, daß eine jetzt gut sei! Und siehe da, die Arbeit ging besser von der Hand. Die Zeit, um die richtige musikalische Untermalung zu finden, ist eine arbeitseinleitende Investition.

Ich bemerke häufiger in letzter Zeit, wie ich körperlich auf mich im Raum reagiere. Es gibt Tage, da ist mein »Stammsitz« am Schreibtisch der optimale Platz, wohingegen ich dort zu anderer Zeit eine absolute Gedankenleere erlebe. Und sogar die typische Atmosphäre eines Zimmers hat auf meine Kreativität Auswirkungen. Ich muß an meine Kat-

ze »Picolina« denken, die sich intuitiv »ihre« Stellen sucht und sich dann erst ausgiebig und in größter Zufriedenheit niederläßt. Ich bescheinige ihr hiermit eine starke Sensitivität in bezug auf Raum- und Körpergefühl. Sie tut, was für sie gut ist. Katze müßte man sein! Manchmal ... Aber zurück zu Umfeldempfindungen. Es beginnt mit kleinen Veränderungen und Freiheiten, sich einen günstigen Rahmen zu schaffen, in dem man gelassener und entspannter eine Stimmung für starke Denk- und Arbeitsleistungen bekommt. Eine hellere Glühbirne, Naturlichtstrahler, wenn der Arbeitsplatz dunkel liegt, und andere Wandfarben. Sogar Düfte und Aromen verzaubern ein schlichtes Arbeitszimmer in ein duftiges Paradies, fern vom Hier, inmitten einer Phantasie. Schon in meiner Kindheit gab es zu Hause kleine Dufterzeuger aus Blütenessenzen. Für mich hat es sich, aber eben für mich, und das auch nicht starrem Muster folgend, als wirkungsvoll erwiesen, daß ich vormittags gerne Orangenblüten oder Nadelwald rieche, mittags werden es dann Rosmarin oder Meeresduft und abends sehr gerne Kamille oder Lavendel, je nachdem, ob ich geruhe schlafen zu gehen oder aktiv zu bleiben bevorzuge. Ich habe auch unzählige andere Mischungen und Mixturen. Insofern ist meine Nase trainiert, mir durch geeignete Duftangebote Wohlgefühl zu bescheren, auch unterwegs!

„In BrainLand sind ganz tief, quasi unterirdisch weitere Hirnies, die für deine Instinkte, deine körperorganischen Funktionen und Stimmungen zuständig sind. Geruchsmole-

STIMMUNG

LICHT — hell, sonnig

RAUM — Gefühl, Position, Platz, Materialien, Standort, Temperaturen

GERUCH — Aromen, tageszeitig, anregend, beruhigend

FARBEN — anregend, beruhigend

"FUTTER" — natürlich, unbehandelt, phasen-gerecht

MUSIK — Natur, Varianten, bereit, Vorteile !!

küle reizen sie zu ihrer Arbeit an. Sie wandeln die Impulse um in Verhalten, Reaktionen oder entsprechende Zustände. Diese Hirnies - Lymben und Stamm-Hirnies - existieren sehr lange im BrainLand. In deiner Entwicklung waren sie noch vor den Links- und Rechts-Hirnies da. Sie beherrschen dein Leben. Damit du Einflußnahme ergreifen kannst in ihre Regelkreisläufe, mußt du zuvor in Erfahrung bringen, wie sie worauf reagieren. Du kannst dann wunderbar Streß oder Krankheiten verhindern oder zumindest gezielt in den Verlauf einwirken. Du bist nicht mehr den schematischen Reaktionsfolgen und Verhaltensprogrammen der Stamm-Hirnies ausgeliefert.

Duftstoffe, zum Beispiel, sind dabei ein wichtiges Element, das du ja schon aus deiner jahrelangen Erfahrung kennst. Musik geht ebenfalls direkt zur Stimmungszentrale ein. Die diensthabenden Hirnies kreieren entsprechende Grundstimmungen, so daß dann die anderen Brainländer davon mitbeeinflußt werden, und somit DU! Na, und die Nahrung - natürliche - leistet einen nicht zu unterschätzenden Beitrag für die Konstitution der Brainländer und für dich. Nahrung, die bereits vorfabriziert oder sehr mit Kunstprodukten durchsetzt ist, benötigt einen erheblichen Beseitigungseinsatz der Verdauungs-Mannschaft deines Körpers. Dein Körper ist darauf eingerichtet, mit allen Substanzen und Stoffen der Natur chemisch-biologisch fertigzuwerden. Wenn aber neue chemische Erfindungen und Kompositionen in der Nahrung

114

sind oder dazukommen, dann werden Horden von inneren Sondermüll-Experten benötigt, diese artfremden Stoffe zu analysieren und zu entwerten. Das kostet Energie und Zeit(!), wie du dir unschwer vorstellen kannst. Dieser Energievorrat wird den denkenden Brainländern entzogen. Es kommt zu den berühmten Leistungstiefs nach den Mahlzeiten oder zu langandauernden Hinwendungen deiner Konzentration auf den dicken Bauch, das Völlegefühl usw., wobei durch ein Verdauungsschnäpschen oder mit einen starken Kaffee gegenreagiert wird. Und schwupp, schon wieder neue Analyseprozesse für die »Digestif-Boys« in deinem Magen. Viel lieber hätten sie nur gelegentliche Einsätze, wohlverteilt im günstigsten Zeitraum, in dem sie optimal, zeit- und energiesparend arbeiten. Doch um all dieses Insiderwissen mußt du dich selbst kümmern. Es ist Teil deines BrainLand-Trainings, daß du genügend Auftrieb für Selbstinitiativen entwickelst. Stichwort: Autarkie, Selbstbewußtheit und Werden, statt zum Beispiel extern subventionierten Seins.

Ich erwähne das alles, weil du auch per Nahrung einen großen Einfluß auf BrainLand ausübst. Du unterstützt das gesunde Fortbestehen eures Bio-Tops! Wenn du erst einmal deine Nahrung bewußt sortiert zu dir nimmst, dann werden dir nach einiger Zeit deine Steuer-Hirnies sehr gut mitteilen, welche Stoffe zur Zeit benötigt werden, auf daß keine Unterversorgung von bestimmten Vitaminen, Mineralien oder Spurenelementen eintritt. Dein Magen »schreit«

dann nach den bestimmten Mitteln. Die Stamm-Hirnies haben es für dich in das System »Appetit & Geschmack« übersetzt. Wozu und wie sonst sollen sie dir ein situatives Analyseprotokoll senden? Wie willst du deren Terminologie verstehen? Der Heißhunger auf bestimmte Nahrung und zu bestimmten Zeiten ist ihre Antwort. Allerdings, und das ist die große Gefahr, verselbständigt sich das Heißhungergefühl immer dann zum Gefährlichen hin, wenn du jenseits einer körpergerechten Ernährung lebst. Dann nämlich treten die Sucht-Hirnies in den Vordergrund und schreien nach ihrer, für dich aber verhängnisvollen Chemie, die vorzugsweise in Kunstnahrung vorhanden ist. Bei natürlicher Nahrung wird nie ein abnormes und dich schädigendes Suchtverhalten einsetzen können! Das Hinspüren auf Magenbotschaften bitte also erst dann, wenn du wieder auf dem natürlichen Weg bist! Es kann, und das muß ich zugeben, schon einige Zeit dauern. Denk einmal, wie jahrzehntealte Programme umgeleitet oder stillgelegt werden müssen. Statt dessen legst du genußvoll neue an. Erlese dir diese Zusammenhänge ausführlich!

Und was das alles mit Relax zu tun hat? Du kannst erst effektiv entspannen, wenn du eins bist mit dir und zu dir. Und das geht eben nur über eine geschärfte Eigenwahrnehmung! Du wirst dazulernen, wie dein Körper beschaffen und zusammengesetzt ist. Das Wissen darüber ist im Grunde eine der wichtigen Grundvoraussetzungen und unabdingbares Schulwissen: zumindest unter dem Aspekt: »angewandte

115

Körperkontrolle und Psychopflege«. Komisch, wenn ihr Menschen euch ein Auto kauft, dann klärt ihr euch vorher ausführlich auf und behandelt es dann oftmals über Gebühr: erst recht, wenn es sich um ein hochwertiges und teures handelt. Oder was ist mit einem Computer. Anwenderhandbücher darüber gibt es in großen Mengen. Den Körper, inklusive BrainLand vernachlässigen zu viele Menschen extrem grob. Es ist das kostbarste und unersetzbare Gut, das ihr besitzt oder das euch zu eurer verantwortungsvollen Verfügung steht. Es laufen die beeindruckendsten Vorgänge, Abläufe und Reparaturprozesse ab, die man sich kaum vorstellen kann. Konzentriert auf diese Fläche oder in dieses Volumen, ist es von keiner Kunsttechnik nachzustellen. Nicht einmal von einem »Computer« der Marke »BrainLand«!

Geht zur Zeit nicht durch Wirtschaft und Gesellschaft der Ruf nach Mitverantwortung, Selbststeuerung oder Eigenverantwortung? Sollte damit nicht auch »Mind & Brain Care« gemeint sein und nicht nur das Verhalten am betrieblichen Arbeitsplatz? Gib einmal diesen Gedanken weiter. Er wird sicherlich dazu führen, daß so mancher intrapersonelle Raubbau hinterfragt und beendet wird. Ganz neue Berufe sind hiermit erforderlich: keine Pädagogen, die Wissensanhäufer sind, sondern solche, die vermitteln, wie in selbstorganisierten Prozessen für sich oder synergetisch mit anderen gelernt wird. Oder Ärzte, die keine Reparaturmedizin lernen und anwenden, sondern sich mehr der Aufklärung und einer Vermeidung von Krankheiten widmen. Die mit den Ratsuchenden gemeinsam individuelles Genesungs- oder Heilerhaltungsverhalten ermitteln. Doch eh es soweit ist, werden wohl die gegenwärtigen Patienten geduldig und duldsam eine Geräte- und Chemiemedizin hinnehmen. Dabei sind genügend körpereigene Drogen und Medikamente in jedem Körpersystem. Sie können durch gezielte Maßnahmen - auch durch Entspannungen - freigesetzt werden. Das mentale Zusammenspiel von inneren Vorstellungskräften und das Wissen um die Beschaffenheit des Körpers sind Voraussetzung dafür. Innere Körperreisen spüren so manchen Herd auf und es lassen sich dort vor Ort mentale Reparaturen durchführen. Links- und Rechts-Hirnies werden gleichermaßen gefordert und helfen dabei! Die Brainländer machen keinerlei Unterschied zwischen real externen Veränderungsarbeiten oder real internen. Sie müssen nur wiederholt werden, aber das sollte nicht das Problem sein. Während einer mentalen Körperreise wird automatisch eine Entspannung bewirkt. Also wieder einmal ein Doppelnutzen. Im »Topness-Center« erfährst du nützliche Vorgehensweisen, wie du mental in deine Gesundungsprozesse eingreifst. Wenn du also Body & Mind unterstützt und nicht gegen sie arbeitest, dann wird dein Leben kraftvoll und zugleich entspannend sein. Höchstleistungen werden dein Normallevel repräsentieren. Du wirst dann noch gut sein, wenn andere Mitmenschen schon schlapp gemacht haben. Diese Hinweise sind keine leeren Hülsen. Das verspreche ich hiermit! Noch etwas zum externen Ambiente. Wenn du

116

einen sehr hellen Bodenbelag hast, dann wird beim Gehen peripher diese Farbe im unteren Augenbereich mitgesehen und jedesmal ein kleiner Mini-Streß in dir erzeugt. Ich weiß, die Mode ... Aber ihr Menschen seid aus frühester Zeit darauf angelegt, daß Natur euch umgibt. Und meistens ist es Gras, Wald oder anderes dunkles Terrain gewesen. Die Ausnahmen des Schnees oder des weißen Strandstreifens zählen nicht. Die Verweildauer darauf ist nicht maßgebend. Die Wahrnehmung ist also ursprünglich auf dunkle Farben oder Strukturen eingerichtet. Die humanbiologische Evolution hat in den Millionen von Jahren keine wesentlichen Veränderungen herbeigeführt. Zumindest nicht in den Basisprogrammen der Stamm-Hirnies. Probiere deshalb ruhig einmal aus, ob auch deine Schreibtischunterlage in einer neuen, dunklen Ausführung zu spürbaren Ruhewirkungen führt. Oder gönne dir einmal einen ganzen Tag des Wahrnehmens an deinem Arbeitsplatz. Nimm dir dafür Urlaub, wenn es sein muß. Es ist für dich! Filtere einmal den Aspekt des modernen Raumdesigns aus und spüre! Achte auf Farben, Formen und Muster in dieser Umgebung. Wie sind die Lichtverhältnisse? Wo ist Schatten? Wo ist dein Platz? Ist er dort, weil es schick oder strategisch »in« ist, oder weil er dort sein muß. Setze dich und lasse den Raum auf dich wirken. Nimm auch deine Haut als Indikator für dein Behagen. Fühlst du dich wohl dort - in deiner Haut? Wo denn besser? Drehe und bewege dich in deiner Umgebung, bis auch deine Haut dir mitteilt: »Ja, das ist okay!« Erst dann bist du selbstsicher und souve-

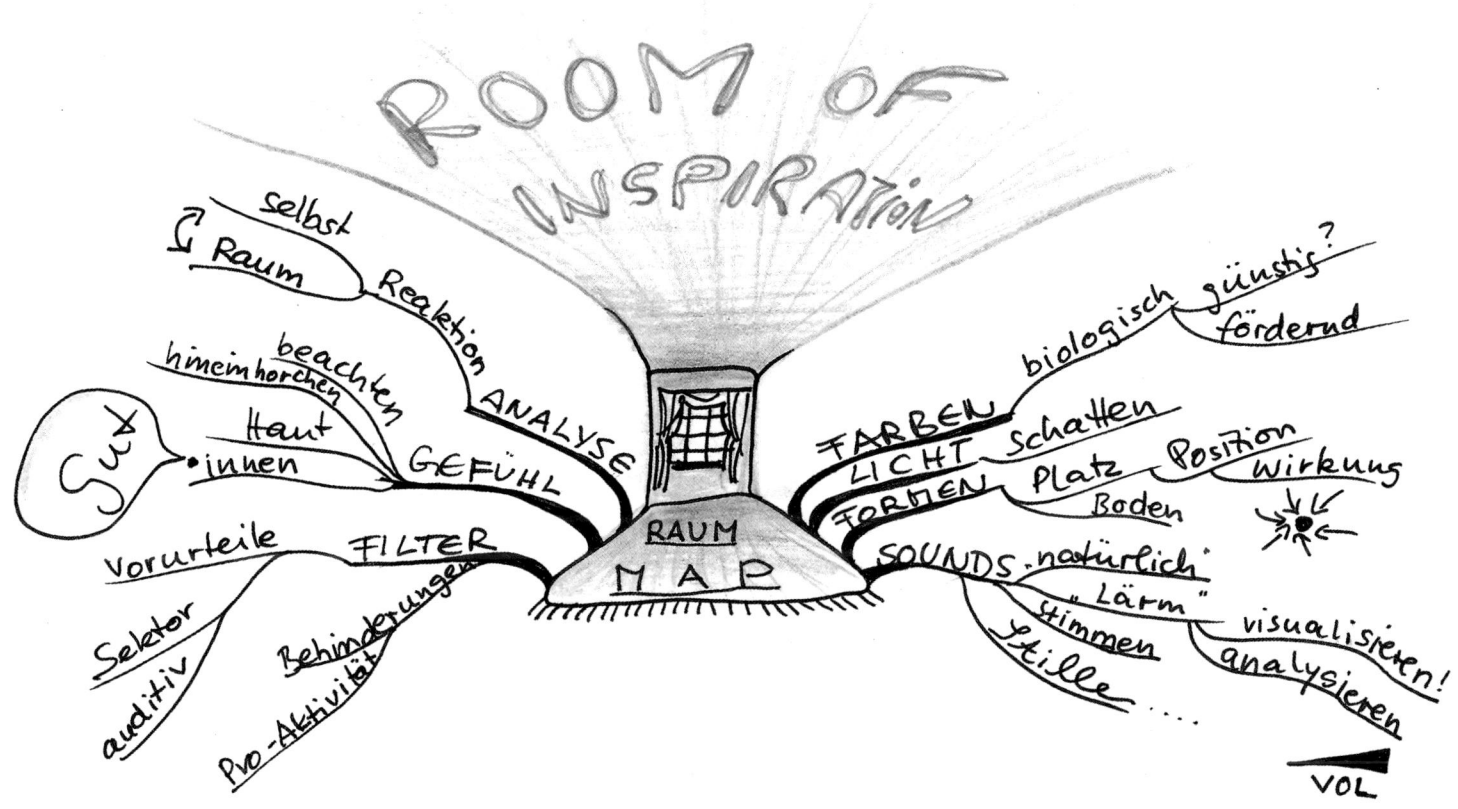

ROOM OF INSPIRATION

selbst
Raum   Realation ANALYSE
beachten
hineinhorchen
Sur
Haut   GEFÜHL
•innen
Vorurteile   FILTER
Sektor
auditiv   Behinderungen
Pro-Aktivität

RAUM
MAP

FARBEN   biologisch günstig?
LICHT   Schatten   fördernd
FORMEN   Platz Position Wirkung
              Boden
SOUNDS natürlich
              "Lärm"   visualisieren!
              Stimmen
              Stille   analysieren
                          ...

VOL

rän, wenn in dir eine souveräne und feste Grundhaltung besteht. Dein Auftreten wird von Sicherheit und Optimismus geprägt sein. Und das manchmal nur, weil der Ort, an dem du dich so viel aufhältst, ein guter Ort ist. Erinnere dich auch bitte an deinen erfolgreichen Tag neulich, als du auf deine Mitmenschen strahlend wirktest. Dieses Strahlen kam kongruent aus dir heraus. Günstige, raumunterstützende Begleitumstände tun das ihrige dazu. Es ist so einfach. Nun, ich weiß, nicht jeder kann sich das berufliche Umfeld so gestalten wie du in deiner Position. Nicht jede hat mobile Medien und Technik, um auch wirklich den Ort der Inspiration zu belegen, doch es lohnt sich immer, auch nur darüber nachzudenken und die Ergebnisse in Form von Anregungen weiterzugeben. Niemand wird sich entschuldigend herausreden können, daß es nicht geht. Diese Antwort zeugt von geistiger Trägheit und ist unentschuldbar. Er oder sie sollte einmal Mind Map-unterstützte Visions-Projekte durchgehen. Einen Ablauf davon hast du ja im »Strategie-Center« kennengelernt. Gib dieses Modell weiter. Versprich es, Darling!

Geh dann weiter zu den auditiven Wahrnehmungen in jenem Raum. Was alles nimmst du per Ohr wahr? Bestimmte Geräuschquellen, die um dich herum sind oder von draußen kommen. Nimm sie einmal nicht als Lärm wahr, sondern sage dir dabei, daß es - objektiv - physikalische Wellenmuster sind, die dein Ohr aufnimmt. Die Definition »Lärm« wird leichtfertig vorgenommen. Es gibt keinen Lärm,

118

es ist nur deine Benennung! Es sind deine Filter, die aus Geräuschen angenehme Muster bilden oder aber nervige. Du weißt, daß manchmal sogar deine Lieblingsmelodien dir fürchterlich auf den Geist gehen können. Es ist eine subjektive Interpretation und ein Spiegel deiner Stimmung, wie du mit Geräuschen umgehst.

Mach dir einmal folgendes Spiel zur Gewohnheit: nimm, wann immer du »störende« Geräusche um dich bemerkst, eine entspannte Haltung ein. Atme vielleicht mehrmals tief durch und dann achte bitte in der Art einer Hördehnung auf die Geräuschquelle. Seziere quasi die Ohrwahrnehmung in alle hörbaren Bestandteile. Kommentiere dabei ganz sachlich und analytisch, ob es hohe oder tiefe Töne sind, rhythmische oder einmalige. Ist es eine Komposition aus vielen Klängen, Tönen, Melodien oder Stimmen? Hast du so etwas schon einmal vernommen oder ist es neu. Was macht den Unterschied aus? Wie sieht die verursachende Geräuschquelle aus? Ist sie natürlicher oder technischer Natur? Ist es ein Medium oder sind mehrere daran beteiligt? Gibt es Pausen oder Hörlöcher? Zähle dann die Abstände oder Intervalle. Wo ist die Stille dabei am größten? Wo dauert sie wie lange? Aus welcher Richtung kommt die Stille? »Stülpe« dein Ohr gezielt zu Geräuschquellen hin, »docke« es dort an und nimm dir einen inneren Lautstärkeregler, mit dessen Hilfe du, wie mit einem großen Mischpult, die Töne manipulierst, so lange, bis du recht unbeteiligt und fasziniert bist ob des neuen Klangergebnisses. Du hast alle Instrumente in dir, mit denen du dein Umfeld oder deine Reaktion auf dieses mit innerer Sinneskraft verändern kannst! Du kannst dir sogar ein inneres Orchester zusammenstellen in Stunden der Langeweile. Nichts anderes passiert beim Abpfeifen eines Liedchens und beim Summen einer Melodie. Es liegt nur an dir, ob du dich nerven und stressen läßt von vorhandenen Reizen. Es ist sogar so, daß du extrem manipulierbar bist, wenn du auf externe Sinnesreize mit körperlichen Ausfällen oder sogar geistigen Zusammenbrüchen reagierst. Es kann eine Stimme sein, ein Tonfall, eine bestimmte Gestik oder sogar der Duft eines Rasierwassers. Wenn bekannt wäre, wodurch du regelrecht phobisch reagierst, dann würde man diese Trigger ansetzen, um dich »lahm zu legen«. So ist es einst einem Psychologie-Professor ergangen, der die Farbe Gelb nicht vertrug. Studentinnen und Studenten trugen in seinen Vorlesungen viel gelbe Kleidung und der Herr brach fast immer nach spätestens zehn Minuten die Veranstaltung ab. Fatal, nicht wahr?

Du erfährst hier gerade, wie du mit Hilfe der linken Brainländer extrem sauber analysierst, wie die vermeintlichen Reize beschaffen sind. Indem du aus einem Gefühlsbann heraustrittst - dich dissoziierst - durch einen Denkprozeß, da unterbrichst du die Reaktionsschleifen der Stamm-Hirnies. Sie »coolen down« und können sich auf ihre wesentlich wichtigeren Aufgaben konzentrieren, als Handlungsgehilfen der Filter-Hirnies zu sein. Erinnerst du dich an

119

die Filter-Hirnies? Die, die blitzschnell eine »Vernebelung« von BrainLand herbeiführen, wenn sie ihre Filterprogramme oder Glaubenssätze über BrainLand legen? Nun, Deutungen und Interpretationen von Sinneswahrnehmungen sind ihr Nährboden für Filteraktionen. Es liegt aber an dir, ihnen so selten als möglich Anlässe dafür zu geben oder ihnen Angebote zum Anspringen zu machen.

Wie? Indem du lernst, deine Umwelt unzensiert und unbewertet wahr-zunehmen. Ich sagte schon einmal, und dafür ist die Mind Map-Technik ein gutes Mittel, daß an allererster Stelle nur die pure analytische Wahrnehmung steht. Die reinste faktische Datensammlung! Dann erst folgt in großem Abstand eine Einordnung in bestehende Erfahrungsbereiche oder es finden Erlebnisvergleiche statt. Indem du lernst, dich physisch zu entspannen, werden die Filterschichten ausgedünnt und verlieren ihre Dichte und Konzentriertheit. Je mehr du systemisch vorgehst, um so eher reduzieren sich die Schichten, bzw. gehen die Filterprogramme auf eine ursprüngliche Lean-Form zurück. Ich meine damit jenen Zustand, der garantiert, daß keine überflüssigen Gewichte an Vorurteilen und versubjektivierten Bewertungen die Arbeit der Filter-Hirnies erschweren und dir somit deine mögliche Wahrnehmungsintensität schmälern. Die Filter-Hirnies setzen manchmal, um es mit einer Metapher auszudrücken, zu viele Pfunde an, wenn du ihnen Situationen anbietest, in denen sie eine klare und objektive Datenaufnahme verzerrend, generalisierend oder tilgend interpretieren. Sie geraten dann automatisch in einen inneren Zugzwang, mehr davon zu bekommen. Kennst du Menschen, die regelrecht »zugenagelt« sind von ihren Vorurteilen, ihren Annahmen oder Glaubenssystemen? Wenn ja, dann wirst du bemerkt haben, daß sie außerdem leicht erregbar sind und eine sehr enge Sicht der Welt haben. Zumeist sind sie unzufrieden, Pessimisten, und die leichte Anfälligkeit auf Reizreaktionen versetzt sie oft in krankhafte Zustände. Welche Vorteile doch da ein ausbalancierter Filterprogrammhaushalt hat! Ich denke, daß du genug erfahren hast, um die Zusammenhänge zwischen Entspanntheit, Erfolg und Gesundheit zu verstehen. Es gibt darüber auch Extra-Literatur, da diese Aspekte wirklich große Aufmerksamkeit verdienen."

Und da habe ich anfangs geglaubt, daß es nur darum geht, sich per Liege oder Kassettentraining geistig und körperlich zu entspannen. Relax haftet oft ein Hauch von absoluter Ruhe oder von Abgeschiedenheit an. Eine Lösung, die tiefer greift, ist insofern wünschenswert.

Daß ich selbst BrainLand beeinflussen kann, finde ich gut. Besonders, daß das kunstchemiefrei abläuft. Es bedeutet allenfalls einige Vorkehrungen, verstärkte Be-Achtungen von externen Realitäten und meinen inneren. Das kommt einem Neubeginn gleich, wie der Renovierung eines alten Gebäudes! Wenn ich gründlich planerisch gestalte, dann beschert es mir viele neue Qualitäten: den Mehrzuwachs an

120

Sinnigkeit, Wohlbefinden, Neugier und unbändiger Lebenslust. Ich will anfangen!

„Wunderbar, du Wirbelwind! Mach dir geschwind einen Mind Map-Plan deines Vorgehens. Du kannst dich an die Zielfindungsstrategie, bzw. an das »Cyber-Map« halten, an das Muster der Urlaubsplanung oder draußen ein »Land-Map« abwandern. Ich freue mich für dich. Wie oft bietet sich die Chance einer Neuorientierung! Und dann gleich eine so grundlegende! Wenn du einzelne Stationen deines Planes erreicht hast, dann wende deinen Erledigungsritus an. Achte stets auf dein intensives »Erreicht-Gefühl«. Allmählich internalisierst du dieses Verhalten. Deine anderen, neuen Neuro-Muster laufen dann von selbst. Du evolutionierst zu deinem Ursprung. Das ist kein Widerspruch!

Was meinst du, wie werden die Brainländer auf die Zukunft reagieren? Soll ich es verraten? Mit Jubel und Erleichterung, denn auch sie versprechen sich einen Kureffekt davon. Und was deine Meinung über traditionelles Relax-Training angeht: es ist gut und hilfreich, geht jedoch nicht in die Verhaltensprogramme, sondern kratzt nur etwas an ihnen. Wenn keine inneren Neuprogrammierungen vorgenommen werden, dann wird kein langfristiger Erfolg eintreten. Bei allen Methoden muß für dich ausschlaggebend sein, daß DU selbst-verantwortlich etwas unternimmst. Überlasse es keinen externen Instanzen, setze nicht auf künstliche Mittel. Sie können unterstützen, aber dir nie dein Tun abnehmen! Bye, then!"

Center für Winergy

„So, meine Liebe. Wir sind hier im »Center für Winergy« angelangt. Es ist ein Ort, an dem du viel schon dir Bekanntes entdecken wirst. An Beschreibungen, wie du mit Brain-Land-Energie private und berufliche Erfolge oder Gewinne erzielst. Im Grunde können wir rasch und zügig diesen Platz durcheilen. Mit deinem jetzigen Wissen, das du bereits internal vernetzt, sind nicht mehr so viele Worte der Erklärung meinerseits notwendig. Es reichen dir einige Augenblicke des verständigen Betrachtens eines Mind Maps und du weißt etwas damit anzufangen, bzw. hast Ideen. Ist es so? Was ich allerdings noch etwas ausführlich auf diesem Rundgang erwähnen möchte, das bezieht sich auf die Meta-Kultur von BrainLand. Es sind Sehenswürdigkeiten und Ansichten, die du für dein Leitsystem Mind Mapping unbedingt wissen solltest und die so gut wie nirgends in diesem Zusammenhang veröffentlicht sind. Can we start?

Ich richte in diesem Abschnitt Worte an dich, die dich interessieren, wenn du die Position einer Chef-Dirigentin innehättest; ungefähr vergleichbar mit mir als dem Koordinator von BrainLand. Bei dir kann es jeder beliebige Bereich sein, ob es der Posten in einem Unternehmen ist, familiär oder im Verbund mit anderen Partnern. Du kannst hier per Mind Mapping und mental-dimensionaler Strategien Win-Win-Situationen entwickeln und sicherstellen. Laß uns da gleich mit einer Basis-Qualifikation als Chef-Dirigentin beginnen, der weisen und klugen Ko-Ordinierung und Herbeiführung von Konsens-Entscheidun-

gen. Was ich damit meine? Erinnerst du dich an die Mind Map-Planungsrunden, einst, als es um Urlaub ging oder um deine Cyber-Vision? Du lerntest mit Hilfe von recht konkreten Beispielen die Wege kennen, die dich sicher und präzise zu Zielen führen. Du lerntest diese Routen ausführlich kennen, bemerktest Weggabelungen, bewandertest diese eine gewisse und notwendige Zeitlang, eiltest zurück zum Hauptpfad, bis du nach entsprechenden gedanklichen Hindernissen die Orte deiner Ziele erreichtest. Du bist nie ausgewichen, sondern hast mit Hilfe deiner Brainländer diese besonderen Markierungen auf der Strecke als nützliche Wegweiser erkannt und dir gemerkt. Sie sind für dich bei jedem erneuten Zielsuchen in der Zukunft deine An-halts-Punkte zum Orientieren, Ausruhen oder Überlegen. Du kennst bestimmt das geflügelte Wort: »Der Weg ist das Ziel«. Und genauso ist es mit diesen Ziel-Routen. Du lerntest auch, Ziele zu entwickeln und zu erkennen! Wenn du die Etappen zum Ausgang nimmst für generelle und spezifische Planungen, und zwar mit Gruppen, die nicht nur homogen zusammengesetzt sind, dann werdet ihr schnell eure BrainLands zu sensationellen und synergetischen Ergebnissen zusammenfügen. Gleich dazu ein Beispiel, das du vielleicht jetzt, da wir nur zu »zweit« sind, alleine durchspielst. Aber plane es bestimmt auch für eine reale Team-Arbeit ein.

Das Thema lautet: »Miethuhn«! Das Erstellen eines umfassenden Konzeptes für eine Miethuhn-Farm oder als Fran-

121

chise-Idee. Finanzierung, Marketing, Realisation und Name. Notwendige Schritte und Möglichkeiten. Jetzt ...!

Vielen Dank, du brauchtest nicht lange dafür und das Ergebnis gibt Anlaß zu weitreichender Fortsetzung. Du, paß auf, wenn du irgendwann und irgendwo von einem Projekt hörst, das diese Idee zur existenziellen Basis nahm. Sichere dir eine Provision ...! Doch Spaß beiseite. In der Gruppe würden die einzelnen »Ergebnis-Maps« zu dem Maxi-Mind Map zusammengefaßt werden. Du kennst das Verfahren bereits. Es ist jetzt ungünstig, eine Teamsituation zu simulieren. Deshalb der Vorschlag, dieses »Spiel« bei nächster Gelegenheit zu testen. Sei jetzt schon extrem gespannt. Ein Hinweis noch für die Moderationsphase. Wenn die verschiedenen Ideen und Argumente erörtert und geprüft werden, dann wird es für alle von euch deutlicher, wenn du zumindest drei Prüfinstanzen vorsiehst für die Beurteilung der einzelnen Möglichkeiten.

Es wird ein Bereich, bzw. Zweig vorgesehen, auf dem die Zukunft schwärmerisch und realitätsfrei geträumt oder visioniert wird. Vielleicht einigst du dich auf die Farben Grün oder Rot oder Gelb. Du kannst anhand der Farben signalisieren, ob es ein generierender Traum ist; dann bitte Grün - wie Wachstum. Oder es ist ein emotionaler Wunsch, völlig irrational und voller Gefühl - dann ist die Farbe Rot angebracht. Ist es eine kreative Vision, dann steht ihr die Farbe Gelb am besten. Du vermerkst in diesem Bereich alle Nennungen, die nicht zu begründen sind. Nur un-

gefilterte Wünsche stehen hier. Es darf auf keinen Fall beurteilt werden! Das kommt später. Auf diesem Bereich findet erst einmal eine zweckungebundene Ideensuche statt. Würde bereits auf dieser Stufe ge- und beurteilt werden, dann würde so manche Idee gar nicht erst zutage treten. Um es für die Brainländer auszudrücken: sie recken sich hier stürmisch vor mit ernsten und aberwitzigen Vorhaben.

Der zweite Bereich behandelt die visionierten Aspekte, nur werden hier genau die Maßnahmen genannt, die notwendig sind, damit die Visionen erfüllt werden können. Es ist insofern der Kalkulationsbereich. Die günstige Farbe dafür ist Blau. Jetzt setzen erste Beurteilungen ein. Sie sind notwendig, um einem Überwuchs an Ideen vorzubeugen. Nur starke und realistische Ideen bleiben übrig. Der Rest darf sich zurückziehen, bzw. ist »abgewählt«. Also hier mit Blau die logistischen und planerisch-buchhalterischen Maßnahmen eintragen. Du nimmst quasi Maß, ermittelst den Bedarf an Finanzen, Zeit, Hilfe, etc. Dieser Posten kommt der Frage nach dem genauen Bedarf und der konkreten Anzahl gleich.

Der dritte Bereich befaßt sich mit der kritischen Analyse der Nicht-Machbarkeit. Verwende Schwarz als Signal dafür. Hier wird kritisch beobachtet und vor Gefahren gewarnt, die die anfänglichen Ideen oder Visionen zum Scheitern bringen. Hier wird »geholzt« und »niedergemacht«. Sei nicht empört. Diese Position ist wichtig, denn wie viele Projekte mißlingen durch einen Mangel an vorheriger Weitsicht und

122

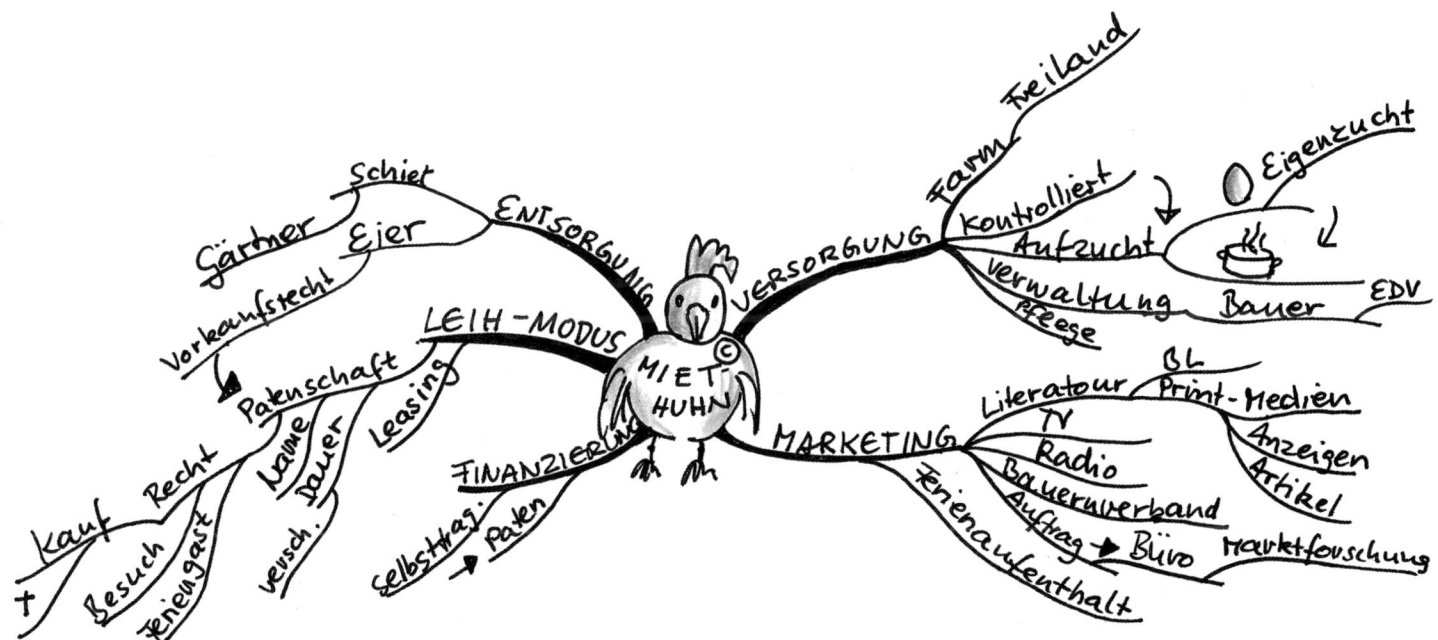

MIET HUHN ©

LEIH-MODUS

ENTSORGUNG
Gärtner   Schiet
Vorkaufsrecht   Eier
Patenschaft
Leasing
kleine Dauer
versch. Dauer
Kauf   Recht
Besuch   Feriengast
†

FINANZIERUNG
Selbstträg.   Paten

VERSORGUNG
Farm   Freiland
kontrolliert
Aufzucht   Eigenzucht
Verwaltung   Bauer   EDV
Pflege

MARKETING
Literatour   BL   Print-Medien
TV   Anzeigen
Radio   Artikel
Bauernverband
Auftrag → Büro   Marktforschung
Ferienaufenthalt

123

einem vielschichtigen Problembewußtsein, als es zu der Start-Entscheidung kam.

Wenn also in der Kritik-Phase Argumente und Schwachstellen entdeckt oder erahnt werden können, dann sei froh. Dies ist ein positives und kein negatives Zeichen! Es beweist, daß die Vision modifiziert werden muß. Nun setzt ein zweiter Durchgang ein. Du symbolisierst es im Map entsprechend. Also wieder die Farben und Denkstrukturen annehmen und die übriggebliebenen Punkte erneut durchträumen, rational planen und kritisch ablehnen, weil... Es darf nur logisch begründete und plausible Kritik folgen. Gewohnheitskritik aus reiner Freude ist untersagt! Diese Ebenen werden so lange durchgespielt, bis ein Ergebnis allen Farben und Denkhaltungen standhält. Es muß genügend Visionsaspekte beinhalten, meßbare Einheiten zur Realisation darstellen und auch vom Kritiker abgesegnet sein, denn ihm fällt kein Gegenargument mehr ein. Du entdeckst vielleicht große Ähnlichkeiten zum »Cyber-Map«. Es ist im Grunde eine Erweiterung, Bereicherung oder Ergänzung dessen. Als virtuoser »Captain« deiner Brain-Crew wirst du brillant und mühelos, situativ geschickt jenes Team durch alle »Planungswasser« steuern. Na, ist das was! Ich denke, du wirst mit diesen Steuerstrategien gut zurechtkommen. Das »Leben draußen« wird es beweisen."

Diese Ergänzung fügt sich lohnend in die bisherigen Strategiekonzepte ein. Je mehr Impulse ich der Gruppe im Realfall geben kann, desto eher gelingen uns effektive Lösungen. Mir sagt das Rollenverständnis der Moderatorin in der Managementposition zu. Die Aufgabe als Manager erfordert künftig ein neues Profil und ein erweitertes Spektrum an Fertigkeiten.

Der Manager oder die Managerin von morgen wird immer mehr von der Notwendigkeit nach Visionsdenken geprägt sein. Von ihr oder ihm wird verlangt werden, daß eine wachsende Fähigkeit zur Delegation, Projektplanung, Umsetzung und die der Koordinierung jeweiliger »Mind & Brain Ware« vorzüglich vorhanden ist. Nicht mehr ausschließlich Fach-Wissen garantiert dann die Position. Das neue Managerprofil beinhaltet ebenso das Vermögen an Einsicht und Stärke, sich in Augenblicken der Kompetenzschwäche mit anderen Kompetenzen zusammenzutun, bzw. denen den Vorrang zu lassen. Unfehlbarkeit adé!

Bisher fielen mir bei allen Trends oder Tendenzen Trainingsmöglichkeiten durch Mind Mapping ein: Visionsdenken ist erlernbar, rhetorisches und moderatorisches Geschick entsteht im Üben mit »Text-Maps« und bei freien Vorträgen. Verblüffende Kreativität entspringt, wenn nach »Cyber-Map« gedacht wird, wenn »Relax-Maps« erwachsen oder wenn im Park »gemap-wandert« wird. Teamprozesse sind in Planungsrunden zu erzeugen oder zu festigen. Eine Einschätzung der eigenen Qualitäten ist mit dem »Ich-Map« zu bewerkstelligen. Die Erkenntnis, daß es parallel multi-dimensionale Möglichkeiten wovon auch im-

VISION
generierend
emotional
kreativ

KRITIK
warnend
vernichtend

REALISATION
kalkulierend
planerisch
ermittelnd

M M

125

mer gibt, ergibt sich von ganz alleine im Mind Map-Hirn eines jeden Anwenders. Die Entwicklung einer Corporate Vision ist ebenfalls ein Leichtes mit durchtrainierten Brainländern. Automatisch verbessert man den Umgang mit Menschen! Da das Personengedächtnis perfektioniert ist und Personaldaten per »Personen-Map« schnell ablesbar registriert sind, können auch sicher und zuverlässig situative Teams zusammengestellt werden. Hier entscheiden Daten der Hirnigkeit, der Meta-Programme oder Teamerfordernis über jeweilige Zusammensetzungen oder Einsatz. Sinnesoffene »Evolutions-Manager« setzen neue Präferenzen im Unternehmen! Vermehrt und verstärkt werden Wahrnehmungstrainings angeboten, auf daß die Mitarbeiterinnen und Mitarbeiter eine besondere »Awareness« entwickeln und in sich tragen. Im dem Maß steigt die Identifikation zur Aufgabe, in der eine vollsinnige oder sinnvolle Hingabe zur Arbeit stattfindet. Im Unternehmen wird es Bereiche des Relaxens oder Sinnens geben. All das zielt zweifellos auf die »Corporate Awareness« hin. In einer mindmap-befähigten Belegschaft sind zudem pro-aktiv neugierige Mitarbeiterinnen und Mitarbeiter, die professionell in ihren Bereichen Projekte erarbeiten und beurteilen können. Nun, und die »Neue Führungsrolle« bedingt zudem die Fähigkeit, das Ent-Lernen von alten Strategien systematisch einzuleiten. Durch Mind Mapping entsteht es von selbst! »MM« ist bereits jetzt schon ein Allround-Programm oder Training unschätzbaren Wertes!

126

„Aber ja! Es gibt sicherlich noch mehr Punkte, die hervorheben, wie unmittelbar und zuverlässig Mind Mapping in unternehmensplanerische Prozesse von heute und morgen faßt und paßt. Ein wenig bekümmert möchte ich an dieser Stelle eingestehen, daß im Grunde erst vor Ort, nach Kenntnis der jeweiligen Voraussetzungen, gezielte Projekte entwickelt werden können. Deshalb wünsche ich dir, möglich schnell, viele Realanforderungen, die du beratend annimmst und durchführst. Also sei vorbereitet ...! Was ist denn für dich im Bereich des Managements noch von Wichtigkeit, bzw. was brauchst du, damit für dich »Winergy« herauskommt?"

Es ist die Zeit! Der Umgang mit der Zeit und der Überblick über die Zeit! Mehr nicht. Ich brauche ein übersichtliches und flexibles System, wie ich meine Termine darstellen und überblicken kann. Auch soll es meinem Meta-Programm »Zeitigkeit« entsprechen. Hoppla, da kommt mir gerade ein Gedanke: ich ordne ein »Chrono-Map« an! Es ist für mich, als »In-Timerin«, für meine beruflichen Erfordernisse und meine Affinität für bildnerische Lösungen hervorragend. Ich nenne einmal in Brain Mans Namen die Aufgabe, ein Kalenderkonzept à la Mind Map zu konzipieren. In das L-Buch, bitte. So!

„Du hast ja Winergy in Hülle und Fülle! Ist hier nicht auch der Ort für Führungskräfte! Was hältst du davon, das »Chrono-Map« einige Zeit zu testen?

Projekt xyz

FREITAG
Empfang
Erfolg
feiern

MONTAG
Beginn
Runde MM

DIENSTAG
Delegation

MITTWOCH
Treffen

DONNERSTAG
Vorstellung
Vorstand

1993 MAP

JANUAR
1. 2.
3.
4

FREITAG
Fr
Ja
So
Mo
Di
1. vorm. mittag
2. abends
3
4.
5.

Urlaub

Meeting
15
30
45

9
10
11
12
13
14

FEBRUAR

APRIL

16.4.

MORGEN
VORMITTAG
ABEND
MITTAG
NACHM

Du kannst das Schema für jeden Monat fotokopieren, »Wochen-Maps« zeichnen oder sogar von einem Tag, um dann in die Stunden zu steigen. Mir fällt eben auf, daß in deinem System eine dynamische Innen- und Außenrichtung ist. War zum Beispiel im »Monats-Map« die zweite Woche der Endpunkt, dann ist er im Wochen-Map das Zentrum, von dem die Tage abgehen. Ein Tag bildet den Kern der Stunden, usw. Du wirst dir entsprechend deiner Bedürfnisse deine Kalender selbst produzieren.

Für große Übersichten schlage ich Flipchart-Papier vor. Ist dir klar, daß du z.B., wenn das Blatt an der Wand hängt, Tickets einpinnen kannst oder die Erledigungen mit deiner dir vertrauten Erledigungsgeste abhaken kannst? Du kannst ferner per Symbol markieren, wo du eine Feinplanung auf einem Extra-Blatt vorgenommen hast. Und weißt du noch etwas: wenn die Maps bildnerisch schön und farbig sind, dann hast du individuellen Wechsel-Wandschmuck. So, wie du einst Kunstdrucke aufhängtest und sie in Momenten der Abspannung anblicktest und dabei tagträumtest, so wirst du jetzt das Map ansehen, es gedanklich erwandern, und die Termine des Tages werden dir wie ein Bild im Gedächtnis sein. Ich bin zuversichtlich, daß das »Chrono-Map« ein Renner für alle Zeittypen ist. Für dich, als »In-Timerin«, ist es günstig, wenn du beim Erstellen mental in die Situationen oder Termine quasi hineinkrabbelst. Du bist dann in jener Zeit in der Zukunft - In-Time! Wärest du eine »Through-Timerin«, dann

128

könnte ich dir auch einen guten Grund nennen, warum das »Chrono-Map« dein System ist. Du liebst den Abstand, die Dissoziation zu dem Ereignis. Das Map bietet dir einen großzügigen Überblick, du vermagst die genauen Uhrzeiten einzuzeichnen als Ziffernausdruck oder in Form eines Ziffernblattes. Übersicht ist hier der Qualitätsstandard, der »Through-Timer« überzeugt. Beiden Typen ist gemeinsam, daß das großflächige Entwickeln des Maps dazu führt, daß die Termine zumindest einmal per Auge und Bewegung verinnerlicht werden. Wenn das Map dann sichtbar placiert ist, dann kommen Blickwiederholungseffekte dazu, die die Brainländer schätzen. Und noch etwas: ein »Chrono-Map« als Bildausdruck wird besser erinnert als eine Terminliste!

Reicht dir das für deine Zeitplanung? Ja! Dann werden wir noch einmal auf diesen Ort hier zurückkommen. Hier wird Winergy zum Thema erhoben. Energie ist den hiesigen Brainländern nicht genug. Die Energie soll nach vorwärts gerichtet sein und nicht für überflüssige, körperliche »Verwaltungsangelegenheiten«. Begleitend dazu kommt die innere Selbstsicherheit, resultierend aus verläßlichen Körpersignalen, die dich intuitiv entscheiden lassen. Körpersignale, die dir inneres Wohl oder aufkeimende Gefahren verdeutlichen. Schätze dich glücklich, wenn du in einem intensiven, inneren Rapport zu dir bist. Indem dir das vertraut ist, wirst du mit Sicherheit bei nächster Gelegenheit deine Mitmenschen darauf aufmerksam machen.

Und weißt du, was dabei herauskommt, wenn jeder dies auf Firmenebene macht? Man wird sich mit der Zeit mit Selbst-Sicherheit recht genau taxieren können, wie es z.B. um die eigene Leistung steht, ob die im Verhältnis zur Entlohnung steht, oder ob etwas anderes vermißt wird. Emotionale Faktoren, zum Beispiel, ausgedrückt durch ein »Emotionales Konto«. Du, als Führungskraft, wüßtest also dank deiner sinnesoffenen Beobachtung und den Mind Map-Notizen, welche Einheiten bei wem angesagt und benötigt werden. In Form eines »Emotionalen Kontos« lassen sich Abhebungen oder Einzahlungen darstellen.

Kennst du die Bedürfnisse und Gewohnheiten deiner »Leute«? Wenn ja, dann ist es gut. Wenn nein, dann schleunigst dezent nachholen. Egal, wie auch immer, du mußt wissen, wie ein Team auch mit emotionalen Faktoren typenspezifisch motiviert wird. Die Darstellung des T-Kontos kannst du getrost ersetzen durch ein Mind Map. Pro Person einen Zweig, dann Gabelungen, auf denen du vermerkst, welches Plus-Investitionen und Minus-Abhebungen sind. So einfach. Ich habe dieses Mal keine Lust, dir ein Beispiel aufzuzeichnen. Ich zolle dir ein Kompliment, indem ich davon ausgehe, daß du es weißt, bzw. selbst eine Lösung findest!

Weißt du übrigens deine ureigenen »Kontenseiten«? Was ist bei dir eine Abhebung? Was muß jemand tun, damit bei dir garantiert ein Minus entsteht? Was hingegen ist eine satte Einzahlung? Und dann frage dich weiter, ob die wichtigsten Personen deines Lebens davon wissen, bzw. die Ausprägungen kennen? Wenn nein, dann überlege bitte, bei welcher Gelegenheit du davon Mitteilung machen wirst. Auf diese Weise kann unbewußtes Leid und ungeahnte Pein in dem einen oder anderen Fall vermieden werden.

Das wäre im Augenblick meine Aufgabe an dich. Stelle Überlegungen an, wie du per Mind Mapping diese Klärung vornimmst. Du kannst daraus auch ein wunderschönes Bild zeichnen. Nimm dir also in deinem L-Buch eine neue Seite hervor und fange an.

Herzlich willkommen! Ich kann verstehen, wenn du diese Erkenntnisse geheimhalten magst. Ist dir die Wichtigkeit dabei aufgegangen? Gut! Nun noch etwas zur Neurolinguistik und ihrer Aussagekraft auf Einstellung und Verhalten. Achte bitte auf die Unterschiede: »Er setzt sich durch« und »Er hat gewonnen«. Erinnerst du dich an den Anbeginn unserer Rendezvous? Die Geschichte mit der namentlichen Vorstellung? Hier ist ähnliches zu bemerken. Wer von beiden ist auf der Verursacherseite und wer auf der Seite der Re-Agierer? Wenn du z.B. diese Bemerkungen im Gespräch aufnimmst, was kannst du vorerst für Hinweise entnehmen? Welche Typen sind vor dir? Bei wem ist eine Opferhaltung zu vermuten, wer geht strategisch vor? Mit diesen zwei Sätzen möchte ich dich nur noch einmal aufmerksam machen auf die Notwendigkeit einer feinen sinnlichen Wahrnehmung, auch die Sprache betreffend.

Wenn du ausführlicher in die Neurolinguistik einsteigen magst, dann findest du ein reichliches Angebot an Literatur oder Seminaren darüber. Es ist eine spannende Sache, die, bedingt durch die sofortigen »Ahas«, richtig süchtig macht auf mehr Wissen. Und warum nicht? Bilde dich als Führungskraft laufend weiter. Fördere deine Teams so, daß sie effektiv und freudig ihre Chancen wahrnehmen. Du gewinnst dann durch deren zunehmende Autarkie Zeit für DICH und sie Zufriedenheit für sich! Die »BrainLand Company Unlimited«! Wer möchte da nicht dabeisein.

Und noch etwas anderes im Sauseschritt, und zwar, wie versprochen, zügig gegen Ende. Ich schnappe einmal meine Gedankensprünge auf, von denen ich meine, daß sie hierher passen. Eine sich bewahrheitende Beobachtung ist die, daß effektive Leute nicht problemorientiert denken, sondern ergebnisorientiert! Was sagt dir das? Wie kannst du das in dein bisheriges BrainLand-Training einordnen? Denk einmal darüber nach. Welche praktischen Möglichkeiten bieten sich dir, ergebnisorientiert zu denkhandeln? Welche Schritte, welche Methoden? Wie gehst du vor? Erzähle es dir laut. Geh dabei auf und ab und halte ein Plädoyer für deine Idee. Dynamisch! Sei überzeugt. Wie mußt du sein, damit deine Überzeugung kongruent rüberkommt. Wie ist die Körperhaltung dabei?

130

Deine Stimme und der Tonfall? Wie muß die Lautstärke sein? Wie siehst du dabei am besten aus? Hast du eine Schokoladenseite? Eine besondere Positur, die dir Kraft gibt? Hab all dieses »in mind«, während du das ausprobierst - es sind Elemente deiner Winergy, wichtige Komponenten, um sie bei schüchternen Mitmenschen zu entdecken und zu trainieren. Das gehört in Einfachstform in Richtung Karriere-Coaching. Aber bitte, das sind wirklich erst die Grundfeste.

Teil des Karriere-Coaching ist das Wissen um genaue Erfolgsmomente, bzw. aus welchen Elementen sich diese zusammensetzen. Per Sinneswahrnehmung, wobei das Gefühl eine wesentliche Rolle spielt! Map dir doch in deinem L-Buch nach Sinnen sortiert auf - VAKOG - welche Eindrücke einst, beim jüngsten Erfolgserlebnis mitliefen. Indem du ihnen - jetzt - bitte sehr ausführlich auf der Spur bist, bzw. ihnen nachforschst, hast du ein effektvolles »Anker-Map«, das dir einen Schatz an Ressourcen präsentiert. An Ressourcen oder Intensitäten eines wahnsinnig guten Erlebnisses. Wenn du dann einmal in weniger guter Verfassung bist, dann nimm dir dieses Map vor, lies die Angaben, vollzieh sie nach, und voilà: es breitet sich ein tiefes, erneutes Wohlgefühl in dir aus; bis in alle Winkel. Und du hast die Winergy von einst und bist wieder in einem guten »State of Mind«. Du bist klasse!"

KreARTivität-Center

„Hallo, hier, in der Art Gallery, haben diverse Künstlerinnen und Künstler ausgestellt. Es zeigen sich Mind Maps unterschiedlichster Ausprägungen, wobei du dich erinnerst, daß ich dir anfangs sagte, daß es dem Portraitieren ähnlich ist. Jedes Mind Map spiegelt die individuellen Züge der Künstlerin oder des Künstlers wider. So ist beispielsweise auch bei uns die Kunstrichtung der »Minimal Art« vertreten oder du findest »abstrakte« klare Darstellungen vor. Die Interpreten sind dann meist dem linkshirnigen Areal von BrainLand zuzuordnen. Es ist die lineare Verbal-Kunst, die hier auffällt. Und hier siehst du Kreationen, die dem rechten BrainLand-Stil einen starken Ausdruck verschaffen. Sie bestehen zum größten Teil nur aus Bildelementen oder sinnlich-chaotischen und verspielten Ansammlungen von Gedankenwörtern. Sie sind ganz oft ein Abbild mutmachender Heiterkeit. Du wirst mit Sicherheit Collagen vorfinden oder »Fetz-Maps«, als »1:1-Abbild eines eingefrorenen Momentes«. Wie bei jeder Komposition können recht verbindliche Aussagen und Rückschlüsse über den Künstler und die Künstlerin getroffen werden.

Manchmal sind unterschiedliche Schaffensabschnitte erkennbar, denn jeder Mensch unterliegt ständigen Entwicklungen und gerade beim Mind Mapping gibt es relativ schnelle Veränderungen in Darstellungs- und Ausdrucksform. Meist vollzieht sich die Wandlung vom »Lineal-Map« zum ausgewogenen »Minimal-Map«, wobei die zeichnerischen Qualitäten betont wachsen. Also einerseits die Abnahme von Worteelementen und andererseits eine Zunahme an händigem Geschick. Die »Minimal-Maps« beinhalten besonders interessante Komponenten: sie sind ein komprimiertes Abbild eines Großkomplexes. Sie stehen für etwas, was mental ablief. Das, was sichtbar ist, ist lediglich das endgültige Resultat dessen. In der Bildenden Kunst gibt es entsprechende Parallelen.

Wenn du so willst, dann trifft auf die »Mind-ART-Maps« zu, was jedem Menschen zugesprochen wird: Leben ist zugleich Kunstprozeß und reiner Ausdruck von Kunst. Wenn die Mind Maps die Individualität der Gedanken darstellen oder bildlich ausdrücken, dann ist zweifellos die jeweilige LebensART damit dokumentiert. Der künstlerische Ausdruck gleicht den brainländischen Gegebenheiten und die wiederum bilden die Persönlichkeit! Und auch hier wieder diverse Bevorzugungen, Ausprägungen oder Erscheinungsformen: minimal, sinnig, chaotisch, verspielt, ernst, nüchtern, akkurat, übermäßig, überladen, oder, oder, oder. Insofern ist das Lernen auch künstlerischer Prozeß und Ausdruck. Und du weißt, daß künstlerisches Schaffen nur bei einem absolut stabilen Selbstbewußtsein möglich ist. Ständige Zweifel am Ergebnis, bzw. Selbstzweifel, die eigene Fähigkeit oder die des Teams betreffend, sind »Kreativitäts-Killer«. Ob man sich dessen in den Ausbildungsstätten und Unternehmen bewußt ist?! Ich fürchte, nein.

131

Dieser Gedanke ist es Wert, einmal mit anderen Mappern und Mapperinnen beleuchtet zu werden. Und nicht vergessen: ein »Protokoll-Map« dabei mit schreib-zeichnen!

Okay, let's go. Laß uns übergehen zu Randbedingungen von Kreativität. Je erwachsener der Mensch wird, desto mehr verlernt er es, Dinge und Vorgänge spielerisch und intentionsfrei zu ergründen, auszuprobieren oder zu erfinden. Den meisten erwachsenen Menschen ist das Urteilen und logische Begründen das Hauptanliegen im Zusammenhang mit Suchprozessen nach Lösungen. Es wird dabei darauf geachtet, daß Regeln, Konventionen oder bestehende Zusammenhänge erhalten bleiben. Dabei ist noch nie etwas wirklich Neues entstanden, indem man die alten Pfade von BrainLand auf- und abstrich!

Sogar »so vor sich hin zu mappen« führt - immer - zu mindestens einem unerwarteten Nebenziel in BrainLand. Und dort genau kann ein möglicher Schatz liegen; gefunden, weil nicht zielfixiert und focussiert auf Krampf gesucht wurde. Entdeckt, weil die Wahrnehmungsbreite im Mind Mapping nach außen gelenkt ist und abgelenkt wird von Zielzwängen. Wozu also forciert initiierte Kreativprogramme führen? Was diese bei den Hirnies auslösen, das brauche ich nicht zu wiederholen. Bildlich sichtbar werden im Mind Mapping Wege, sprich Zweige, verlassen, neue Gabelungen eingerichtet, verbindungslose Sprünge vorgenommen oder neue Ebenen erklommen. Kreativität entsteht dabei von selbst. Sie ist unvermeidbar!

132

Und noch ein Wort zu den Phasen, in denen die Kreativ-Hirnies besonders gut auf Empfang gehen. Es ist in den meistens Fällen die Zeit ab nachmittags bis abends, bzw. die späte Nachtzeit. Es kann der ganz frühe Morgen sein, aber es ist sicherlich nicht der Vormittag oder die Mittagszeit. Und genau während dieser Zeit haben Schulkinder Unterricht! Gedankenreichtum entsteht in diesen Stunden schwerlich oder kaum. Selbstverständlich sind meine Worte nur Empfehlungen: es ist durchaus möglich, daß du andere Erfahrungen machst, bzw. daß du Wege kennst, wie du die Empfangszeiten manipulieren kannst."

Indeed, ich kenne nützliche Tips. Es sind Kombinationen aus den bisher gelernten Strategien, also dem mentalen Zielfinden, kleinen Relax-Phasen oder ziellosem »Mappeln«, um die Denkbahnen zu de-blockieren und neue zu schalten. Doch was zusätzlich noch sehr nützlich ist, ist folgendes:

Ich denke mir irgendein Objekt und beginne mentale Imaginationsspielchen. Ich stelle es mir in anderen Farben vor, mit Mustern, miniaturisiert, extrem vergrößert, so, daß ich darin oder darauf herumkrabbeln kann. Ich multipliziere das Objekt oder halbiere es, ich lasse es sich drehen oder abheben. Ich spiel mit allen Sinneswahrnehmungen herum. Und zum Schluß frage ich mich ernsthaft, wozu ich dieses Objekt *nicht* gebrauchen und verwenden kann. Und davon so viele Möglichkeiten als möglich. Von dem Spiel werden die Kreativ-Hirnies putzmunter!

Ent-Lern-Center

Die Amseln versetzen mich in Erstaunen. Zwar sind sie noch nicht ausgeschlüpft, aber wenn es soweit sein wird, dann werden sie es bestimmt nicht am Abend, bzw. in der Nacht tun. Wie sollte die Mutter im Dunkeln Futter finden? Erstaunlich! Ihr instinktives Wissen darüber wird von tiefliegenden Lebensprogrammen gesteuert, insofern ist es eine weitere Art von Intelligenz. Die ungeschlüpften Amselbabies sind genetisch so codiert, daß sie durch die Schale eine bestimmte Helligkeit wahrnehmen müssen, um dann erst von innen heraus die Schicht zu knacken. Morgen sind es drei Wochen Brutzeit. Es sollte eigentlich bald soweit sein.

„Tja, es ist bemerkenswert, wie andere Lebewesen, auch ohne Schulbildung, über artengerechte Verhaltensstrategien verfügen. Wenn es Lernvorgänge im allgemeinen sind, die dich faszinieren, dann können wir gerne damit fortsetzen, von Lernstrategien durch Mind Mapping-Unterstützung zu erfahren. Ist es recht?

Aus der Übersicht, die ich dir vor einiger Zeit vorgestellt habe, geht hervor, daß das Mind Mapping für den Bereich »Lernen« immense Vorteile bietet. Du kannst per Mind Map bestehendes Gedankengut komprimieren, dir verständlich gestalten oder es in neue Übersichten bringen. Auf der anderen Seite schaffst du per Mind Map die Grundlage oder die Ausgangsbasis, um ausführliches Gedankengut zu strukturieren, zu planen oder vorzubereiten. Du hast bereits selbst in beiden Richtungen gearbeitet: Mind Mapping zum Komponieren von Gedankengut und Mind Map-

ping zum Komprimieren eines solchen. Denke bitte einmal an die rhetorischen Konzepte oder die Textraffungen diverser Artikel. Damals befandest du dich am Anfang deines Könnens. Wenn du in deinem L-Buch zurückblätterst, dann sind dir alle damaligen Entstehungsprozesse wieder präsent. Du wirst dich schnell erinnern, welche Gedanken dich bewogen, jene Schlüsselwörter oder -begriffe zu wählen. Du bist auch in die Lage versetzt, diese »Raff-Maps« erneut mit Gedanken aufzufüllen.

Und du weißt auch, daß das ganz normal ist, denn du mappst vielsinnig, beziehst sämtliche Areale und Bewohner von BrainLand mit ein, auf daß sie dir im Koordinieren, Speichern und Erinnern vorzüglich zu Hilfe kommen. Die Tatsache, daß es funktioniert und daß du seither einen gesteigerten Zugang zu deinem BrainLand hast, habe ich in letzter Zeit öfters von dir vernommen. Natürlich freut es dich, diesen Zuwachs direkt zu verspüren. Ich möchte dir heute Tips mitgeben, wie du dir insbesondere im Sprachenlernen die Vokabelarbeit dank Mind Mapping erheblich verbesserst. Ist das akut für dich? Oder soll ich dir berichten, wie du Lernstoff auf ein großes Map komprimierst, zum Beispiel mit Fakten der Geschichte oder Geographie. Zusammenhänge eines Betriebswirtschaftsstudiums sind auf diese Weise ebenfalls übersichtlich auf einem Map zu placieren.

Der Grundgedanke bei den »Extrakt-Maps« ist der, daß durch die mappige Zusammenstellung eine Übersicht entsteht. Du kannst und wirst erst dann Beziehungen, Verknüpfungen oder Hierarchien auf einen Blick erkennen. Somit ist das ein erstes Aha-Erlebnis. An zweiter Stelle steht das Training der Übersetzung in das eigene Denksystem, bzw. das deiner Brainländer. Du nimmst einen fremden Text wahr und auf, transformierst ihn für dich in der Art, daß die für dich wesentlichen Schlüsselwortreize übrigbleiben. Während dieses Vorgehens integrierst du ebenfalls parallel dazu, nicht verbal aber mental-stofflich, all die Nebenwahrnehmungen, die dabei abliefen. Du webst deine jeweilige Situationszeit mit ein, ob du es merkst oder nicht, denn deine Sinne sind wach, offen und perzeptionsgierig. Das ist ein dritter Vorteil. Hinzu kommt ein vierter, denn jetzt erinnerst du wesentlich besser und schneller, als würdest du einen »Zeilenteppich-Text« schreiben. Heute weißt du, daß bei der Art - fahrlässig - nur ein Teil deiner BrainLand-Möglichkeiten aktiviert ist. Und der Teil verfügt über ein lausiges, bzw. nicht vorhandenes Archiv.

Wenn du das jetzt hörst, dann erscheint es dir wie Lichtjahre zurück, als du noch getreu der alt-kulturhistorischen Anweisung fast ausschließlich Kontakt zu den Links-Hirnies hattest. Nun bist du sehr diszipliniert und gönntest dir die Phase des Ausprobierens, des Erprobens und Selber-Entdeckens von Anwendungen. Ich möchte dir auf diesem Wege dafür ein großes Kompliment aussprechen. Ich bin stolz, daß ich dein BrainLand-Dirigent bin. Ich bin mit dir zu neuen Ufern angetreten, hab Dank auch im

Namen des gesamten Orchesters! Du erhältst am Ende für dein vorbildliches, erfindungsreiches und bewährtes Touren durch BrainLand dein Visum.

Doch zurück zum »Extrakt-Map«. Als Studienhilfe ist es geeignet, ganze Bücher in ein Mind Map zu kürzen. Du hast letztendlich statt eines Stapels Buchnotizen alles auf *einem* Blatt! Ich könnte dir von Studenten und Studentinnen berichten, die ihre Prüfungsvorbereitungen auf die Weise erledigten. Allerdings nahmen sie großes Flipchart-Papier. Der Erfolg war bei allen Damen und Herren groß: sie legten während des Lesens das Map an, fügten Daten, Formeln oder Zitate in kleinen Kästchen oder Kreisen ein und brauchten später, zur Wiederholung, das große Map lediglich mit dem Auge abzuwandern. In großer Ruhe und Gelassenheit verinnerlichten sie die Ausführungen wie ein Bild und konnten es in der Prüfung mental beschreiben, so, als wäre es ein berühmtes Werk. Sie hatten sich vorher die graphische Aufteilung gemerkt, hatten besondere farbliche Hervorhebungen eingesetzt, was das Erinnern erleichterte. Eine Rolle mit Mind Maps war ihr »Gepäck« für die Prüfung. Wenn du auch davon überzeugt bist, daß Sicherheit zu innerer Ruhe führt, dann wirst du verstehen, daß ihr Prüfungsverhalten von großer Selbstsicherheit und Kompetenz geprägt war. Das bewog die Prüfungskommission sicherlich mit dazu, für ein gutes Bestehen zu plädieren, incl. einer brillanten Performance-Reife. Du kennst selbst Kommilitonen von früher, die mit Abstand sehr viel wußten, viel gepaukt hatten und dann total übermüdet, gestreßt und gereizt eine wesentlich schlechtere Prüfung ablegten, als sie eigentlich erwartet hatten, wenn sie ihren Lernaufwand als Maßstab nahmen.

Die modernen Mind Map-Prüflinge konnten sich wesentlich mehr Freizeit einrichten, was natürlich für ihre körperliche und geistige Balance nur von Vorteil sein konnte. Sie hatten weniger zeitliche Vorbereitung und es gab bei ihnen keinen »Lernk(r)ampf«."

Oh ja, das weiß ich. Ich habe mir seit Anbeginn meines Lernens etliche »Text-Maps« »gezaubert«, wobei ich für mich zwei Vorgehensweisen entwickelt habe. Ich gehe manchmal kapitelweise im Uhrzeigersinn vor, sehe pro Kapitel einen Hauptzweig vor und gruppiere das jeweilige Gedankenmaterial dort geschickt an. Ein anderes Mal bevorzuge ich ein »Gesamt-Map«, in dem die Schwerpunkte ihre Hauptzweige erhalten. Es ist dann egal, ob oder auch nicht eine buchinhaltliche Reihenfolge beibehalten ist. Und selbst die kann ich in der Erscheinungsfolge farblich oder graphisch kennzeichnen. Beide Ansätze haben ihre Vorteile und hängen von dem Anspruch und meiner Intention ab. In dem einen Fall ist die Abfolge die Struktur, in dem anderen ist es die Sortierung nach Sachfeldern. Wie bei meinem Computer der Befehl, der vorsieht, eine Datei nach Datum oder nach Namen, bzw. nach Sache zu sortieren! Jeder Komplex fällt dann bei jeder Entscheidung entsprechend anders aus.

135

„Erkennst du den engen Zusammenhang zwischen Lernfreude, wahrem Lernen und Siegesgefühl? Es läßt sich kaum vermeiden, daß sich ein Erfolg einstellt, bzw. daß man sich selbst in den Erfolg führt. Und das sind verbindliche Annahmen, keine werbestrategischen Sprüche! Während deiner vielen Highlights in der zurückliegenden Trainingszeit sprühtest du vor Dynamik und Pro-Aktivität.

Du hast nun einen Kenntnisstand erreicht, von dem aus es dich reizt, den nächsten Mitmenschen dein Wissen und die Begeisterung angedeihen zu lassen. Als »einsame Mapperin« weit und breit zu stehen, ist recht unbefriedigend. Du verläßt dein intrapersonelles Trainingsterrain, auf dem du mit den Brainländern trainiert hast und ziehst mit deinen Erkenntnissen in die weite Welt hinaus, wie man so schön sagt. Es ist allzu natürlich, denn würdest du dich nur mit deinen internen Instanzen messen, dann wäre bald die Anwendungsfläche »abgegrast« und es gäbe nur noch Wiederholungsprogramme.

Was deine Fähigkeiten anbelangt, so bist du teilweise noch recht jugendlich in Probierphasen, wobei du immer mehr aufstehst und ungeduldig bist, deine Begeisterung nach außen zu tragen. Tu es, begib dich auf eine andere Ebene, auf der du lernst und ent-lernst. Du ent-lernst auch, indem du es weitervermittelst in Form von Text oder Wort. Andere werden dann das, was auf deiner vorherigen Ebene war, als ihre neue erfahren und durchleben. Und für dich beginnt ein neues Abenteuer, eine weitere Tour de Brain.

Du bist sodann vorzüglich ausgerüstet, wirst wieder staunend Neues vernehmen und wieder in die Rolle einer Neu-Wissenden steigen. Erkennst du in diesem Prozeß Mind Map-Strukturen? Oder fraktale Wiederholungen? Weißt du, daß du dabei jeweils einen persönlichen Paradigmawechsel erlebst oder initialisierst?

Und noch etwas Wesentliches: es steht dem Mind Mapping nicht an und nicht zu, ein Regelinventar zu begründen. Das, was auf dem Papier mit Hilfe der wenigen Vereinbarungen entsteht, ist das unwichtigste überhaupt! Mind Mapping ist weniger eine Eigenschaft einer eitlen und eifrigen Darstellungskunst, es ist vielmehr eine geistige Einstellung, eine Grundeinstimmung dir gegenüber und der Welt, wie du sie belebst und veränderst! Das Map auf dem Papier ist lediglich ein »Ausdruck« einer Abbildung deiner Gedanken. Und die hast du »inside of you«. So, wie du anfangs sehr ausführliche und sprachlich überladene oder wenig organisierte Maps schufst, so werden sie jetzt immer knapper und raffinierter. Das sichtbare, papierne Map war für dich damals der stolze Beweis deines Denkens à la Mind Map. Inzwischen unterliegt dein Denken inneren Mind Maps, die du mental abwanderst. Du wirst immer seltener einfache Maps schriftlich fixieren. So wird vielleicht sogar die Zeit kommen, in der du unbeschadet Zeilenteppiche praktizieren wirst.

Von Außen ist dann keinerlei Unterschied zu der Zeit »vor Mind Mapping« zu erkennen. Doch du weißt um deinen Quantensprung, du lebst dein erweitertes Denken. Insofern ist es doch nach außen dokumentiert! Und in diesem Verlauf begegnest du wieder Prozeßschleifen mit Fraktalmustern.

Spürst du seit jener Zeit, wie Lernerfolgsfreude automatisch mit neuer Lern-neu-gier und guter Lernqualität gekoppelt ist. Wäre es in Ausbildungssituationen bekannt, wie Motivation und Kreativität leicht selbst zu steuern und zu steigern sind! Ich rate dir hiermit in aller Verbundenheit, dich dem gezielt zu widmen. Du kennst bereits viel und wirst selbst noch weiter dazulernen. Tausch dich mit Partnern aus, probiert und experimentiert eine Weile mit Mind Mapping z.B. in der Pädagogik. Und zur Not bin ich ja auch noch da mit meinen zarten Impulsen!

Aber mach es bald. Sieh dann vor, daß du dein Publikum zu ausreichend eigenen Transpondermöglichkeiten anregst. Belasse es bei Anregungen und wenigen aussagereichen Beispielen. Du darfst nie durch Vorbilder einengen, du wirst also nur Impulse bereithalten. Auch bitte ich dich, daß du Wert darauf legst, daß es im Lernprozeß wichtig ist, Muster und Strukturen selbst zu ermitteln! Anfangs kannst du ruhig ausführlicher auf diese hinweisen oder sie herausstellen. Doch biete nach einiger Zeit deinem Publikum bitte die Chance, selbst ihre BrainLands zu erforschen. Wisse, daß ein Lernerfolg erst dann von Größe ist, wenn der äußere Impuls gering ist und Eigenmotiviertheit zum Lernverweilen führt. Du bist dann in der Rolle der Initiatorin!

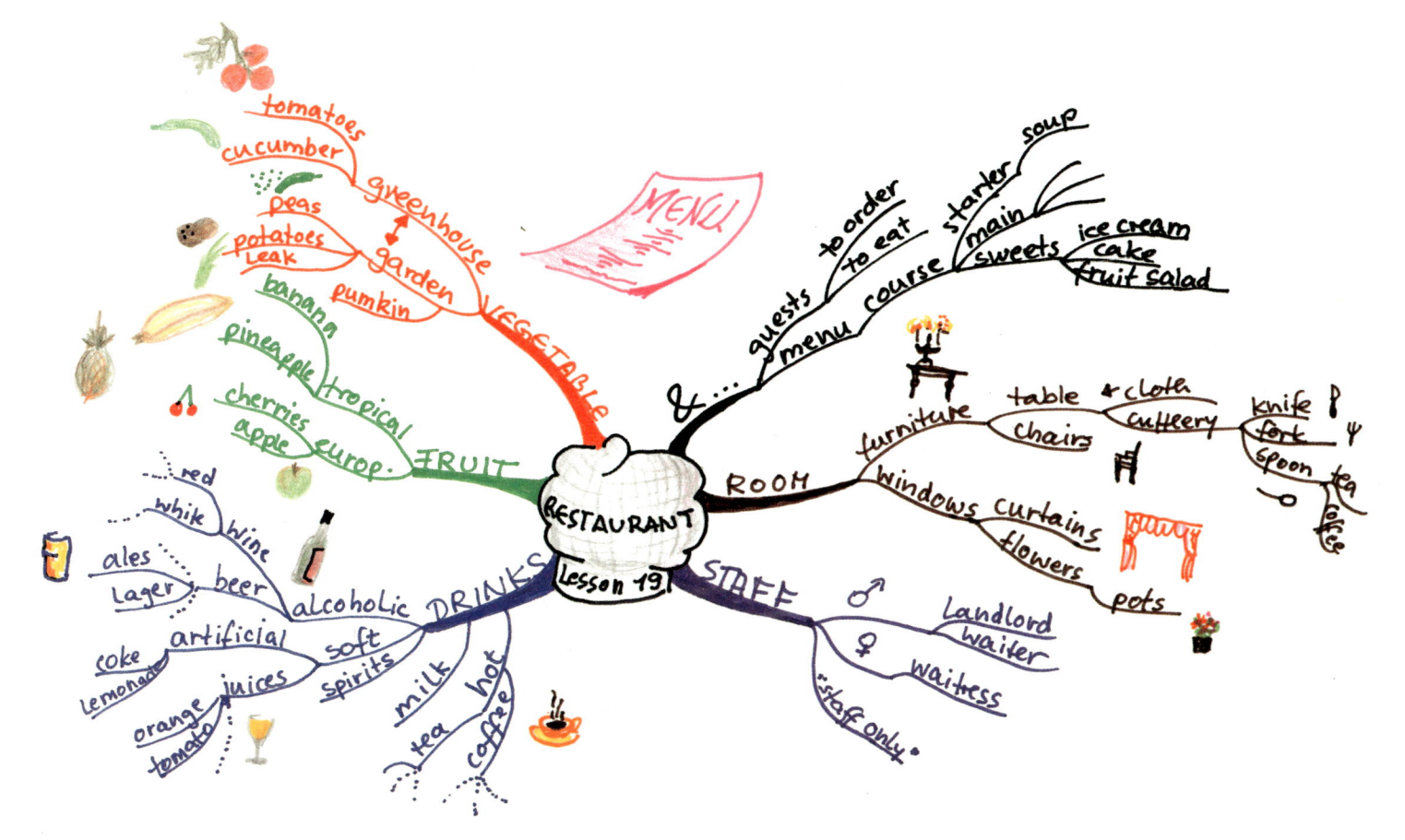

RESTAURANT — Lesson 19

VEGETABLE
- tomatoes
- cucumber — greenhouse
- peas
- potatoes
- leak — garden
- pumkin

FRUIT
- banana
- pineapple — tropical
- cherries
- apple — europ.

DRINKS
- alcoholic
  - wine — red, whik
  - beer — ales, lager
  - spirits
- soft
  - artificial — coke, lemonade
  - juices — orange, tomato
- milk
- hot — tea, coffee

MENU
- guests
- to order
- to eat
- menu course — starter: soup; main; sweets: ice cream, cake, fruit salad
- &…

ROOM
- furniture
  - table + cloth
  - chairs
  - cutlery — knife, fork, spoon, tea coffe
- windows
- curtains
- flowers
- pots

STAFF
- ♂ landlord, waiter
- ♀ waitress
- "staff only"

137

Was das brainländische Denk- und Lernkonzept anbetrifft, so kannst du es durch eine besondere Gliederung deines Werkes »pacen« , bzw. ihm genau entsprechen, indem du eine Gliederung entwickelst, die ein Springen auf und aus unterschiedlichen Bahnen ermöglicht. Schüre Neugier, stelle Aussichten in Aussicht, aber nenne nur den Weg dahin. Gib richtungsweisende Erklärungen, die ausreichen, die angekündigte Herausforderung in Eigenregie zu bestehen. So solltest du auf spätere Hinweise hinweisen, diese frühzeitig anreißen, aber irgendwann »nur« mit Querbeispielen erwähnen. So etwas fordert die pro-aktive Kreativität der »Touries«.

Eingebettete »nested loops«, also quasi Nester in den Strukturschleifen deines Buches, sind kleine Oasen des Ausruhens oder des Wiedererkennens von Bekanntem. Nur Neues, aneinandergereiht wie kostbare Perlen an einer Kette, ist nicht gut. Wiederholungen - und dann sind sie optimal - in anderem Gewand oder aus einer anderen Perspektive betrachtet, sind für BrainLand notwendig.

Gewährleiste eine Struktur à la Mind Map in dem Aufbau deines Buches. Das bedeutet, daß du einen »sicheren« dramaturgischen Ruhepol oder Kern hast, von dem du dann die Bereiche der diversen Themen abwanderst. Daß du dabei Querverweise herstellst, vorgreifst oder wiederholst, ist lobenswert werkimmanent. Du kannst, wenn du über Mind Mapping schreibst, keine Leit-Fäden ab- oder aufrollen.

138

Deshalb allerhöchstens eine Guide Line anbieten, an der ihr gemeinsam die Verzweigungen abwandert und dann wieder zurückgeht. Verstehst du, daß du davon ausgehen kannst, daß viele Eigenentdeckungen stattfinden werden, denn du wirst zuvor ausreichend Fertigkeiten zur Verfügung gestellt haben für ein »Survival« im Mind Map-Jungle.

Du selbst wirst dir für deine Aufgabe als Programmgestalterin natürlich ein »Übersichts-Map« entwickeln, das dir erste Einstiege geben wird. Es muß am Anfang nicht gleich verbindliche Aussagen und starre Zielvorgaben haben. Nimm es als Inspiration, als Trigger, deine Brainländer mit deinem Vorhaben vertraut zu machen. Schlaf einige Zeit darüber, und früher als du erwartest, wird irgendein Signal von dir erkannt werden, anzufangen. Hab dabei immer die Personengruppen im Auge, die weiteren Nutzen aus ihrem BrainLand gewinnen wollen, bzw. die mit dir zusammen ihre erste Reise dorthin unternehmen. Für sie wird es viel Neues zu erfahren oder zu hinterfragen geben. Manche werden erst durch dich im Sinne einer Wahrnehmungserweiterung reisetauglich werden.

Du wirst zum Beispiel BrainLand-Touristen erleben, die ihr BrainLand nur gelegentlich und in größeren Abständen besuchen und etwas darüber erfahren wollen. Ihr Reisetempo ist gemächlich und sie nehmen besonders ausführlich alle Details, Sehenswürdigkeiten oder Besonderheiten auf. Sie werden vielleicht nicht so günstige Real-Gelegenheiten ha-

BRAIN LAND

GESTALTUNG
- Format — quer
- Anwendg.
  - Beispiele — ich
  - Reiseberichte
  - farbig

GEOGRAPHIE
- Heute
  - holist.
  - chaot.
  - Minds
  - Hemis
  - Li · re
  - CC
- FRÜHER
- steuerzentrale
  - Versorgung
  - erwandern
  - Guide — Brain Man

TITEL
- "Reise nach Brainland"
- Der MM Guide
- ! · Brain Land

ERKLÄRUNG
- Begriffe
  - Map — Territory...
  - NLP
  - Abbild — Augenblick Minds beteiligt
  - Subjektivität
  - Assoziationen
  - Hirnies
  - Mindländer

NARRATOR BRAIN MAN „Brian"

AREALE lineare Mngmnt
- Zeit selbst. Zielfd.
- Gruppe Konf.
- chaotische kreative Plng
  - Design selbst Trend
  - Urlaub
  - Sprache Rh.
- hierarchische
  - 3-D Dilts
  - Untersch.
  - assoz. diss.
  - Big Pict.
  - Detail
- Lernstoff Brainbiz
  - Lernverhalten
- Beauty-Farm
  - ego ich-Map
  - Motivation
  - Modellng
  - Sinne zurück
- Sprache VAKOG
- Relax — Anker

IDEEN MAP

W: 22.4.92 B.

139

ben, ihre neuerworbenen Kenntnisse anzuwenden oder umzusetzen. Aus dem Grunde solltest du die Gelegenheit vorsehen, auch außerhalb dieses Buches Trainings und Workshops anzubieten. Ein Direkt-Training unter der Leitung der authentischen Reiseführerin, wie du sie bist, ist immer das oberste! Berücksichtige weiter, daß es BrainLand-Touristen geben wird, die sofort die gesamte Tour buchen und erleben wollen.

Diejenigen werden dein Buch begleitend auf ihren Solo-Touren als ihrem Reiseführer mitnehmen. Diese Damen und Herren werden voller Tatendrang und Begeisterung ihre Erlebnisse und Erfahrungen dieser Zeit in ihr L-Buch mappen, bzw. vermerken. Sie werden Erinnerungsrelikte dieser Zeit einkleben oder beilegen. Sie werden, ebenso wie die anderen »Touries«, von ihren Reiseerlebnissen weitererzählen und ... in allen Fällen ist es ein spannendes Projekt!"

140

Topness-Center

„Hallo, du. Ich kann dir nur beipflichten, daß dank eines ausentwickelten Sinnes-Trainings ein äußerst probates Vor-Gehen möglich ist, die Brainländer dauerhaft aufzumuntern. Das »A & O« eines jeden effektiven BrainLand-Abenteuers oder Umgangs mit BrainLand ist eine intakte Sinneswahrnehmung. »Ohne läuft da nix«, muß man schon sagen! Und ich komme nicht umhin, dir endlich die versprochenen Anregungen für das systematische Sinnen mitzugeben. Ich nenne es das »Training der Sinnes-Intelligenz«. Ich kann an dieser Stelle und zu diesem Zeitpunkt ohne große Umschweife zum Kern kommen. Du kennst mittlerweile die Brain-Landeskunde, und »Time is Money«, auch, wenn es um das Lernen geht. Also, sei bitte bereit. Wir fangen an.

Damit du dir deine Topness erhalten kannst, wird es für dich ein »MUSS« sein oder werden, täglich für dich einen Teil des Tages zu reservieren. Ich weiß, daß es kein neuer Hinweis ist, aber bestimmt hilft es dir, wenn du hier erfährst, wie einfach, nicht zeitaufwendig und kostenfrei die Realisation ist. Du ahnst es? Auch per Mind Map? Aber ja! Und zwar wirst du anfangs noch nach meinen Anweisungen mappen. Schon bald verinnerlichst du die Struktur des Denk- und Sinnesablaufes, und es gelingt dir auch ohne Papier und Fineliner. Wie auch bei dieser Aufgabe!

Basierend auf dem 10-Sinnes-Modell, über das du ausführlich in der Literatur nachlesen kannst, entwickelst du verstärkt deine inneren Sinne nach. Das geschieht am besten durch Mentales Training. Du stellst dir innerlich real wahrgenommene Dinge vor, seien es Dinge, Klänge, Empfindungen, Gerüche oder Geschmackserlebnisse. Das geht aber nur, wenn du reichlich entsprechende Real-Wahrnehmungen hast. Nur in solchen Fällen kannst du für dich Mental-Design vornehmen. So, gehen wir jetzt einmal davon aus, daß deine äußerliche - die externe - Wahrnehmung hervorragend gut ausgebildet ist. Dann bereitet es dir gleich viel Spaß, wenn du dir mit Leichtigkeit ein inneres Topness-Center kreierst. Was das ist? Nun, es ist eine Art Versteck, geheimer Rückzugsort oder »die Insel«, wie man es auch nennen kann. Ein Ort, der nur dir bekannt ist, den keiner kennt, der geheim ist und an dem du dir deine »Batterien« aufladst. Und da es mental geschieht, kannst du beliebig, quasi unbemerkt, dorthin enteilen. Einfach so dorthin tagträumen, hinphantasieren oder es per Mind Map konstruieren. Ich muß betonen, daß so ein »Hideout« für dich - gerade für dich! - von extremer Bedeutung ist. Wann hast du während deiner vielen beruflichen Aktivitäten die Möglichkeiten, dich einmal auszustrecken, ins Auto oder in einen Flieger zu werfen und ab und davon zu verschwinden. Kaum einmal im Jahr, wenn du ehrlich bist. Und dann mit Büro im Heckraum! Okay, so geht es nicht, und wenn du der Meinung bist, du wärest nicht so weit, dann verhilf dir wenigstens mit dieser Möglichkeit zu einem häufigen Szenewechsel. Die Brainländer wollen Sinnesgaben, real oder mental, das ist ihnen egal, wie du weißt. Mentale sind ihnen wahrscheinlich sogar

141

noch lieber, denn diese sind leicht hundertfach intensiver als es reale je sein können. Mental kannst und wirst du dir die Phantasiereisen optimal gestalten und erleben. Und das ist es, was den Effekt ausmacht: eine intensive, innere Erlebniswelt mit sofortigen Auswirkungen auf dein Befinden im Hier und Jetzt! Körperlich, geistig und emotional!

Um auf dein Topness-Center zurückzukommen, so ergibt sich in erster Linie für dich die Chance, dir Phasen der Rekreation selbst zu geben, egal wo du dich gerade befindest. Und du entscheidest über die Dauer und das Drehbuch. Du wirst bemerken, daß du dem sogenannten »Burnout« vorbeugst, bzw. einem solchen entgegenwirkst.

Die Rolle des Managers ist akut im Begriff, sich zu wandeln. Auch in Hinsicht auf Topness, Mind & Brain-Care und Selbst-Freude, bzw. Selbst-Rücksicht. Die Zeiten des hemmungslosen Verausgabens sind allemal unangebracht und passé. Aus finanzieller Sicht, denn wie hoch sind die Investitionskosten in die qualifizierte Fachlichkeit eines jeden Menschen, aber auch aus persönlichen Gesichtspunkten. Führungskräfte müssen ein Vorbild für Ruhe, Körperachtung und Geistesschulung sein. Dann können sie entsprechenden Wandel durch ihre charismatische Allround-Kompetenz anregen und erwirken. Wer heutzutage noch auf der »Gejagten-Seite« steht, statt auf der Verursacher-Position, der oder die bedarf dringend einer schnellen Neuorientierung. Ich verrate dir einmal etwas: mit diesen zarten Übungen ist ein Anfang geschaffen für ein

neues Bewußtsein, eine Bewußtheit für das ICH, intern, extern und mit BrainLand, ein neues in Beziehungen mit der Umgebung, sprich dem Umfeld. Einer geht sogar, oder besser natürlich, ein tiefes Verständnis für lebende Zusammenhänge. Ich meine damit auch die Umwelt, die in sich selbst beginnt. Die Kommunikation zu sich selbst im Verbund mit allem umher. Allein dadurch, daß mentale Fertigkeiten vorhanden sind, das Denken im Detail und im Überblick auf Knopfdruck vertraut ist, werden z.B. ökologische »Pannen« unmöglich sein. Man kann vor-ahnen! Die Selbstverantwortung für jegliche Prozesse ist entwickelt, dank deines intensiven Besuches hier in BrainLand.

Du hast gelernt und erfahren, daß alle Initiativen erst aus dir und von dir heraus ihren Ablauf nehmen können. Das Abschieben von Verantwortungen auf andere Menschen oder Dinge geht bei dir nicht mehr durch. Du weißt mindestens, bzw. spätestens jetzt genug und zuviel, als daß eine Entschuldigung auch nur angedacht werden kann!

So wird sich eine zuverlässige »Beißhemmung« einstellen in bezug auf mißachtendes Verhalten und Denken gegen wen auch immer; und das auf großer Breite. Ach, du meinst, das sei eine Utopie. Mitnichten! Es liegt in der Verquickung unserer Methoden, der Wechsel der Paradigmen, bzw. es kommt einem intrapersonellen Quantensprung gleich, daß Bewußtheit auf höherer Ebene ablaufen kann. Mehr nicht! Einfach so! Doch, ...wollen wir beginnen?

Gut, dann nimm dir bitte eine neue Seite vor und überlege dir jetzt schon, was du in das Zentrum hineinsetzt. Es kann durchaus ein kleines Bildchen sein, ein Symbol für dein Topness-Center oder ein Ausschnitt dessen. Also statt Wort ein Bild, und denke daran, daß es codiert sein soll, denn es ist dein Geheimnisort! Deshalb verschleiere die Angaben. Selbst wenn du etwas total Konträres als Symbol einsetzt, weißt du immer noch genau, was du eigentlich damit meinst. Es kann dir vielleicht sogar einmal aus Langeweile in den Kopf kommen, gemeinsam mit deinen Brainländern ein »Täuschungs-Map« zu entwickeln. Du zeichnest Symbole oder verwendest Worte, hinter denen sich etwas anderes versteckt. Ob das einen Sinn macht, wage ich im Moment zu bezweifeln. Es ist ein Spielchen oder Training für zwischendurch.

Zurück zu diesem Map: stelle reduzierte Bilder dar, mehr nicht. Und solltest du heute keine Zeichenhand haben, nun dann schreib eben extrem konzentrierte Schlüsselwörter auf und stell sicher, daß niemand dieses Map entschlüsseln kann: Topness-Center = Top Secret! So, wenn du die Mitte hast, dann setze fünf Hauptzweige darum, auf denen du jeweils ein Sinnessymbol darstellst. Nimm diese Reihenfolge: Augen, Ohren, Fühlen & Tasten, Nase und Mund. Und jetzt trägst du in diese fünf Bereiche all die Komponenten ein, die DIR wichtig sind, um in DIR die notwendige und optimale Power und Freude zu bewirken. Es sind Dinge, die du am liebsten siehst - Farben

143

oder bestimmte Muster. Eine besondere Landschaft zum Beispiel oder eine Lichtqualität. Es gehört hier auch hinein, was es für dich an lieblichen oder »anpowernden« Klängen gibt: die Lautstärke, die Tonalität oder die Orchestrierung. Vielleicht auch besondere Naturgeräusche, die dich verzaubern und stärken - oder beruhigen. Je nachdem, wie du es brauchst und wünschst.

Ich denke auch, daß du dir zwei Orte überlegen solltest: einen der Ruhe und einen des furiosen Aufmunterns. Höchstwahrscheinlich unterscheiden sie sich in den Sinneszutaten. Also entweder du legst zwei Maps an oder du erarbeitest eines mit zwei Farben, die die beiden Inhalte formell absetzen. Hast du? Prima. Und weiter im Ablauf. In den dritten Bereich trägst du das ein, was du benötigst an spür- und fühlbaren Dingen, um in die vorher genannten Zustände zu kommen. Es sind Aspekte des Tastbaren oder des Gewichtes, die der Temperatur oder der Konsistenz. Ich meine zum Beispiel warmes, tropisches Meereswasser. Oder sind es bestimmte Materialien, Strukturen oder Empfindungen, die dich wunderbar beruhigen oder im anderen Fall zur Aktivität anregen. Gibt es entsprechendes körperfreundliches Nahrungsgut, das jenes unterstützt? An der Stelle bitte nur natürliche Substanzen berücksichtigen. Denke bitte an die energiespendende Ernährung, die dich Top macht und Top erhält! Und was benötigst du an Aromen oder Gerüchen, die dich relaxen lassen oder aufmuntern? Also sinne einmal umher, erinnere Situationen, in denen du in extrem guter Verfassung warst, und denk bitte an Orte, an denen es dir so gut geht, wo du glücklich bist vor Begeisterung und Unternehmensfreude, wo du dich andererseits aber auch »hingießen« kannst um völlig abzuschalten. Wo du »sein« kannst, wo DU bist. Wenn du erst einmal anfängst, feinsortiert wahrzunehmen und im ständigen Feedback zu dir zu sein, dann wirst du gar nicht damit aufhören wollen. Es wird auch so sein, daß du ab sofort deine Umwelt aufmerksamer wahrnimmst, denn du bist ab jetzt auf der Suche nach Topness-Daten! Erinnere dich an deine inneren Instanzen, die im Verbund mit dir stehen. Alle sind hierbei gefordert, bzw. ihr gemeinsam seid involviert in den Prozeß der »Personal Mind & Brain Care«. So, wie das Map den Map-Kern hat, so bist du der Kern deines Eingebunden-Seins deiner Existenz. Stell dir bitte vor, wenn ein Kern verrottet ist, wie soll dann das darum befindliche Um-Feld lebhaft oder gesund sein? Dein Sein ist von fraktaler Natur, aber du hast es in der Hand, dabei dein hauseigener Kybernetiker zu sein. Und es ist ab jetzt das Wissen darüber, das beeinflußt und deine Weisheit, die lenkt und zur Pro-Aktivität verleitet. Okay, my dear?!"

Ja-ah, ... ich möchte eine Weile alleine sein, möchte mich auf mich und meine Bedürfnisse konzentrieren. Ich möchte zusammentragen, was gut ist für mich; gut in Hinblick auf mein Verhalten und meine Ziele, aber auch, um anderen gegenüber gut zu sein. Wo werde ich dies erleben, wie kann ich es bewerkstelligen? Womit werde ich anfangen? Für mich? Für andere? Wo gibt es Grenzen, oder sind hier wirklich grenzenlose Möglichkeiten? Spontan vermute ich ein »Ja«. Ich werde es wissen!

Apropos wissen: drei Amselchen sind vor einigen Tagen geschlüpft. Es ist ein ergreifendes Erlebnis, so nah die Entwicklung und Verwandlung miterleben zu können. Schon bald, in einigen Tagen, werden sie die ersten Flugversuche unternehmen. Sie werden sich anfangs noch an den Eltern orientieren, um dann vogelfrei in die Weiten ihrer Möglichkeiten zu fliegen. Ich liebe ihr zartes, aber auch drängelndes Piepsen.

Sie wissen, was SIE wollen, was SIE von sich erwarten können ...

Ich bewundere SIE!

144

Visum

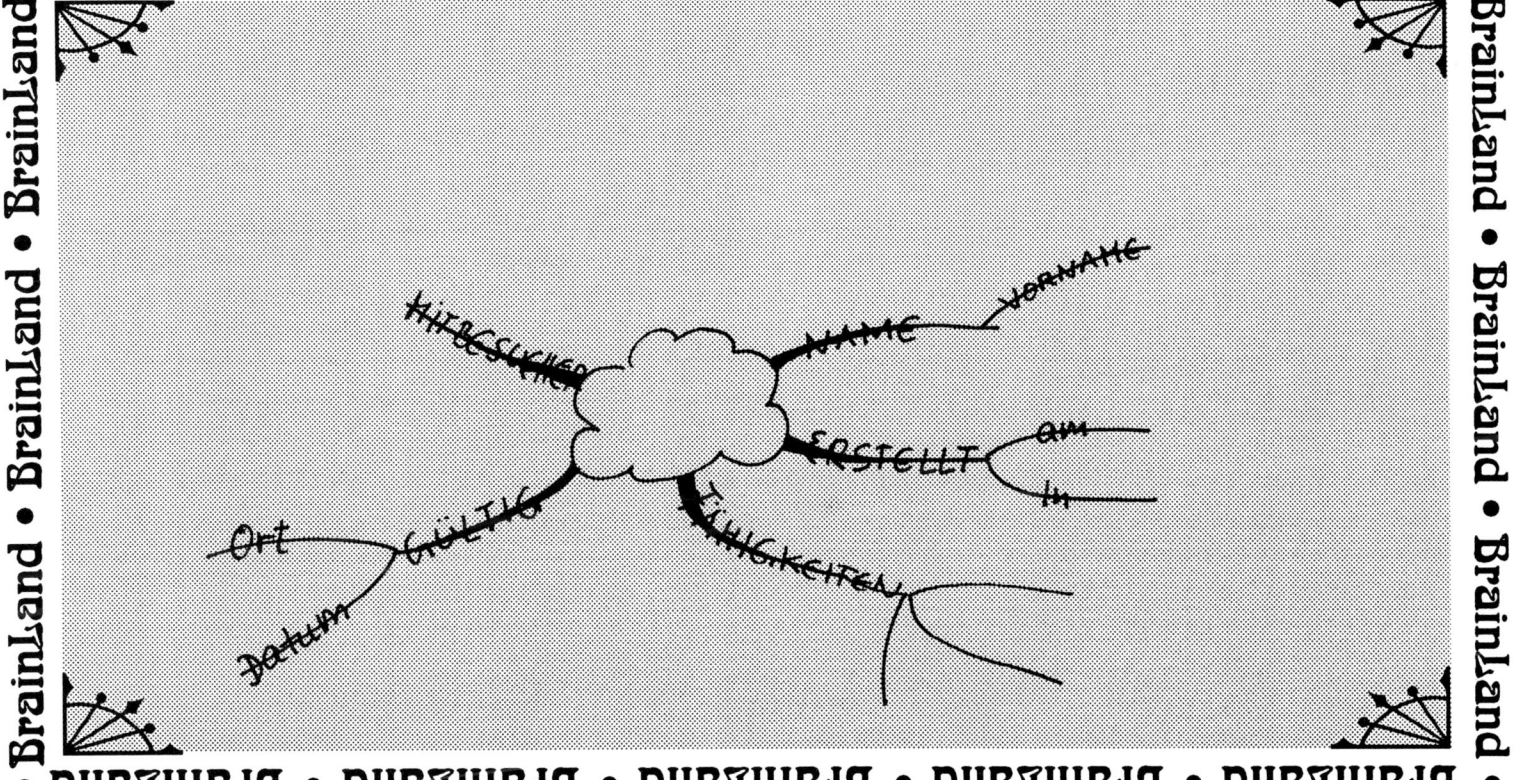

Mind & Brain ist ...

• WATCH THE MIND • KOMMT ZEIT KOMMT MIND • PEPPERMIND MAP • MIND UP! • MIND-BODY-WALK • MIND ODER NICHT MIND, ... • BRAIN POWER • MIND BURGER • VITAMIN D • LIEBE MINDBURGER! • MINDEN SIE? • MAPPEN SIE! • WIE MINDEN SIE? • BRAINERIN • MINDZELMÄNNCHEN • MINDZELMAP • VITA BRAIN • MINDZENTRALE • MINDTRAVELS • MIND AGENCY • BRAINGINEER • MIND LAND • MIND EXPERT • BRAINAGE VILLAGE • BRAINIUS • DER MINDER VON RODIN • MINDUISMUS • MINDUSTRIE • MIND THE WATCH • MIND WATCH • MINDWORKER • MIND EXPLO • MIND SOURCE • BRAINPOSIUM • MINDZELHEITEN • MIND EXPO • BRAINIAL • MIND-TECH • MINTRAVENÖS • MINDST DU WIRKLICH? • DU KLEINES MIND, DU • BRAINER • MINDFUL • EIN MINDIGER TYP • YOU ARE ALWAYS ON MY MIND • HOME BRAINER • MINDGUT • EMPIRE MIND BUILDING • GEMINDSCHAFT • GEMINDE • JUNFERMIND VERLAG • EINMAL MIND - IMMER MIND • EINMAL MAP - IMMER MAP • WER MIND SAGT, MUSS AUCH MAP SAGEN • BRAIN GENERATION • MIND STYLE • BRAINOTHEK • DURCHMINDEN SIE IHR GEHIRN • MIND COACH • BRAINEE • VON MINDEN NACH MEPPEN • BRAINFALL • BRAINING • MINTELLIGENZ • SIE SIND IN DER MINDERHEIT • MINDWÜRDIG • MINDIAL • DOPAMIND • MINDMANAGEMENT • MINDIES • MIND CONDITIONER • MIND REPAIR • MINDSTRÖS • VERMINDUNG • MIND ENGINEERING • MIND REDUCING • MIND EXPANDER • MINDSPHERE • VITA MIND • MIND FOOD • MIND YOUR MAP • KOMMT ZEIT - KOMMT MAP • KOMMT MIND - KOMMT RAT • MINDREICHEND • BRAINEREI • MINDIALE • MIND, WIE ES SINGT UND LACHT • MINDEINHEITEN • MIND TRAIN • MIND YOUR MAP • MINDPOWER STATE BUILDING • BRAIN TRAIN • MIND GENERATION • WATCH YOUR MIND BY MAPPING • MULTIMIND • BRAIN STYLE • BRAINIVERSITY • MIND AGE • MINDSTOCK • ACH DU LIEBER MIND • DER MIND IST GEKOMMEN • DAS IST JA MINDZIGARTIG • MINDGLÖCKCHEN & ROSENMAP • BRAINEXPERTISE • MINDMAPPCHEN UND DER WOLF • BRAINSIDER • BRAINFAKTOR • BRAIN OFFICE • BRAINFORMATION • IT´S A MIND OF MAGIC • TAKE A WALK ON THE MIND SIDE • BRAINERIA • MINDREICHER PROZESS • BRAINLEIN KLEIN, GING ALLEIN • MINDS-ZWEI-DREI •

M&B

BrainLand Litera-Tour

BrainLand-Legende:

Eine Welt im Kopf, Teil 1, Wissen auf Video, Komplett-Video, München, 1992

Holroyd, S.: Wörterbuch der neuen Perspektiven, Zweitausendeins, Frankfurt, 1991

Der Ort des Denkens und Handelns:

Beyer, M.: Journeys into a Magic Tunnel, in: Synapsia, Brain Club Magazine, Vol. 1, London, 1989

Beyer, M.: Wider die alten pädagogischen Zöpfe - Lebenslanges Lernen mit „Mind Map", in: congress & seminar, Heft 6/87

Beyer, M.: Vorsicht vor linkshirnigen Kongressen, in: Weiterbildung, Heft 6/89

Briggs, J.; Peat, F. D.: Die Entdeckung des Chaos, Carl Hanser Verlag, München, 1990

Buzan, T.: Kopftraining, Goldmann Verlag, München, 1984

Mind Mapping-Werkstatt:

Fischer, E.P.: Die Welt im Kopf, Faude Verlag, Konstanz, 1985

Loye, D.: Gehirn, Geist und Vision, Sphinx Verlag, Basel, 1986

BrainLand-Forum:

Gerken, G.: Radar für Trends, Muditas, Worpswede, 1992, Hefte 10-13 und folgende

Gerken, G.: Manager... die Helden des Chaos, Econ, Düsseldorf, 1992

Popcorn, F.: Der Popcorn-Report, Heyne Verlag, München, 1992

BrainLand-Map:

Geo Wissen: Chaos + Ordnung, Ausgabe 2/90

Guntern, G.: Im Zeichen des Schmetterlings, Scherz, München, 1992

James, T.; Woodsmall, W.: Time Line, Junfermann Verlag, Paderborn, 1991

MPVI: Marwitz, K.: Meta-Programm-und-Werte-Analyse, Esmarchstraße 21, W-2300 Kiel 1

Musik zum gehirngerechten Lernen und Entspannen: Edition Neptun, München und Nightingale Records, Forchheim

Ego Centre:

Beyer, M.: Power Line, Junfermann Verlag, Paderborn, 1992

Big Map:

Beyer, M.; Marwitz, K.: Einführung und Training in die Strategien des ganzheitlichen Lehrens und Lernens, Unterrichts-Design, Kursdokumentationen, BIGA, Biel/Schweiz 1990-1991

O'Connor, J.; Seymour, J.: Introducing Neuro-linguistic Programming, Crucible, 1990

Strategie-Center:

Dilts, R.: Einstein, Junfermann Verlag, Paderborn, 1992

James, T.: Time Coaching, Junfermann Verlag, Paderborn, 1992

Relax-Center:

Diamond, H.; Diamond, M.: Fit für's Leben, Waldthausen Verlag, Ritterhude, 1989

Zehentbauer, J.: Körpereigene Drogen, Artemis & Winkler, München, 1992

Tomatis, A.: Der Klang des Lebens, Rowohlt, Reinbek, 1990

Center für Winergy:

Dilts, R.; Epstein, T.: Dilts, W.: Tools for Dreamers, Meta Publications, Cupertino, 1991 (dt. Ausgabe in Vorbereitung - Junfermann)

Covey, S. R.: Die sieben Wege zur Effektivität, Campus Verlag, Frankfurt, 1992

KreARTivität-Center:

Wilkes. M. W.: Die Kunst kreativ zu denken, Goldmann Verlag, München, 1988

Ent-Lern-Center:

Marwitz, K.: Lean Company, Junfermann Verlag, Paderborn, 1993

Topness-Center:

Robbins, A.: Awaken the Giant within, Simon & Schuster, New York, 1991

Mind & Brain
STYLE

komm.trg Spezial
Sinnes-Intelligenz SINNE
SinnCentives SINNE
Conferencing
Coaching MIND MAPPING
Cyber
Reisen PEPPER MIND CLUB
Letter
Kybernetisch LERNEN
Lehren
& Lernen

Ausbildg NLP

GRÜNDUNG 1986 Januar
MB-SEMINARE Maria Beyer
KIEL W-2300
Fichtestr. 21
83301
0431
83334
SEMINARE intern
Deutschland
Ausland

Über die Autorin

Am 13. Januar 1986 wurde ich das erste Mal mit Mind Mapping bekannt. Sofort, und das war wie bei der Liebe auf den ersten Blick, überkam mich diese immer noch andauernde Faszination für diese Methode, Philosophie, Denkhaltung oder Gedanken-Dynamik. Für mich stellte Mind Mapping endlich ein Instrumentarium dar, mit dem ich meine visuellen Kapazitäten mit denen der sprachlichen verbinden konnte. Zu der Zeit waren meine Rechts-Hirnies noch sehr in der Überzahl und sie schnurrten vor Entzücken, endlich ihre anderen Partner im linken BrainLand gefördert zu sehen. Es war wie die langgesuchte und endlich gefundene Offenbarung!

Wir wandten damals das Mind Mapping in Superlearning-Kursen in Rhetorik und Wortfeldfestigung in der neuen Sprache an. Im März 1987 nahm ich das erste Training bei Tony Buzan wahr, traf ihn daraufhin noch etliche Male in jenem Jahr auf Kongressen, Ruder-Regatten oder in seinem privaten „Nest" in England. Ich verfolgte ihn regelrecht mit meiner Leidenschaft für seine Entwicklung, was ihn sicherlich so manches Mal ungelegen kam, wobei er mir aber Komplimente ob meiner starken und zuverlässigen Wißbegier bezüglich des Mind Mappings zollte. Diese Hartnäckigkeit sollte sich auszahlen!

Ich entwickelte in den folgenden Jahren mit Klaus Marwitz eine mitteleuropäische Variante des anglo-amerikanischen Mind Mappings. In unzähligen Seminaren und durch täglichen Einsatz sowie viele Experimente schufen wir Gedanken- und Arbeitsmodelle, die zunehmend mit NLP-Strategien vernetzt wurden. Wir wenden nun Mind Mapping in der jetzigen Form an, um chaotisches »Denken« und Prozesse zu entwickeln und abbilden zu können. Insofern ist das Mind Mapping, wie Sie es vorliegend kennenlernen, bzw. bereits kennengelernt haben, weit über die graphische Memo-Technik hinaus verfeinert und angewachsen zu einem zuverlässigen Gedanken-Fertilizer.

Inzwischen ist Mind Mapping das Basis-Medium meiner Tätigkeit im Trend-Consulting und in den Seminaren geworden. Mind Mapping dient mir und den Teilnehmerrunden zur Darstellung von Übersichten - Big Pictures - oder aber wir können uns augenblicklich - bei Bedarf - in die Tiefe versenken und Detailanalyse betreiben. In Ad-hoc-Konferenzen können mit Hilfe der besonderen Moderation schnelle *und* effektive Resultate erzielt werden. Und für Visions-Entwicklungen eignet sich zum Beispiel das Cyber-Mapping vorzüglich.

Nun, als Trainerin für NLP, langjährige Spezialistin und Entwicklerin von Superlearning- und Mental-Strategien bin ich vertraut mit BrainLand-Vorgängen und den vielfältigen Chancen. Und so dürsten natürlich auch meine Brainländer ungehemmt gierig und ungeniert nach neuen und ergänzenden Lehr- und Lernstrategien. Es ist mir eine wahre LUST, mit BrainLand im guten Kontakt zu sein. Die Brainländer sind mir sehr liebe, vertraute und inspirationsspendende Freunde. Und mit Sicherheit **die Ihrigen Ihre... !**